本书得到河北省科技厅软科学研究计划项目"京津冀协同发展中金融资源优化机理与政策研究"(项目编号：15457621D) 的支持

京津冀区域金融非均衡与金融资源优化研究

李延军　金　浩　著

经济科学出版社

图书在版编目（CIP）数据

京津冀区域金融非均衡与金融资源优化研究/李延军，
金浩著．—北京：经济科学出版社，2016.2
ISBN 978 - 7 - 5141 - 6622 - 4

Ⅰ.①京…　Ⅱ.①李…②金…　Ⅲ.①区域金融 - 资
源配置 - 研究 - 华北地区　Ⅳ.①F832.72

中国版本图书馆 CIP 数据核字（2016）第 036615 号

责任编辑：王长廷　袁　澂
责任校对：杨　海
版式设计：齐　杰
责任印制：邱　天

京津冀区域金融非均衡与金融资源优化研究
李延军　金　浩　著
经济科学出版社出版、发行　新华书店经销
社址：北京市海淀区阜成路甲 28 号　邮编：100142
总编部电话：010 - 88191217　发行部电话：010 - 88191522
网址：www. esp. com. cn
电子邮件：esp@ esp. com. cn
天猫网店：经济科学出版社旗舰店
网址：http: //jjkxcbs. tmall. com
北京季蜂印刷有限公司印装
710 × 1000　16 开　15.25 印张　270000 字
2016 年 2 月第 1 版　2016 年 2 月第 1 次印刷
ISBN 978 - 7 - 5141 - 6622 - 4　定价：66.00 元
（图书出现印装问题，本社负责调换。电话：010 - 88191502）
（版权所有　侵权必究　举报电话：010 - 88191586
电子邮箱：dbts@ esp. com. cn）

前　　言

　　金融是现代经济的核心，在经济发展中的作用越来越突出，特别是在区域经济发展中，已经成为决定区域经济发展的核心竞争力。然而京津冀区域金融发展存在明显的非均衡性，北京作为政治经济中心，聚集着大量的优质金融资源，天津近年来经济金融快速发展，而河北省各城市金融发展水平较低，这严重阻碍了区域金融协同发展。在京津冀协同发展上升为国家战略之际，京津冀区域金融非均衡发展以及金融资源优化问题引起越来越多学者的关注。

　　本书选择京津冀区域金融非均衡问题作为研究对象，其研究重点是如何在京津冀都市圈的范围内配置金融资源，提高金融资源的利用效率使金融资源得到优化。西方学者更加注重区域金融的货币政策效应和金融资源优化配置问题，国内学者则将研究的重点放在金融发展对经济增长的作用上，但缺乏区域金融发展差异性或非均衡研究方面的文献，且忽略了区域经济的空间依赖性、异质性等问题。鉴于此，本书以现代金融理论、非均衡理论、新经济地理学理论为基础，运用空间计量经济学方法，结合京津冀区域经济与金融发展现状，从多个角度深入研究了京津冀区域金融非均衡与金融资源优化配置问题，以期为京津冀区域金融协同发展提供具有一定价值的政策建议。

　　本书的目的在于针对现有文献很少同时从静态和动态两方面来分析区域金融效率以及对区域金融效率影响因素的研究不够深入的不足，从京津冀13个城市出发，从动态和静态两个角度对京津冀区域金融效率进行分析，并对区域金融效率的影响因素进行实证分析，进一步完善了关于区域金融效率问题的研究；另外，目前关于金融集聚影响经济增长的路径尚未形成统一和明确的结论，本书从空间区位视角利用空间面板数据模型分析金融集聚对区域经济增长的溢出效应，丰富了区域金融集聚经济效应的研究文献。

　　从实践意义来看，京津冀区域金融失衡现象较为严重，金融效率整体水平较低，且区域差异较大，这严重地制约着区域金融与经济的健康发展。在新的国际背景环境下，所有地区都非常重视金融中心在国家和区域经济中的地位和作用。一般而言，金融中心会对周边城市或地区产生明显的集聚和辐射效应。在京津冀协同发展的大背景下，如何充分发挥京津冀区域金融集聚对经济发展的溢出作用，使金融发展突破资源环境约束瓶颈和区域间的行政分割限制，增强未来经济可持续发展的潜力和能力，已成为各级政府需要解决的重要战略问题。因此，本书关于京津冀区域金融非均衡问题的研究显得尤为重要。

本书分为10章，第1章绪论主要对本书所研究的问题进行了概述。首先分析了研究问题的提出背景和研究意义；其次对国内外研究文献进行系统梳理，总结了国内外区域金融合作的成功经验，并提出值得京津冀区域金融合作借鉴的方面；最后简述了本书的基本框架，指出了研究中所要突破的难点和研究特色。

第2章回顾和总结了研究的理论基础。为深入分析区域金融资源非均衡性和金融资源优化机制，本书将金融资源非均衡理论、金融资源流动理论、金融资源优化理论和空间经济学理论作为研究的理论基础，通过系统总结和归纳相关理论和主要观点，从而为本书后续分析提供理论支撑。

第3章主要讨论了区域金融资源优化机理。本章首先论述了区域金融资源优化的途径和类型；其次从经济学模型的角度分析区域间金融资本流动与优化配置的绩效，具体包括五个方面：区域经济增长模型、区域金融资本边际收益差异机理、储蓄—投资模型、区域金融资源配置的帕累托最优以及区域金融资源优化的福利效用；最后利用要素禀赋和比较优势原理，分析了区域金融要素禀赋状况特征对区域产业选择、产品选择以及企业生产技术选择的作用和影响。

第4章主要分析了京津冀区域金融非均衡性及其影响因素。本章在京津冀协同发展背景下，采用京津冀13个区域城市的数据，首先分析金融分行业发展现状及非均衡性，接下来利用因子分析和泰尔指数定量分析京津冀区域金融发展的非均衡程度，最后运用面板数据模型对影响京津冀区域金融非均衡的因素和原因进行实证分析。

第5章主要分析了京津冀区域金融效率非均衡性。本章基于Malmquist指数从动态的角度测算了区域金融效率的变动状况；同时基于DEA－Tobit模型从静态角度分析区域金融效率变动，并对影响效率的因素进行实证分析。从动态的Malmquist指数来看，13个生产决策单元中所有城市全要素生产率都得到了提升，其中河北省的邯郸和张家口提升较快，北京相对提升较慢，各城市之间同时表现出了"追赶效应"和"增长效应"。从静态效率来看，北京的综合技术效率、纯技术效率和规模效率都达到了生产的前沿面；天津在开始时金融效率没有达到前沿面，但随后几年都达到了生产的前沿面；相比较来看，河北省各城市的金融效率较低，与北京和天津存在着较大的差距。

第6章为京津冀区域金融集聚的空间计量经济分析。本章利用京津冀13个城市金融集聚的指标计算Moran's I，并分析区域金融集聚的空间自相关性，同时还对影响区域金融集聚的因素进行了分析。根据局部Moran's I散点图，发现京津冀区域城市之间金融集聚程度表现出相似值之间的空间集聚，而不是表现出完全随机的状态。同时在地理空间的分布上京津冀区域金融集聚程度的依赖性和异质性呈现出明显特征，一方面京津冀区域金融业的发展确实具有明显的空间集聚特点，另一方面京津冀区域城市间也表现出十分明显地差异性。

第7章为基于空间面板模型的京津冀区域金融收敛性检验。本章通过变异系数测算京津冀区域金融发展的阶段性特点，然后运用 SAR 模型和 SEM 模型对 1990～2014 年京津冀区域城市金融业 β 收敛进行空间估计，将空间和时间固定效应均纳入模型考虑范围内时，京津冀区域城市金融业发展 β 绝对收敛趋势表现为显著存在，各城市金融业发展趋势显著受到邻近城市金融业发展水平的限制，城市金融业的发展趋势显著受到空间差异和地理邻近性影响。

第8章为京津冀区域金融集聚的经济效应分析。本章首先筛选京津冀13城市潜在的金融中心，确定北京为京津冀区域金融集聚中心，然后通过区位熵对北京的金融集聚程度及外向扩散效应进行分析，最后运用计量经济模型分析北京市金融集聚的经济效应。同时，研究过程中将京津冀区域的北京与长三角区域的上海进行对比，结果发现：北京市作为京津冀区域经济的金融中心，对周边城市起到了一定的金融集聚效应和扩散效应，但是这种效应要低于长三角地区的上海。

第9章为京津冀区域金融发展对经济增长的影响。本章利用 1989～2014 年京津冀13个城市和长三角城市的面板数据分别构建 Panel-VAR 模型，通过脉冲响应函数、方差分解和格兰杰因果检验分析京津冀区域金融发展与经济增长差异性，同样将京津冀同长三角进行对比分析，探讨京津冀区域金融发展存在的问题。研究表明：（1）京津冀与长三角区域金融发展与经济增长之间存在着双向因果关系。（2）京津冀与长三角区域经济增长对金融发展冲击在初期都为0，随后呈现不断增加的变化趋势。但是京津冀地区的该冲击作用很快趋于消失，而长三角地区的冲击作用持续时间明显长于京津冀地区，这可能与经济冀地区的金融发展水平有关。（3）京津冀和长三角区域金融发展对经济增长冲击作用在初期均大于0，然后呈现递减的变化趋势，但长三角金融发展对经济增长冲击很快降于0以下。这主要是因为长三角金融发展更多的是依靠金融发展自身的影响（这一点从长三角的方差分解结果可以明显看出）。

第10章为京津冀区域金融协同发展的障碍因素及优化建议。本章首先从内生和外生两个角度分析了京津冀区域金融协同发展的障碍因素，然后结合国内外区域金融合作的成功经验探讨了京津冀区域金融协同发展可选的路径与模式，最后提出降低京津冀区域金融非均衡性以及区域金融资源优化的政策建议。

由于本人学识所限，本书还存在着一些疏漏和不足之处，恳请专家学者和广大读者批评指正。

作　者
2016 年 3 月

目　　录

第1章

绪　　论

1.1　研究背景与研究意义

1.1.1　研究背景

经济全球化是一个世界范围内的概念，它表现为国家与国家之间贸易自由化、资本流动、技术自由转移等。也就是说把整个世界看成一个统一的市场，每个国家充当这个市场的一部分，并发挥着自己独特的优势，进而使资源在世界范围优化配置。在经济全球化的背景下，资本倾向于从利益低的地方流向利益高的地方，因此经济全球化对企业的生产成本产生着重要的影响。经济全球化使企业，包括金融企业，摆脱了市场规模的限制，进而实现了规模经济。但外部规模经济促成了区域经济发展出现非均衡的分布现状。① 一方面，金融及其附属产业在金融集聚的背景下形成外部规模经济，这对金融业产生了直接的影响，同时区域经济之间的金融业通过进一步深层次的合作共享资源，降低了各自的成本，从而达到了区域金融业的发展。另一方面，外部规模经济的效应同时会作用于其他非金融产业，使这些产业得到快速发展，产业的发展形成对金融行业的更多需求，从而也达到促进金融业发展的效果，深化金融发展的非均衡局面。金融是经济发展到一定的水平下，对资金产生迫切的需求下应运而生的。如果区域经济发展存在显著差异，必将导致区域之间金融资源呈现出不均衡的流动现象。而金融资源在逐利的条件下，必将从经济发展水平较低的地区向经济发展水平高的地区流动，导致经济发展水平高的地区占有大量金融资源，相反经济发展水平低的地

---

① Robinson J. The Generalization of General Theory. The Rate of Interest and Other Essays ［M］. London：Macmillan，1952.

区缺乏金融资源的状况更为严重，这将会对地区金融业的发展造成很大限制，因此区域经济发展不均衡将会导致区域金融业发展不均衡。

京津冀协同发展已上升为国家战略，实现京津冀协同发展，是面向未来打造新的首都经济圈、推进区域发展机制创新的需要。在京津冀协同发展的进程中，金融是经济运行的血液，金融业是现代经济发展的核心，近年来已经有多项研究证明金融发展与经济进步密不可分。京津冀金融资产总量不断攀升，尤其以银行、证券、保险和信托行业等为主体的金融业发展迅速。从银行业统计数据看，2004 年京津冀银行业本外币存款为 8 307.5 亿元，到 2014 年上升到 168 637.31 亿元，提高了近 20.3 倍；银行业贷款规模也由 2004 年的 23 958.1 亿元上升到 2014 年的 104 926.27 亿元，提高了 4.38 倍。从证券业统计数据看，2004 年京津冀股票交易额为 26 126.15 亿元，到 2014 年上升到 523 940.5 亿元，提高了逾 20.05 倍；从保险业统计数据看，2004 年京津冀保费收入为 205.41 亿元，到 2014 年上升到 2 456.7 亿元，提高了 11.96 倍。

但是长期以来，京津冀各城市的金融发展水平存在着较大的差异。根据 2014 年统计数据，从银行业看，北京的存款规模高达 100 095.54 亿元，处于京津冀各城市的最高水平，而承德处在最低水平，存款仅为 1 756 亿元，北京的存款规模是承德的 57.02 倍，贷款在京津冀各城市间同样呈现出巨大的区域差异；从证券行业看，北京的上市公司数量占京津冀的比重达到了 72%，而河北 11 个城市总共占到 15% 的比例，其中张家口和承德各仅有 1 家上市公司；从保险行业看，2014 年北京的保费收入是河北邢台的 26.59 倍。区域金融非均衡性较明显，这使得区域金融一体化的发展缓慢，严重阻碍着金融资源的跨区域流动，是京津冀协同发展面临的严重阻碍因素。同时，区域金融效率水平较低，金融发展主要依靠要素投入，正如单（Shan，2007）指出中国经济高速增长是依靠大量投入生产要素导致的，而不是通过提高全要素生产率来实现。因此提高京津冀区域金融效率，改善目前高投入、低产出的现状，对实现京津冀协同发展有着重要的现实意义。

在京津冀协同发展不断升温的大背景下，本书的研究成果可以为实现京津冀区域金融协同发展提供可供参考的理论支撑，进而构建区域金融发展所需的良好金融生态环境，这将对实现京津冀区域金融一体化，推动京津冀区域金融协同发展起到重要的实践意义。

1.1.2 研究意义

国外文献基本集中在对国际金融资源配置的研究，局限于讨论两国之间金融资产价格的趋同性和金融政策的协调。而国内研究区域金融资源优化配置的文献，多见从银行信贷的角度展开研究，对金融资源没有做全面的考察。同时，在京津冀协同发展背景下侧重研究京津冀区域金融资源优化的文献相对较少。本书在探讨区域金融资源非均衡性、区域金融资源流动、金融集聚与经济增长一般机理的基础上，提出京津冀金融协同发展的可选模式和路径，研究有重要的理论意义和现实意义。

1. 理论意义

（1）现有对区域金融效率进行研究的文献，很少同时从静态和动态两方面来分析，且对区域金融效率影响因素的研究更少。本书从京津冀13个城市出发，从动态和静态两个角度对京津冀区域金融效率进行分析，并对区域金融效率的影响因素进行实证分析，完善了区域金融效率的相关研究理论；同时全面地对效率进行分析，为提高区域金融效率有着重要的意义。

（2）金融发展和经济发展的关系一直是经济学和金融学研究的焦点之一，多数学者认同金融集聚的发展能够提高资本的效率，促进经济的发展，但是关于金融集聚影响经济增长的路径尚未形成统一的和明确的结论。本书将从空间区位视角利用空间面板数据模型和方法分析金融集聚对区域经济增长的溢出效应，从而推动金融发展理论的完善。

2. 现实意义

（1）京津冀区域金融效率整体水平较低，且区域差异较大，金融失衡现象较为严重，这严重地制约着区域金融与经济的健康发展。虽然党的十八大报告指出，要以市场为导向，进一步完善和健全市场机制，有效提高市场的资源配置效率，深化金融体制改革，大力推进资本市场的发展，全面提升金融业的国际影响力。但是京津冀区域金融在各城市间仍然存在着较大的差异，各城市的非均衡特征较为明显。伴随着金融发展在经济发展中的作用日益提升，区域金融发展的非均衡性对京津冀经济的健康可持续发展的作用越来越大。鉴于此，本书对区域金融非均衡性的研究显得尤为重要。

（2）在新的国际背景环境下，所有地区都非常重视金融中心在国家和区域经济中的地位和作用，因此各国对国际金融中心建设的竞争强度也日益加剧。一般而言，金融中心会对周边城市或地区产生明显的集聚和辐射效应。在京津冀协同发展的大背景下，如何充分发挥京津冀金融集聚对经济发展的溢出作用，使金融发展突破资源环境约束瓶颈和区域间的行政分割限制，增强未来经济可持续发展的潜力和能力，已成为各级政府需要解决的重要战略问题。

1.2 国内外文献回顾

通过对现有文献的梳理，与本书相关的文献主要集中在以下几个领域：

1.2.1 区域金融非均衡研究

关于区域金融非均衡的研究，主要从两个方面进行分析。一是区域金融发展的非均衡性；二是区域金融效率的非均衡性。

1. 区域金融发展的非均衡性研究

赵伟、马瑞永（2006）利用泰尔指数测度方法，对1978～2001年间我国区域金融增长的差异进行了分析。结果表明，我国区域金融增长差异主要来源于区域间的金融增长差异，而区域内金融增长差异在金融增长总体差异中所占的比重很小。彭耿、李少鹏等（2015）将湖南省14个地级市分为5个经济区域，运用2003～2013年数据分析同样得到金融资源配置的区域间差异明显大于区域内差异。刘华军、鲍振（2012）研究了我国金融发展的空间非均衡性，结果显示我国的金融发展存在显著的空间非均衡性特点，并且这种差异呈现出逐渐扩大的变动趋势，地区差异为金融发展差距的主要来源。鲁钊阳（2012）对城乡金融发展的非均衡进行研究，从城乡金融存贷款、城乡金融资产总量、城乡经济金融化水平、城乡金融中介及城乡金融市场发展四个方面度量非均衡的综合情况，发现城乡金融非均衡在未来的发展过程中将会呈现出一种不断扩大的趋势。

2. 区域金融效率的非均衡性研究

国内外学者关于区域金融效率的研究成果主要体现在三个方面：首先，关于区域金融效率评价指标体系。例如，沈军（2008）设计包括经济、金融两大类指标的宏观金融效率综合评价指标体系；黎翠梅、曹建珍（2012）构建包括储蓄动员效率、储蓄投资转换效率和投资投向效率的我国农村金融评价指标体系。

其次，对于区域金融效率差异的测算。陆远权、张德钢（2012）运用DEA方法测算了我国区域金融效率，发现区域差异不大；徐晓光、冼俊城等（2014）将内地主要城市同香港金融效率进行测算，发现内地城市效率与香港存在着较大的差异；任晓怡（2015）测算了我国中部地区的金融效率，并对中部六省金融效率差异的来源进行分析；邓淇中、何俊阳等（2015）对金融生态系统运行效率进行研究，且对效率提升策略进行分析；戴伟、张雪芳（2015）对我国金融效率差异及成因进行了实证研究；马正兵（2015）选择中国 30 个省区市的数据，运用随机前沿分析方法对技术效率与全要素生产力进行研究。

同时，一些学者研究金融发展与经济增长的关系。里奥哈（Rioja et al.，2004）运用动态广义矩估计检验 74 个国家金融发展与 TFP 的关系；陈启清、贵斌威（2013）认为金融发展更多的是去改善资源配置，对于技术进步的推动作用较弱；一些学者得出 TFP 增长的源泉为技术进步而非技术效率（马正兵，2014；王春桥、夏详谦，2015；李健、卫平，2015）。

1.2.2 区域金融集聚研究

关于金融集聚的研究，现有研究一方面对金融集聚给出了不同的界定，并对其动因进行了较为深入的分析；另一方面从不同角度研究金融集聚效应，主要探讨各种金融集聚效应对金融功能产生影响。

1. 金融集聚概念

传统行业集聚现象的集聚主体通常是指工业企业，而金融集聚的集聚对象则是指金融企业机构或是各类金融资源，因此可以将金融集聚理解为集聚经济形式在金融行业的特殊表现。

国内外学者关于金融集聚的定义有两种，一种定义认为金融集聚是指金融资源、基础条件、区域本身地理条件、信息及时性等要素通过不断的积累和相互影响变化，从而使金融产业在特定范围、特定区域内密度不断增加的一种动态发展变化过程。如潘迪尔特（Pandilt，2001）认为金融集聚程度高就会产生金融中心。黄解宇、杨再斌（2006）认为，金融集聚是一种特殊性的产业集聚，金融资源分布的不平衡性加速了资本流动，并逐渐集聚形成金融集聚中心。金融集聚聚集大量的金融机构、金融专业性人才等，促进了规模经济效应的形成，集聚区内资源共享且资源具有外溢效应，逐渐地向周边区域扩散，也带动了周边区域金融行业的发展。

另一种定义则认为金融集聚是指进过谨慎地思考和利弊权衡之后，大量的金融企业选择在某一地区集中经营自身的金融产品业务，从而使这一区域成为金融行业的高密集区域，人们就把这一现象称为金融集聚。梁颖（2006）认为，金融集聚形成的关键性因素是区域间本身地理位置的临近，这样使相互之间交流密切、相互合作、共同形成集聚区。刘红（2008）认为，金融集聚区提高了金融资源的利用率，实现了资源共享，极大地促进了当地经济的发展。因为当地经济的发展需要周边地区人力、物力、财力等方面的支持，导致对周边区域劳动力市场、商品市场的需求增加，进而刺激周边区域经济的发展。对已有研究进行梳理，发现金融集聚一方面是指形成的过程，而另一方面侧重指结果。本书将其看成一个动态的发展变化过程，更有利于对其进行分析研究，因此综合之前学者的一系列观点总结出金融集聚的定义：金融集聚是指在一段时间内金融资源、金融机构向某一特定区域聚集，使得该区域的金融密度呈现出不断增加的动态发展变化过程，而集聚的对象不仅局限于金融机构，还有金融产品、资金等广义的金融发展要素。

2. 金融集聚动因

国内外对金融集聚形成的重要原因的相关研究仍处于初级阶段，主要是理论研究为主，实证方面的研究相对来说不太深入，还有许多有关金融集聚案例方面的研究。对金融集聚形成的原因，学者波蒂厄斯（Porteous，1995，1999）等地理金融方面的学者认为，信息资源是影响金融中心形成的重要因素，金融业的发展高度依赖信息资源的快速流动与传播。从供给角度分析，学者纳雷什、加里和斯旺（Naresh，Gary and Swann，2001）认为，金融集聚是为了利用金融集聚区内大量优质的金融资源，主要是其拥有大量的高素质专业性人才，金融集聚中心可以为当地经济的发展提供专业性的风险管理、收益评估、理财咨询、相关法律咨询、会计专业处理等方面优质的服务，使相互间的交易更加专业、快捷方便。从需求角度分析，一些金融业机构选址在金融集聚区，主要是由于该集聚区存在着密切的交流合作，资源具有较高的使用效率，资源实现基本上共享，信息公开透明度较高，因此处于金融集聚区内也为自身的发展创造了良好的环境和便捷的条件。国内学者张凤超（2003）从金融资源的角度分析，揭示金融资源地域性流动集聚的原因，他认为是由于金融资源在区域内分布不平衡，在要素市场机制的推动作用下逐渐向金融业较为发达的地区聚集，从而形成金融集聚现象。黄解宇、杨再斌（2006）认为，金融集聚是一种特殊性的产业集聚，金融资源分布的不平衡性加速了资本的流动性，并逐渐集聚形成金融集聚中心。金融集聚聚集大量的金融机构、金融专业性人才等，促进了规模经济效应的形成，集聚区内资源共享且资源具有外溢效应，逐渐地向周边区域扩散，也带动了周边区域金融行业的发展。赵晓斌、王坦、张晋熹（2002）从信息的获取和对信息的依赖方面，阐述了信息资源是金融集聚形成的主要的影响因素。梁颖（2006）认为，金融集聚形成的关键性因素是区域间本身地理位置的临近，这样使相互之间交流密切，相互合作，共同形成集聚区。冉光和（2007）认为，政府相关优惠政策的引导也是影响金融集聚产生的重要因素。张志元、季伟杰（2009）在研究前人文献的基础上得出金融集聚形成的原因不但有信息通信传播技术、政府政策的支持等，专业性人才的培养也很关键。认为金融行业是个知识密集型行业，其发展必须要有专业性人才的支持，并利用相关数据建立计量模型进而证明观点。

3. 金融集聚效应

（1）外部经济溢出效应。金融机构的集中有利于信息的扩散，加强金融从业者的交流，从而产生新思路、新想法。帕克（Park，1999）认为加强金融机构及行业之间的交流，能够更为高效地去利用现有的网络系统，进而实现外部经济，促进金融发展。黄解宇、杨再斌（2006）认为，金融企业集群将带来明显的外部规模经济，这会使金融及其附属产业获得相应收益，同时该地区的发展也会吸引其他产业的加入，这些都将促进金融业的发展。

（2）创新与技术进步效应。金融机构的集中有利于企业进行交流，进而推动企业的创新活动。冉光和（2007）认为，金融集聚创新效应来源于金融产业的资本积聚区域创新系统效率比较高，这使得金融产业资本集聚区的技术进步速度以及扩散速度要远远高于其他地区，进而带来相应的超额收益。连建辉等（2005）也认为金融企业集群会使得集聚区内的金融机构享有区域创新优势、生产效率优势等诸多好处。

（3）市场流动性效应。投资者在考虑到风险问题时，往往更偏爱于风险小的地区，因此在流动性强的市场中，交易量较高。潘英丽（2003）认为金融机构集聚有利于市场流动性的提高，较高的市场流动性会使得融资成本降低，并且降低相应的投资风险，这同时将加速金融中心的形成。

1.2.3　区域金融发展敛散性研究

关于区域金融发展敛散性的研究，国内外学者进行了大量的研究，得出的结论也存在着较大的差别。维克多·穆林德（Victor Murinde，2004）得出欧盟七国金融发展存在着条件收敛；利茨和沃纳（H. Lzl and Werner，2006）研究欧洲金融发展敛散性时，得出应该将金融结构变化中的制度问题和金融结构发展中存在的路径依赖特征考虑在内。石盛林（2010）利用县域数据实证得出金融发展在落后地区发展的发展速度要快于金融发展相对领先的地区，即县域金融发展同样存在着 β 收敛；同时各区域之间还存在着明显的俱乐部收敛特征，即西部地区的收敛速度要快于东部，东部要快于中部。赵伟、马瑞永（2006）得出中国区域金融发展在 1978~2002 年存在着 β 收敛，且区域金融发展中还表现出"俱乐部收敛"，同时还得出这些特征同各个地区不均衡的经济发展水平，市场改革化程度以及各区域自身特有的因素有着较为密切的联系。李树、鲁钊阳（2014）从金融规模、金融效率和金融结构的角度来衡量城乡非均衡发展，利用 σ 收敛、β 收敛和俱乐部收敛检验城乡金融非均衡收敛性。结果显示存在着 σ 收敛；同时在控制了环境因素后，还表现出 β 条件收敛特征；同样，俱乐部收敛效应同样存在；最后对影响城乡金融非均衡的因素进行了分析。

同时，一些学者研究金融发展与经济增长之间的收敛性问题。周丽丽、杨刚强等（2014）对中国的金融发展速度和经济增长速度进行比较，最终得出金融发展的收敛速度要高于经济增长的收敛，同时还得出经济增长差异降低1%，将会导致金融发展的差异下降8.79%。陈高、张行（2014）对我国31个省市金融发展与经济收敛性研究发现，我国的区域经济增长呈现出"收敛—发散—收敛"的S型增长，区域经济发展过程中同样存在着俱乐部收敛，且得出省级空间尺度上存在的区域外溢程度较为显著。

1.2.4 区域金融集聚对经济增长的影响

金融集聚是区域金融发展的重要动力。随着经济全球化进程的不断加快，世界各国之间的贸易往来越来越频繁，金融集聚区不仅对集聚区本身的金融发展起到重要的作用，同时对一个区域的经济合作与金融发展起到深远的影响。已有大量文献研究金融集聚对区域经济增长的影响，但是不同学者研究的角度不同，但大致分为以下三类：

1. 静态角度考虑金融资源集聚对区域经济增长的影响

马丁和奥塔维亚诺（Martin and Ottaviano，2001）指出区域经济活动的空间集聚由于降低了创新成本，从而刺激了经济增长，反过来由于集聚力的作用使新企业倾向于选址于该区域，经济增长进一步推动了地区的集聚。刘军、黄解宇等（2007）认为，金融集聚区域通过大量优质金融资源的集聚，形成规模效应，逐渐形成区域内良好的互动合作关系使金融原有的五大功能得到强化，导致集聚区拥有更强的吸收存款功能、信息揭示功能、公司管理功能等，进而使集聚区内拥有更好的发展环境，节约成本、便捷交易，对周边区域经济发展产生扩散辐射作用。并运用京津冀金融业的相关数据进行实证分析，论证金融集聚对京津冀区域经济的促进作用。

2. 空间角度考虑金融集聚对区域经济增长的影响

陈俊等（2013）通过空间计量经济学的方法分析了影响我国金融集聚的因素，最终得出：我国金融行业具有较为显著的正向空间自相关关系和空间集聚特征，同时对周边地区存在明显的经济溢出效应，且金融集聚表现为东高西低的空间分布格局。周凯、刘帅（2013）运用前沿空间分析技术，考察了2000~2010年我国金融资源空间集聚与经济增长的空间相关性，表明我国金融资源在空间分布上呈现出显著地空间非匀质特征，且证实了我国金融资源的空间集聚对区域经济增长起到较为明显的空间依赖性和空间溢出性。

3. 扩散效应角度考虑金融集聚对区域经济的增长的影响

林江鹏、黄永明（2008）主要从理论上研究论述了金融集聚如何影响经济发展的作用机制，以北京为例，论述了北京这一金融集聚中心对周边天津、河北的经济发展的促进作用。陈文锋、平瑛（2008）运用相关数据计算出金融区位熵来表示区域的金融集聚度，最后研究发现上海具有较高的金融业集聚度，然后通过建立计量模型，运用最小二乘法和格兰杰因果检验方法，实证论证了上海市金融业的发展对长三角地区经济的发展具有一定的促进辐射作用，并发现金融业中的银行业对经济增长的促进作用最为明显，最后就上海市金融业发展存在的问题提出一些可行性的建议。余秀荣（2011）通过研究国际典型的金融集聚中心如伦敦、纽约等的发展历程，总结出它们演变的一般规律，并与我国的北京、上海、广州的金融集聚现象进行对比分析，参照国外的发展经验，为三地区金融集聚的发展提出一些可行性意见。陆军、徐杰（2014）以京津冀地区为案例，利用区位熵、单位根检验、格兰杰检验等方式进行实证分析，探索金融集聚对区域经济增长、产业结构调整的影响机制，得出北京的金融集聚得到不断地强化，对天津、河北地区产生扩散效应，对周边地区经济发展具有拉动效应。

通过对金融集聚经济效应相关文献的梳理，本书发现：第一，多数学者是从实体产业集聚的基础上来对金融集聚进行研究；第二，学者多是通过建立金融集聚的评价指标体系来进行衡量，从而可以解决金融业本身的复杂性问题；第三，关于金融集聚与经济增长的关系，不同学者的研究方法多是集中在协整检验、因果检验等计量检验方法，但是关于影响机制、传导机制、集聚效应的研究和实证分析的文献相对较少。

1.3　国内外区域金融合作的经验借鉴

主要以国外的东京都市圈和纽约都市圈以及国内长三角和泛珠三角区域为例，从现状、原因和主要特征等方面来对这些区域金融合作的成功经验进行归纳和总结，从中找到对京津冀区域金融合作有益的经验借鉴。

1.3.1　东京都市圈的金融合作

东京都市圈区域金融合作是在国家建设的基础上形成的，也就是东京作为区域中心城市，在日本政府的强力支持下，东京金融通过与周边较为发达区域进行产业联动，进而形成以东京为金融中心的区域金融合作。20世纪初，日本同西方其他发达资本主义国家一样发展成为垄断资本主义国家，工业产业集中发展，金融也不例外。随着日本经济规模的不断扩大，东京都市圈区域金融以东京为中心逐渐集中了日本全国的大量金融资本，东京也一度发展成为世界上重要的国际金融中心之一。东京都市圈区域金融合作走的是政府主导、集中化的道路，同绝大多数区域金融合作模式有所差异，其主要特色和能够被借鉴的方面表现在：

1. 间接金融占主导地位

东京都市圈的区域金融合作最大的特点就是间接金融，即在区域金融合作的过程中，金融资本的流动以银行金融机构为主要中介进行资源配置。间接金融需要以金融机构的信用为基础，金融资本供给者把盈余资金"借"给金融机构，资金供给者是金融机构的债权人，当市场上有资金需求者时，金融机构作为资金需求者的债权人，把资金"借"给资金需求者，在这个借贷过程中，通过金融机构信用中介的传递，最终使社会金融资本流动到需要的地方，实现了金融资源的优化配置。同直接金融相比，间接金融具有一定的优势，可以减少企业的融资成本，降低企业融资的风险以及集中更多的金融资本进行资金融通，进而增强了区域金融资源的流动与配置效率。

2. 区域金融合作中积极引入民间金融资本

区域金融合作应该允许任何形式的金融资产都参与其中，这样才能丰富金融资源，完善金融市场，才能实现区域合作的真正意义。东京都市圈的区域金融合作，是在政府主导下对金融资源的集中过程中进行的，因此合作之初就鼓励一切金融资本的进入，特别是民间金融资本。东京都市圈金融合作通过将民间资本注入银行、证券和保险等金融机构，吸收这部分较为可观的民间金融资源，进一步扩大金融合作的范畴，吸引民间资本进入都市圈交通、教育等社会机构，以稳定的长期回报为主，从而使金融资源的流动更为合理，避免出现扎堆流向某个收益高的行业，以致形成重复建设的不利局面。

3. 互联网金融创新与应用

合作就是要相互往来密切，彼此能够更好地联系。金融合作的形式是多种多样的，互联网金融把金融与互联网两者的优势结合在一起，借助互联网的高效、便捷的特点，提高金融资源的流动速度与范围。东京都市圈在区域金融合作的过程中，区域间机构的沟通以互联网为平台，这样对于跨区域的双方而言，大大降低了交流的障碍和交易成本。例如，资金需求者对金融资源的申请可以在线完成，借贷双方可以通过互联网直接沟通、谈判，相互签署的协议可以通过互联网发送，见面的会谈改为网络视频，等等。互联网金融领域的创新对区域金融合作效率的提升意义重大，同时也为区域金融合作提供了新的模式。

1.3.2　纽约都市圈的金融合作

作为世界第一大都市圈，纽约都市圈的金融发展水平在世界范围内最高。纽约都市圈区域内城市化水平超过 90%，该区域聚集了大量全球性的金融机构，金融业极为发达。纽约都市圈区域范围较广，包含 10 个州，区域合作遍布每一个产业，几乎各个产业都已经进入协同发展的状态。下面主要介绍其区域金融合作过程中不同于其他区域的特点，尤其是比较适合于京津冀区域金融合作的经验。

纽约都市圈自身条件比较优越，区域内经济发展水平都很高，这也是区域金融合作能够成功的主要原因，其金融合作过程中最大的特点就是通过政府和非政府的共同规划推进的，既不同于东京都市圈的政府主导集中，也不同于欧盟各国金融合作的自发性。纽约都市圈区域金融合作强调的是政府和非政府的合作，非政府的各类协会机构制定区域金融合作的具体战略方针，作为非政府机构的补充，政府为这些协议方针提供强有力的保障。纽约都市圈的这种区域金融合作模式既保证了市场导向的自由性，可以充分发挥金融资源自由流动的合理性，同时发挥政府的调控和保障机制，保证各项合作措施得以顺利实施。因此，政府与非政府机构不是主角配角的关系，也不是相互独立或相互依附发挥作用，两者是一种合作关系，通过职能的分工共同推动区域金融合作。纽约都市圈在金融合作的过程中，政府和非政府机构共同发挥作用，相互合作，使金融资源在区域内更好的流动，同时为区域金融合作提供全方位的保障和支持。这种政府和非政府共同推进区域金融合作的模式值得京津冀区域金融合作学习和借鉴。

1.3.3　长三角区域的金融合作

长三角区域金融合作，首先是受到政府的积极引导，其次是市场的积极反应与推动，进而达到政府引导与市场机制共同作用的有效融合。长三角区域金融合作的主要特征表现为：

1. 政府和金融管理部门的积极组织和引导

长三角区域金融合作的一个较明显特征就是政府部门的积极组织和引导。经过对长三角区域金融合作做长期的研究，2003 年中国人民银行上海分行联合南京分行与江浙沪三地政府联合起草了《长江三角洲金融合作框架研究总报告》，搭建了长三角区域金融合作总体框架，标志着长三角区域金融合作机制的初步建立，区域金融合作正式起步。之后，长三角区域金融合作进一步有序、稳步推进。[1] 2007 年 11 月，江浙沪三地政府与中国人民银行签署了《推进长江三角洲地区金融协调发展，支持区域经济一体化框架协议》，建立了推进长三角区域金融协调发展工作联席会议制度，并决定定期举办"长江三角洲地区金融论坛"，标志着长三角区域金融合作开始进入有序推进阶段。联席会议及金融论坛是推进区域金融一体化发展的重要平台。2008 年，《上海市信贷投向指标》由中国人民银行上海总部发布，进一步推动长三角区域金融合作向前深入发展。在历届联席会议及金融论坛上，签署了多项合作文件，包括《长三角商业银行战略合作协议》、《信用长三角框架协议合作备忘录》、《共同应对金融风险合作备忘录》以及《金融服务一体化发展合作备忘》，等等。这些合作文件使得长三角区域在政府层面的金融合作逐步由虚转实，在区域信用体系建设、商业银行合作、金融风险联合防控及提升长三角区域整体金融服务能力等方面作出具体部署，有利于区域合作的深入推进。

2. 长三角区域商业银行积极开展区域金融合作

长三角区域金融合作机制及政策层面由于得到地方政府与人民银行等金融管理部门的积极引导和推动，区域金融合作逐渐完成由金融管理部门推动向金融主体跟进的实质性转变，取得了很大发展。尤其是银行业表现积极，开展了多种形式的区域合作：（1）商业银行不断加强跨地区业务合作。中农工建四大国有银行在长三角区域积极探索合作经营模式，中国银行在上海设立华东信息中心，在区域内开展信息、营销、服务、新产品研发及人才交流等方面的合作；中国工商银行开展了"加强长三角经济圈金融合作"的专项课题研究，农业银行、建设银行均在长三角地区建立了区域性沟通协调机制，努力实现各自银行业务的区域联动，建设银行长三角区域各分支机构负责人在杭州签署了针对区域优质企业的银企合作协议，积极开展银企合作。另外，长三角区域金融合作中股份制商业银行也表现活跃，比如：华夏银行实施江浙沪地区分行整体联动战略；光大银行在上海设立华东地区审贷中心；农村商业银行在长三角 16 个城市的分支机构共同签署了营销与信贷管理、产品创新与共享、个人业务等三方面合作协议。这些合作举措极大地推动了长三角区域金融合作进程与合作深度。（2）商业银行积极开展跨地区经营。2006 年 4 月，上海银行在浙江宁波设立分支机构，成为我国第一家

① 许亦楠. 长三角区域金融合作发展研究 [J]. 统计科学与实践，2010（2）：9–11.

跨区域经营的城市商业银行。此外，总部位于上海的商业银行与长三角其他地区的商业银行也明显加强了合作，上海银行、浦发银行、交通银行等分别在长三角区域设立了多家分行。江浙商业银行从 2007 年开始陆续在上海设立分行，借助长三角区域金融合作的机遇不断提速跨地区经营。（3）金融机构跨城市间的资金流动不断增加。长三角区域的信贷资金流动主要表现为以上海为中心的区域资金流动与分配。长三角区域不断深入的产业整合和经济融合有力地推动了金融资本的跨区域流动，长三角区域跨地区票据交换、异地贷款、跨地区外汇清算、证券市场融资、货币市场来往等业务发展迅速。①

3. 区域金融不断融合形成票据市场

在区域金融协同发展中，长三角地区的金融市场越来越走向融合。2009 年，全国首个区域性商业汇票贴现价格指数——长三角票据贴现价格指数成功发布，并签署了《票据承付自律公约》，长三角区域相关企业使用区域商业承兑汇票的数量不断增加，逐步形成了区域票据市场。另外，金融市场创新合作方面在长三角区域也有很多发展，诸如人民币跨境贸易结算业务、民营企业境外放款、异地进口付汇集中备案等试点项目顺利开展。与此同时，长三角区域信用体系建设也在不断完善，在《信用长三角框架协议备忘录》的指导下，区域信用体系合作进程明显加快，三地积极推动信用评级机构的跨区域合作，加强地方信贷征信体系和信用体系建设，长三角区域金融生态环境不断改善。

1.3.4　泛珠三角区域的金融合作

泛珠三角区域包括广东、海南、广西、福建、湖南、四川、贵州、云南、江西 9 个省区和香港、澳门 2 个特别行政区，通常被称为"9 + 2"区域。泛珠三角区域金融合作发展也较快，其主要特点包括：

1. 市场驱动为主，政府政策促进合作

泛珠三角区域的金融合作是以市场驱动下的自发型合作为主。由于地缘关系，泛珠三角区域历来经济贸易往来频繁，区域相互之间跨地区结算需求大，货币资金跨地区流动速度快，在这些市场因素的自发驱动下泛珠三角区域间金融合作日益密切。在市场机制的驱动下，各地政府适时推出的相关措施也起到了积极促进作用。2004 年，顺应区域内日益密切经济往来的大趋势，"9 + 2"区域政府共同发起泛珠三角区域合作与发展论坛，并于 6 月 3 日在香港签署《泛珠三角区

---

① 王冠凤. 区域发展中的金融支撑分析——以长三角为例［J］. 企业经济，2014（2）.

域合作框架协议》，泛珠三角区域经贸合作全面展开，并进入了新的发展阶段。作为现代经济核心的金融，自然成为区域经济合作的重要内容。2004 年年底，泛珠三角区域合作与发展金融论坛由"9 + 2"区域内金融部门自发成立，以论坛备忘录的形式作为区域合作的制度安排，区域合作与发展金融论坛每年召开一次。2010 年第六届论坛建立了区域金融合作机制，本次论坛以区域经济发展规划与金融发展战略为主题。2015 年 6 月 26 日，首届泛珠三角金融合作论坛在第四届中国广州国际金融交易博览会上隆重举行，论坛坚持优势互补、互利共赢的原则，推进区域金融的资源优化配置，进一步促进泛珠三角融合发展，增加区域整体实力和竞争力，构建多维度的体系。

2. 区域内金融合作优势互补特征明显

泛珠三角区域金融总量虽然较大，但内部各省区的金融发展极度不平衡。根据金融资源分布状况和金融发展水平，经济圈内金融发展第一梯度（最高水平）是发达区域香港和澳门，金融发展第二梯度是内地发达省份广东和福建，金融发展第三梯度是相对欠发达区域云南、贵州等省份，区域金融资源分布非均衡状态也导致区域金融合作互补性很强。泛珠三角区域金融合作以粤、港合作最为凸显，广东省和香港特区地域相邻、人文相通，开展金融合作可以实现两地互利共赢与优势互补的目的。广东可以在香港发达金融支持下促进实体经济快速发展，香港则可以依托快速增长的内地市场进一步巩固其国际金融中心的地位。近年来，香港金融管理局与中国人民银行广州分行保持互访、监管信息交流、联合培训等多种方式的合作，双方还建立了粤港金融合作例会制度。由于金融管理和法律制度等方面有一定的差异，在 CEPA 框架下广东和香港的金融合作主要集中在如反洗钱、打击地下保单以及银行结算等金融基础设施建设方面，全面、深入的金融产业层面的合作仍需进一步加强。①

3. 金融总量快速增加，合作水平逐步提高

随着区域金融总量快速增长，泛珠三角区域金融合作发展较快，合作的项目、内容不断增加，区域金融合作水平逐步提高。自从泛珠三角区域金融合作机制建立以来，基本形成了较为完善的区域金融合作框架，在金融机构跨境经营、区域内金融机构间业务合作、区域支付结算合作、区域信用体系建设、消除跨区域资金流动障碍、建立异地客户服务中心等方面的金融合作水平逐步提高，显示出泛珠三角区域经济金融合作的巨大活力和潜力。泛珠三角区域金融合作主要以

---

① 吴立军. "泛珠三角" 经济圈区域内经济增长差异及收敛性探究 [J]. 广东财经大学学报，2015
（4）：35 – 43.

市场驱动下的自发型合作为主，而长三角区域金融合作则以市场与政府共同作用、互相促进为主，目前已进入较为成熟的发展阶段。

1.3.5　对京津冀区域金融合作的经验借鉴

1. 强化合作理念

在案例区域金融合作进程中，"必须共同走向未来"的理念发挥了重要的作用。东京都市圈在国家的强力支持下，金融合作通过与周边较发达区域进行相互合作与产业联动，最终实现了区域金融合作；长三角和泛珠三角的区域金融合作中，优势互补、利益互让与实现共赢的意识是两大区域金融快速发展的基础和保障。对京津冀区域金融合作来说，三省市应该充分意识到环境污染、经济转型、产业结构等所面临的共同问题，积极消除地区分割和以邻为壑，逐渐取消行政区域划分的障碍，强化区域合作理念，在共同发展基础上找到并建立"京津冀意识"，这种意识的确立将成为推进京津冀区域金融合作的强大推动力。

2. 发挥政府的政策推动作用以及法律约束作用

区域金融合作经验表明，政策工具在体现公平并兼顾地区间平衡发展方面作出了卓有成效的创新与贡献。在东京和纽约都市圈的金融合作中，政府政策对区域金融合作的有序高效的进行起到了积极的作用；长三角区域金融合作也是在政府的积极引导下发展起来的；泛珠三角区域金融合作虽然是在市场机制作用下自发形成的，但是政府的政策也起到了正确引导和促进作用。这对制定有效的京津冀区域金融合作政策具有借鉴意义。京津冀区域金融合作的发展模式比较类似于长三角经济区，在合作过程中难免会出现利益冲突，需要政府制定明确的相关政策措施予以大力支持，促进区域金融合作的有序进行，政策应在保留市场导向自由性的基础上，保证金融流动的合理性，同时发挥政府政策的强制性，尽可能均衡各参与方的利益。还有，京津冀区域金融合作除了政府、学者、民间的对话以外，还需有一套具有法律约束力且各方都能遵守执行的制度，这样方能保证各项合作措施的落实且具有可持续性。当然，这类制度在最初设计和制定时就要考虑其可实施性，这样才能切实推进京津冀区域金融协同发展。

3. 确立合作轴心

长三角区域金融的合作进程中，上海发挥了非常有力的区域金融合作中心与带动作用，东京都市圈的金融合作也是靠东京这一中心对周边地区金融业的强大的带动作用而形成的。京津冀三省市由于经济基础和发展水平存在较大的非均衡性，相对而言，北京的经济和金融地位高于天津和河北，所以要以北京为中心，带动天津和河北金融发展，促进区域内金融资源流动，有层次地推进金融协同发展。在京津冀区域金融合作中，需要充分发挥北京作为国际金融中心以及京津冀金融中心的辐射扩散效应，使其领导京津冀区域间展开高效有序的金融合作，在学习借鉴其他地区金融合作机制优点的基础上，积极创新，探索新的符合区域实际的合作机制。

4. 适当选择利益切合点

区域金融合作与协同发展是一个利益磨合和整合的过程，成功的区域合作案例之所以在深化和扩大的道路上不断推进，源自合作带来的巨大收益。区域合作进程的深入推进需要在兼顾各方利益的基础上实现共赢，并不断提出新的发展目标。也就是说，在面对各个参与方对各自利益追求的情况下，区域合作需以切实可行的方式推进一体化建设，各个地区相互之间不断磨合，最终达到相互之间利益最大化。京津冀区域金融合作中也应当充分考虑各省或市的地方利益，根据区域各种客观条件和实际需要对合作机制进行灵活设计和调整，采取多层次、多阶段的合作模式来推进京津冀区域金融合作的建设与发展。

1.4 本书结构与主要内容

金融是现代经济的核心，如何发挥金融优化经济的功能？在京津冀都市圈的范围内配置金融资源，提高金融资源的利用效率使金融资源得到优化，是本书的研究重点。京津冀区域金融发展呈现出明显的非均衡性现象，在一定程度上加大了三省市之间的差异，也阻碍了区域经济的协同发展。本书以非均衡理论、区域金融资源优化理论以及新经济地理学理论等相关理论为基础，从京津冀区域金融非均衡发展的现状出发，从多角度、多方法分析京津冀区域金融非均衡发展特征、影响因素等内容，并对京津冀区域金融资源优化进行分析，最后检验区域经济发展的经济效应，并提出京津冀区域金融协同发展的可选模式与对策建议。

本书共分为10章，具体的章节安排为：

第1章绪论。主要介绍本书的研究背景与研究意义，国内外相关文献回顾以及国内外区域金融合作的经验借鉴，同时介绍本书的研究框架、研究方法以及主要贡献。

第2章理论基础。本章主要介绍金融非均衡、金融资源优化和空间经济学理论，为后文的研究作铺垫。

第3章区域金融资源优化机理分析。本章介绍了区域金融资源优化的途径、类型，并且重点分析了区域金融资源优化的机理模型，最后研究了区域金融资源优化与区域产业比较优势定位的问题。

第4章京津冀区域金融非均衡性及其影响因素分析。本章从直观上分析了京津冀各城市区域金融业非均衡的现状，然后度量了各城市的综合金融发展水平，接下来从泰尔指数的角度分析金融非均衡现状，最后对金融非均衡的影响因素进行实证分析。

第5章京津冀区域金融效率非均衡性分析。本章从动态和静态两个角度分析了京津冀区域金融效率问题。首先，基于 Malmquist 指数从动态的角度测算了区域金融效率的变动状况；其次，基于 DEA – Tobit 模型从静态角度分析区域金融效率变动，并对影响京津冀区域金融效率的因素进行实证分析。

第6章京津冀区域金融集聚及影响因素的空间计量分析。本章利用京津冀13个城市金融集聚指标和数据测算了京津冀区域城市的 Moran's I，并分析京津冀区域城市金融集聚的空间自相关性，在此基础上分析了影响京津冀区域金融集聚的关键因素。

第7章基于空间面板模型的京津冀区域城市金融收敛性分析。本章在上一章基础上，分析京津冀区域金融发展的收敛趋势（敛散性）。首先通过变异系数测算了京津冀区域金融发展的阶段性特点，其次分阶段检验京津冀区域金融发展的 β 收敛。

第8章京津冀区域金融集聚的经济效应分析。本章利用计量经济模型分析京津冀金融集聚的经济效应，并通过与长三角金融集聚经济效应的比较，探讨京津冀金融集聚及其经济效应中存在的不足。

第9章京津冀区域金融发展对经济增长的影响。本章基于 Panel – VAR 模型进一步分析了京津冀金融发展对经济增长的影响，同样将京津冀同长三角进行对比分析。

第10章京津冀区域金融协同发展的障碍因素及优化路径与建议。本章首先分析了京津冀区域金融协同发展存在的内生和外生障碍因素，然后结合国内外区域金融合作的成功经验，讨论了京津冀区域金融协同发展可选路径和模式，最后提出缩小京津冀区域金融非均衡性以及金融资源优化的政策建议。

本书的具体研究逻辑框架如图 1 – 1 所示。

京津冀区域金融非均衡
与金融资源优化机制研究

绪论 → 选题背景与意义　文献回顾　国内外经验借鉴

理论基础 → 金融非均衡性　金融资源优化　空间经济学

优化机理 → 金融资源优化途径　金融资源优化类型　金融资源优化机理

实证分析 →

金融非均衡现状 → 金融资源分布非均衡　金融发展水平非均衡　金融非均衡区内区间差异　金融非均衡影响因素分析

金融集聚测度　金融集聚影响因素分析 ← 金融集聚空间分析

金融效率非均衡 → 金融效率静态差异及变动　金融效率动态差异及变动

金融非均衡变动趋势　金融收敛性检验 ← 空间金融收敛

金融集聚经济效应 → 京津冀区域金融中心的筛选　北京与上海金融程度分析　北京与上海金融集聚经济效应

京津冀内部金融发展经济效应分析　京津冀与长三角金融发展经济效应分析 ← 金融发展经济效应

政策建议 →

京津冀区域金融发展的障碍因素 → 外生因素　内生因素

京津冀区域金融发展的路径与模式 → 可选路径　发展模式构想

京津冀区域金融协同发展的政策建议

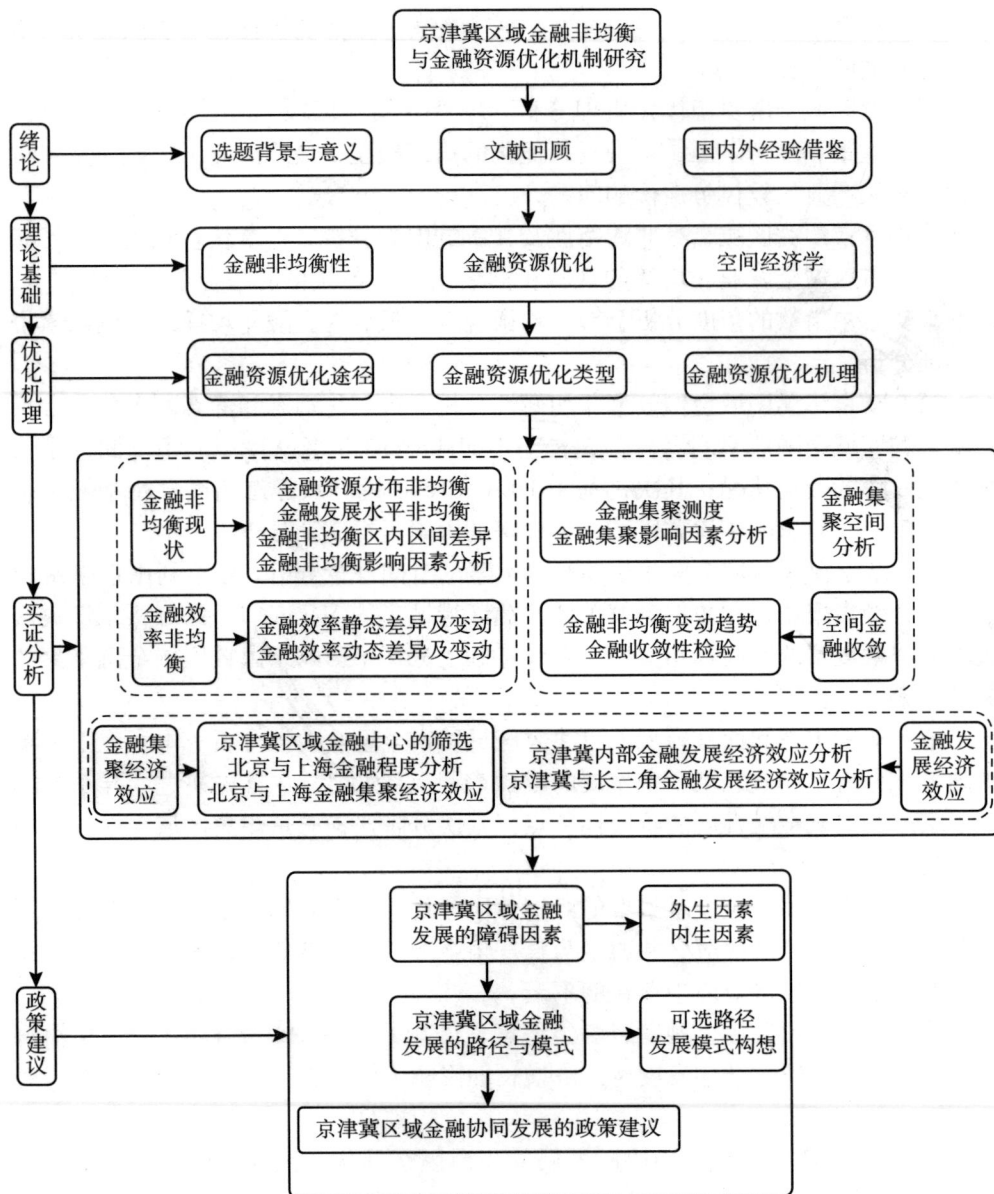

图 1 - 1　研究逻辑框架

1.5　研究方法与主要贡献

梳理国外相关文献，在区域金融发展研究领域，许多学者对金融在区域空间分布的特征及其变化规律进行了研究，但是多数是从地理层面或经济地理层面进行分析，从产业经济或发展经济视角进行研究的成果还比较少。此外，在区域金融发展差异性或非均衡研究方面文献较少，相关研究还未引起国外学者们的足够关注。纵观国内相关成果，部分学者在研究区域金融发展时，仅仅是简单地与国外历史进行数量的比较，缺少对我国区域经济发展中的特殊性问题进行深入考虑。然而现实中，由于发展环境的巨大差异，我国各区域金融发展同其他国家存在着较大的差别，具有自身的特色和标准。另外，区域差异比较时，所用的指标、比较的内容大同小异，思路较为单一，尚未形成系统全面的对比分析体系。同时，在对金融非均衡发展的空间分析问题，也需要进一步去深入研究。目前，国内学者还很少从区域理论和实证两方面研究金融非均衡发展的研究还不是非常多，尤其是系统研究京津冀区域金融非均衡问题的文献几乎没有。

本书借鉴和梳理相关理论的基本思路是：首先，充分借鉴现有研究成果，并将其作为进行相关方面研究的理论参考和分析工具，如利用非均衡理论研究区域金融效率非均衡性、借鉴收敛理论来分析区域金融非均衡发展的变动趋势等问题。二是本书辩证地采纳已有的经典理论结论，如确定非均衡内涵，辩证的方法能够更加科学和深刻对非均衡概念进行理解。三是通过研读经典理论，可以客观、全面地理解区域金融非均衡的问题，使后续再具体分析区域金融非均衡发展问题时，能够密切地联系现有的经典理论，从而使研究结论更有说服力和参考价值。具体而言，本书主要运用的研究方法和研究贡献包括：

（1）研究切入点。一方面，本书以区域金融禀赋差异、区域金融非均衡性、区域金融资源自由流动、区域金融协同发展的研究脉络为切入点，突破以往只关注某一方面问题的分析模式；另一方面，本书从京、津和河北省 11 个地级市共13 个城市的视角研究京津冀区域金融发展问题，相对而言从更微观的角度研究区域金融问题。

（2）研究思维方式。实行了区域金融非均衡与金融资源优化相结合的研究思维，吸纳和借鉴国内外金融非均衡发展及区域差异相关研究成果的基础上，构建区域金融非均衡与优化的一般理论框架。根据泰尔指数分析京津冀金融发展的非均衡性特征，在此基础上运用面板回归模型探讨京津冀金融非均衡特征的影响因素。同时，采用 Malmquist 指数和二阶段 DEA 模型从动态和静态两个角度分析京津冀区域金融效率，并比较了京津冀区域 13 个城市金融效率的差异性。

（3）研究理论基础。将空间经济学理论引入区域金融的研究领域，结合金融发展论，构建空间经济学模型来反映京津冀区域金融问题。本书将对空间集聚的研究扩展到区域金融发展领域，运用 Moran'sI 度量京津冀金融集聚的空间自相关性，并运用空间面板模型分析区域金融集聚的影响因素。同时，从收敛的角度运用变异系数、面板回归模型研究了在不考虑空间交互影响的前提下京津冀区域金融发展趋势及收敛性。

（4）研究结论与对策。采用 Panel – VAR 模型对京津冀三地金融发展影响经济增长的差异性进行分析，并通过与长三角的比较探寻京津冀金融资源自由流动壁垒，结合国内外区域金融合作的成功经验提出京津冀区域金融协同发展路径和优化建议，将理论更好地用于指导京津冀区域金融发展的现实问题。

第2章

理 论 基 础

为深入分析区域金融资源非均衡性和金融资源优化机制，本书将金融资源非均衡理论、金融资源流动理论、金融资源优化理论和空间经济学理论作为研究的理论基础。本章通过系统总结和归纳现有的相关理论和主要观点，从而为本书后续分析提供理论支撑。

2.1 区域金融资源非均衡理论

2.1.1 区域金融非均衡的内涵

均衡的概念最早是由瓦尔拉斯（1874）在《纯粹经济学要义》中提到；随后，阿罗和德布鲁通过数理方法对一般均衡理论进行了证明；之后，希克斯和萨缪尔森又对此进行了相应的完善。希克斯等认为，完全竞争的市场条件下，价格的变动会使得供求关系发生变动，进而使市场达到均衡的状态。但是瓦尔拉斯均衡在实际的市场经济中存在较大的偏差，很难实现，从而出现非均衡理论。20世纪30年代，约翰·梅纳德·凯恩斯在其著作《就业、利息和货币通论》中，提到市场中出现非自愿失业的非均衡现象。60年代，帕廷金的《货币、利息与价格》认为在非自愿失业条件下，产品市场有效需求的不足会导致劳动力需求的降低，进而出现局部的非均衡现象。60年代中期，罗伯特·克洛尔在《凯恩斯和古典学派：一种动态见解》和《凯恩斯主义反革命：一种理论评价》中认为货币中介在空间和时间上使得供给和需求出现了分离，且非均衡的现状在市场多元化条件下变得更加普遍，并提出应该如何去分析经济的动态调整机制，进而能够准确客观地反映非均衡现象①。

区域金融资源非均衡是在非均衡的基础上演变而来的。区域金融资源非均衡是由于现实中受到多种外界因素的影响，金融资源在配置上出现了不平衡的状态及程度。② 不同区域对金融资源的供给与需求存在着时间和空间上的差异，因此金融在运行的过程中必然会出现区域非均衡的特点。

2.1.2 区域金融资源非均衡的影响因素

金融资源非均衡特征不仅仅是体现在总量上，更体现在金融资源的质量上。在经济不发达地区，由于客观存在的市场交易方式落后、市场分工不完善、市场的扩张速度较慢，这使得该地区的金融资源配置仅仅能够支撑较为单一的金融市场结构；而在经济发达地区，市场降低了交易成本，并且加快了交易方式的创新进程，同时伴随着金融资源的不断流动，市场的交易主体对区域金融资源的需求变得越来越多样化。因此，各地区初始条件存在着差异，这必将导致市场上的经济主体活动的市场范围表现出较大的差别，所以现实中存在的金融资源非均衡的特征是客观存在的。③

那么，对区域金融资源配置非均衡的影响因素到底有哪些？这对区域金融协同发展有着重要的现实意义。本书在选取影响区域金融非均衡影响因素时，参考国外经典理论，并结合我国自身的金融发展环境，最终确定了以下四个方面：

1. 金融生态环境差异

周小川（2004）将金融生态定义为金融运行的外部环境，其涉及的内容较广，主要包含法律、社会信用体系、会计与审计准则、中介服务体系、企业改革的进展及银企关系等内容。其中，银行与企业的关系以及社会信用环境会对金融机构的信贷质量产生直接的影响，最终作用到金融资源的收益；金融生态中的法制环境直接影响到金融资源的运营成本，因此健全的法制环境会使得实际的违约成本提高，进而企业的违约行为会受到一定的制约；相反，则会使得违反者在法制环境中有漏洞可钻。除此之外，中介服务体系、企业改革的进展等内容都会对企业获得金融资源产生一定的影响。

2. 经济初始条件差异

经济初始条件包含历史差异和自然基础差异。经济初始条件差异直接影响到

---

① 韩哲. 中国区域金融业发展非均衡性研究 [D]. 吉林大学，2014.
② 张军洲. 中国区域金融分析 [M]. 北京：中国经济出版社，1995.
③ 孔祥毅. 百年金融制度变迁与金融协调 [M]. 北京：中国社会科学出版社，2002.

区域经济的发展状况，是导致区域金融资源非均衡配置的根本原因。其中，历史差异是由于各经济区域因为所处的地理位置的不同所导致的在经济、文化等方面所积累的一种长期差异，且这种差异在短时间内改变存在一定的困难。自然基础是因为各经济区域因为所处地理位置的不同，一些地区本身含有丰富的金融资源，而另一些地方金融资源相对匮乏，由此所形成的差异。同样，自然基础差异的改变也是存在一定的困难，对区域经济的发展起到基础的作用。[①]

3. 金融体系不完善

我国金融组织体系是商业银行为主体，政策性银行、城乡合作金融机构和非银行类金融机构为补充的金融组织体系。相比传统的金融组织体系，现行的金融组织体系体现到了金融自由竞争的机理，符合市场运行的规则，但是仍不是很合理。从金融资产分布看，银行掌握着大量的金融资源，相比而言，证券、保险以及信托公司仅仅占有很少的资源，也就是间接金融的比例远远小于直接金融，间接金融没有起到对区域金融发展应有的促进作用。金融组织体系关乎金融资源配置的数量、期限。评判一地区金融组织体系健全与否，要看金融体系的组织安排有没有同该地区的经济发展水平相适应，有没有多元化的储蓄投资转化渠道以及有没有多样性的金融机构和金融工具。

4. 政府干预

分税制改革后，中央和地方政府对资源配置权拥有了重新分割的权利，因此地方政府不断增强其对市场的控制意愿。各级地方政府为了追求经济增长，或者受短期利益驱使，纷纷扩大投资来完成考核绩效。而金融资源恰恰是各地投资所必需的，因此必然会受到各级政府的青睐，被各级政府争抢。因此，在金融发展过程中，政府始终在过度干预，而政府的意志对金融改革的方向和路径产生着深远的影响。

政府对金融资源配置进行干预的手段多种多样，既可通过财政手段，也可通过投资手段，通过鼓励投资，从而引导相应投资项目来改变金融资源的流动，进而实现金融资源的重新配置。政府干预虽然对主导产业做大做强起到积极的作用，但是如果干预过多，将会降低金融资源配置效率，即违背金融资源自由流动的市场机制，最终会使得经济发展失衡，偏离区域金融协调发展的大方向。[②]

---

① 厉以宁. 非均衡的中国经济［M］. 北京：中国大百科全书出版社，2009.
② 慕丽杰. 中国区域金融非均衡发展研究［M］. 北京：经济科学出版社，2013.

2.1.3 区域金融资源非均衡的福利损失

金融资源的自由流动，自发地追逐高额利润。由于区域经济水平的不同，金融资源在不同区域下存在着供给与需求以及配置方面的不均衡的特征。这种特征是双向的，它存在着积极的一面，但是长期的过度存在会对区域经济产生负面的影响。

1. 福利分析

金融机构在空间上的明显聚集致使金融产业和资源逐渐呈现了空间聚集的特点。换句话说，目前的金融资源配置其非均衡特性正逐渐成为普遍的现象。金融资源配置非均衡性对区域经济增长的福利效应体现在以下几个方面。

（1）集聚效应。金融资源配置的集中化表明了金融产业正在不断地发生集聚，这种聚集使市场中各参与者之间的内在联系不断加强，进而增强了各参与主体之间的认识，进而能够高效地建立参与者之间的信誉机制，最终降低参与者之间的交易成本。国内学者的实证分析证明了这一点，如刘红（2008）分析了在金融集聚产生前后区域经济增长率的变动，研究结果发现，金融资源正在不断地向核心区集中使核心区比金融资源集聚前具有了更高的经济增长率。此外，在金融机构和金融市场的集中下，运作管理模式和资本技术输出都比单个金融机构更为高效；同时，金融资源的集中分布对弥补单个金融机构存在的缺陷有着重要意义，还可以完善区域金融发展的不足，例如江浙沪等金融流通量高的地区，充分利用他们的金融资源，建立高效的支付清算中心，极大地提高了金融行业以及其他行业的支付清算效率。

（2）自我强化效应。伴随着区域金融资源实现高度集中，金融创新的中心就会向资源集中的地区转移。创新和金融资源的集中是相互促进的。一方面，创新对区域金融资源的集中起到了丰富和补充的作用，进而可以提高区域的创新力与竞争力。此外，创新对促进经济增长，提高经济回报率，降低创业风险，推动创新机制的完善具有重大影响。另一方面，金融集聚可以形成一个便利通道，使得创新型金融知识的传播和吸收更加理想，起到了促进金融知识对内转化和对外传播的目的，也为金融创新系统的建立提供了一条新的路径；金融创新系统的建立又会对金融资源集聚区的金融集聚起到积极的促进作用。伴随着集聚区域范围的扩大，使得金融资源集聚区域的规模效益越来越显著，并且它的外部效益也会进一步增强，对外产生金融辐射效应，从而使得更多主体享受到更多的金融集聚带来的好处。① 综上所述，区域金融资源的集中能够使得各市场主体进行交易的成本减小，成本的减小又会促使各主体扩大对金融资产的需求，从而不断地强化金融集聚区域经济的发展，进一步地使得金融资源不断地向中心区域集中，具体作用机制如图 2 - 1 所示。

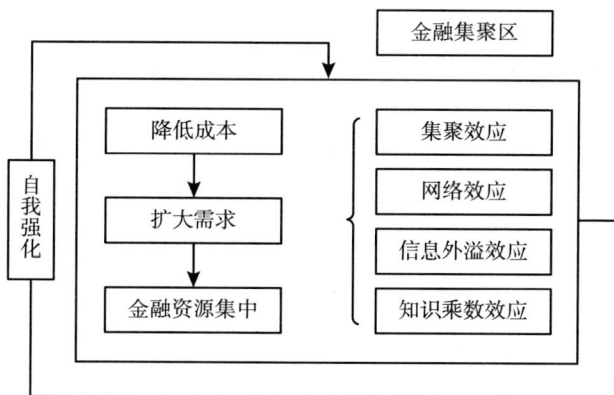

图 2 - 1　金融资源非均衡的自我强化效应

（3）辐射效应。当金融资源不断向某一中心聚集时，区域金融资源集聚中心的金融实力会不断地增强，伴随着金融实力的增强，区域金融中心就会对周边地区的经济发展产生辐射效应。这种辐射效应会对周边地区的经济增长产生一定的影响，具体包括三方面效应：一是技术向周边地区进行传播；二是资本向周边地区进行转移；三是推动周边地区的储蓄转化为投资。这种辐射效应可以分成两个过程：一是金融集聚的"极化效应"；二是金融集聚的"涓流效应"。一方面，当金融资源在核心区域实现集中后，核心区由于聚集大量优质金融资源，金融发展水平不断提高，且金融聚集区域的区域竞争优势就会无形之中得到扩大，企业出于盈利目的的需要，不断扩大其经营规模，吞并周边地区金融机构，扩大区域差异，非均衡现象显著增大，这就是所谓的"极化效应"。另一方面，在金融集聚区域的机构吞并周边金融机构后，随着时间的延长，金融集聚区域会向周边地区建立相应的分支机构，或者是对周围地区投资的增加，这些都促进周边区域金融发展，进而缩小区域差异，改变金融非均衡的现状，这就是所谓的"涓流效应"。② 其辐射效应如图 2 - 2 所示。

---

① 黄良波．泛北部湾区域金融合作与发展研究［M］．南宁：广西人民出版社，2008．
② 黎平海．我国区域金融中心建设与发展研究［M］．北京：中国社会科学出版社，2014．

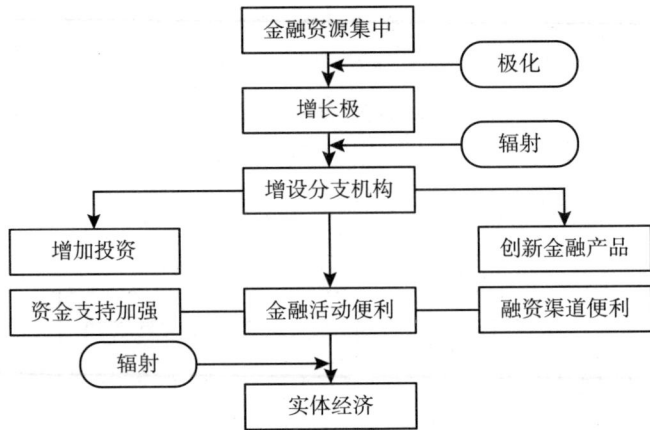

图 2 - 2   金融资源非均衡的辐射效应

2. 损失分析

（1）经济短边效应。金融资源配置的非均衡会使得发达地区与落后地区形成较大的差距，落后地区会出现消费不足、投资需求不足，产生生产要素闲置的缺口，导致经济增长严重滞后，即所谓的经济的短边效应。资本投入促进经济发展的动力，而资本的流动又会使劳动力和技术等发生变动。如果资金在区域经济之间的配置长期出现失衡的情形，这将会使区域资本的形成受到阻碍，同时配置效率也会出现降低，最终导致区域经济间产生不平衡现象。如果说某一个地区经济发展长期滞后，这便会导致该地区的社会基础设施建设不完善，教育事业、公共福利落后。而公共设施等基础设施是社会经济健康发展和人们生活水平不断提高必不可少的配套设施，是经济发展的基础，是改善地区投资环境的重要保障。公共设施的建设主要依靠政府出资，具有非营利性的目的，建设所用资金主要来源于政府的可支配资金。不完善的社会基础设施和不健全的社会公共服务，必然会使得经济欠发达地区的人力、技术和资金等资源向经济发达地区流转，如果长期持续这种情形，经济将会出现"经济滞后—投资效率低—缺乏投资—经济更加不发达"的情形。

（2）二元结构差异效应。在经济发展过程中，我国出现了明显的二元经济结构现象，这使得我国建设社会主义和谐社会和推动经济的可持续发展受到严重的阻碍，同时，还产生了诸多负面的影响，如城市化进程缓慢、城乡收入差距大等问题。王修华（2008）认为二元经济结构的转换与区域金融发展之间存在明显的正向关系，且区域金融发展差异的增大会加剧区域二元经济结构差异。同时，如果金融资源配置效率低，那么农村经济或者是一些小企业获得资金的能力就会显得更加薄弱，现存的二元经济结构就更加不容易改变；同时，较低的金融资源使用效率，将会引起金融资源从低效率的地区流向发达地区，使得落后地区的金融发展陷入恶性循环，从而也使得二元经济结构不能顺利转变。如果二元经济结构不能够顺利的转换，那么意味着二元经济的结构性矛盾不断加大，区域经济发展存在的问题不断加剧，将严重影响我国区域经济的健康和谐发展。

（3）市场割裂效应。市场割裂效应是指由于不同区域之间经济利益的驱动所产生的地区封锁与地区垄断现象，这将严重阻碍资源的有效流动和不发达市场的健康发育。市场割裂现象的典型表现为不同区域之间居民收入差距明显、购买力差别较大等，这种现象不利于不同区域之间形成统一的市场，从而对区域的协同发展产生巨大的挑战。面对市场割裂现象的巨大危害，政府并没有积极去解决这些矛盾，而是为了提高发达地区的经济利益，刻意地去阻挠现有分割的市场，从而使部分市场能够获得明显的利益。短期来看，局部市场获利；但是长期看，这将导致市场割裂现象更加严重，区域经济协同发展的步伐也将停滞不前。发达地区与不发达地区的经济发展差距被拉大，反过来，欠发达地区经济发展的滞后还会对发达地区的经济进步起到阻碍作用。因此，现存的市场割裂现象，对统一市场的形成和发展、区域经济的协同发展产生严重的阻碍作用。①

（4）政府宏观调控能力弱化效应。不管是计划经济体还是市场经济体制，政府都承担着宏观调控的重要任务，但是伴随着区域金融发展非均衡性不断加剧，政府的宏观调控能力开始弱化。这主要体现在两个方面：

第一，政府宏观调控的财政支持力度在不断减弱。这主要体现在三个方面：一是 1978 年改革开放后，政府逐渐由高度集权的管理模式开始向放权让利的管理体制转变，这使得社会资金在配置能够更多地去发挥市场的基础性作用；二是自我国的国有银行进行商业化改革以来，政府对信贷资金的直接控制能力减弱；三是财政收入占比下降，政府收入减少，在一定程度上失去调控宏观经济的财力基础。

第二，政府实行"一刀切"宏观调控政策，实施难度增加。宏观调控的目的是熨平经济周期的剧烈波动。然而目前施行的调控政策没有充分考虑到各区域存在的资金配置非均衡问题。一般来说，当经济过热时，社会会增加投资，投资增加就会导致需求增多，过多的需求就有可能产生通货膨胀等问题。面对通货膨胀问题，政府一般会采取紧缩性的货币政策和财政政策。然而现实中，投资需求过热的现象仅仅是发生在经济发达的地区，相反经济欠发达地区并没有过热现象，然而政府在对宏观经济进行调控时，统一地把局部地区经济过热引发的经济现象当做整个国民经济出现了同样的问题，并没有去区分发达和欠发达区域的各自的实际情况，因此采取完全统一的调控政策。然而，这种无差别的区域政策是以牺

---

① 慕丽杰. 中国区域金融非均衡发展研究 [M]. 北京：经济科学出版社，2013.

性经济不发达地区的经济利益为代价的，这将导致经济欠发达地区经济发展滞后，反过来又会影响其他地区的经济发展，形成恶性循环的结果。

2.1.4 区域金融资源非均衡与经济发展的关系

金融非均衡理论主要论述了金融存在非均衡的特性，而非均衡发展理论分析的是在现有的金融非均衡的基础下，应该怎样去发展的问题。关于非均衡发展理论的主要代表人物是缪尔达尔、威廉姆逊、赫希曼等人。

瑞典经济学家缪尔达尔利用动态非均衡分析方法，提出"地理上的二元经济"，并提出了经济增长过程中所包含的两种不同过程：一是"回波效应"，也就是通俗的金融集聚现象。指经济发达的地区吸引金融资源向回流动，即使生产要素产生地理上的回流以及聚集，发达地区不断吸收优质金融资源使得落后地区与发达地区的差距加大。二是"扩散效应"，即金融辐射效应，指生产要素在发达地区聚集后，逐渐开始向落后地区扩散，从而使落后地区的经济发展速度加快，并向发达地区追赶，缩小与发达地区的差距。但是，"回波效应"要早于"扩散效应"，也就是说，金融市场更加容易扩大区域与区域之间的差距，因此区域之间更容易形成非均衡局面。

1965 年美国经济学家威廉姆逊对 24 个国家的统计资料进行了实证分析，他得出在经济发展初期，地区间的差距会呈现出不断扩大的趋势，进而呈现出不均衡的分布状态。伴随着区域经济发展到一定程度后，地区间的不均衡状态将会逐渐趋向稳定；随后当经济发展到成熟期时，区域之间的差距将会呈现逐渐缩小的趋势，并最终向均衡状态发展。阿隆索同样认为，在经济发展初期，地区间经济增长差距会呈现扩大的趋势，同时，社会平等、城市化水平以及人口增长率等差距也将不断扩大，但是当经历了一个转折点之后，这些差距将逐渐呈现收敛的变动趋势。阿隆索的倒"U"形理论，将地区均衡与经济增长紧密联系起来，但是遭到了许多学者的质疑。主要质疑为阿隆索的研究并不具备普遍的意义，且倒"U"形理论忽略了政府对减小区域差距中的作用，仅仅依靠经济发展的内在规律以及市场机制，这是很难去消除地区间差异的。

赫希曼在缪尔达尔的基础上，提出了"核心区—边缘区"理论，也就是区域经济传递理论。他认为经济增长并不可能在所有地区同时出现。经济发展较快的地区存在的集聚效应，会使得生产要素向其集聚，要素的不断积聚又使得该地区的经济发展更加快速，此时的周边以及落后区域即为"边缘区"。此外，赫希曼还认为区域经济增长的聚集效应会增大区域差异，地理渗透效应会减小区域差异，鉴于此，政府应该根据实际情况对区域经济的增长进行适当的干预。后来，熊彼特将创新理论引入到经济周期中，提出了经济周期的二阶段和四阶段模式。

在四阶段模式，即繁荣、衰退、萧条和复苏中，创新浪潮都会出现，且非均衡在创新、模仿和均衡中不断重复，而经济呈现出不断地增长。①

综上所述，经济发展过程中全面、有效的金融体系可以明显地促进国家经济健康快速的发展，而金融在经济发展中扮演着资源优化配置的角色，通过合理地引导优质金融资源在区域间的流动，实现金融资源的优化配置，进而促进区域经济增长。

2.2 区域金融资源优化理论

2.2.1 区域金融资源优化的内涵

金融资源优化是区域内金融机构在地区经济协同发展的情况下，通过进行合理的组合，对金融要素进行优化配置，从整体上发挥该地区筹集资金和分配资金的能力。金融资源优化将会使得资本配置达到更优，消除潜在的交易障碍，促进金融资源的有效流动，进而使金融资源在最有效的投资机会上得到使用。同时，金融资源优化也会降低金融资本的流动障碍，进而降低资本流动的成本。而资本追逐高收益的本质将促使资金由低收益的使用者转移到高收益使用者身上，因此企业迫于资金的需要，必然会对企业进行一系列的改革，例如降低成本、改善现有的经营管理模式、提高生产率等措施，进而达到资本的高效利用。

要实现金融资源的优化配置，就要最大限度地提高金融资源的配置效率，而金融资源的配置效率的决定因素主要有：（1）货币形态和货币制度；（2）金融体系发展水平。金融体系包括金融市场、金融工具、金融机构；（3）金融技术。金融技术指科学技术在金融上的应用；（4）金融制度。金融制度包括所有有关金融的行为规则、法律；（5）金融运行环境。包括经济环境、法律环境和制度环境，以上因素构成了金融资源优化配置的条件。

现实世界中，金融资源是稀缺的，因此我们不得不对金融资源进行合理的开发和配置。虽然人们可以依靠外力，在经济发展过程中无限地开发创造金融资源，但是如果这种开发创造应该保持在一定的限度以内，一旦人们对金融资源的开发脱离了实际需要，金融资源就会丧失其价值，转变为经济增长的阻碍因素。

---

① 赵振全. 中国金融发展与经济增长研究 [M]. 北京：科学出版社，2013.

鉴于此，必须合理地开发和配置现有金融资源，实现金融资源的优化。[①] 通过经济学中的生产可能曲线来详细描述金融资源优化配置的过程，如图 2-3 所示。

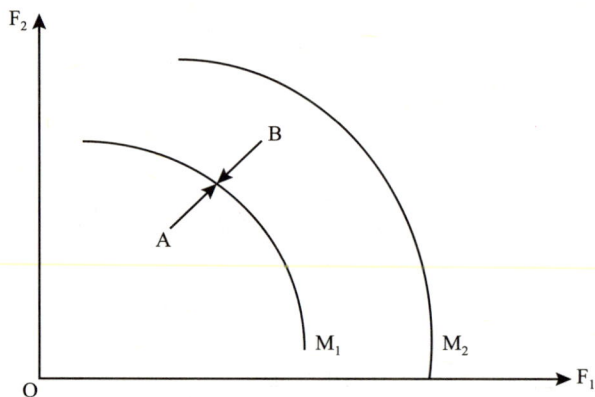

图 2-3 金融资源优化

生产可能曲线表示在一定技术条件下，不同的劳动、资本投入组合所能得到的最大生产量，如图 2-3 所示。这里，我们把劳动和资本投入换成两种综合化的金融资源组合 F_1 和 F_2，而 M_1 和 M_2 则是不同金融资源组合情况下，投入要素所能达到的最佳产量或效率。金融资源组合由曲线 M_1 向曲线 M_2 的进行移动，或是从不均衡的 A 点或是由 B 点向 M_1 进行移动，都表明金融资源配置的得到优化或者金融发展水平得到提高。

从静态的角度来说明不均衡 A 点或 B 点向曲线 M_1 的移动。在 M_1 的左下方，例如 A 点，说明金融资源的开发较小，并没有达到其潜在的水平，金融资源的配置效率还有待于进一步的提高，即出现通常意义上的"金融抑制"现象。这主要是由于政府对利率汇率进行限制、对金融活动直接或间接进行管制、防止资金自由流动等措施，这些干预抑制了市场自由竞争的机制，导致金融发展出现停滞不前的现象。改变这种现象的手段有两种：一是为了促进金融经济的健康发展，政府实行金融自由化，放松起初较为严格的金融管制措施；二是为了逃避现有严格的金融管制，参与金融交易的主体进行的一系列金融创新，主要包括金融产品和服务在内的一系列创新活动。在上面两种情形下，未被开发的金融资源会逐渐被新的市场主体开发利用，从图中来看，图形变动为由 A 点向曲线 M_1 移动；而如果金融资源被过度的开发和利用了，此时可以借助金融资源的基础层次（货币资金信贷的急剧膨胀）和中间层次（不顾自身金融发展情况，盲目复制经济金融发

---

① 杨涤. 金融资源配置论［M］. 北京：中国金融出版社，2011.

达地区的金融组织体系）来分析，这种不切实际的滥用金融资源无疑会加剧对有限的金融资源的竞争，最终会导致相应的危机，危机的爆发将会使金融监管机构或者各类金融机构进行反省，从而强制现有的金融资源的开发水平降低，反映在曲线上，就是由 M_1 右上方的 B 点向曲线 M_1 上移动。[①]

从动态的角度分析曲线 M_1 向曲线 M_2 的移动。这里移动主要是由于现有金融资源总量的扩张所致，这里的金融资源总量扩张包括了静态角度分析时所提到的基础层次货币资金的扩张和中间层次金融机构、工具的发展，即金融资源"量"的增加，同时还包括了高层整体性金融资源的前进，即金融资源"质"的改善。

综上可得，金融资源优化配置不仅仅是金融资源总量的提高，也是金融资源利用效率的提高。在一定时期，金融资源开发利用不足或过度是不可持续的，而且在跨时期的角度看，各层次金融资源的有序协调扩张也是金融资源优化配置不可或缺的条件。因此站在金融的资源属性层面来考虑资源优化配置或金融发展问题，必须使金融资源的开发利用程度尽可能地接近金融资源最佳生产量的曲线 M_1 和 M_2，同时还要注意各层次金融资源的动态协调配合，这才能从根本上起到优化金融资源配置的作用效果。[②]

2.2.2 金融资源流动与区域金融资源优化

1. 金融资源流动的原因

金融资源在空间的分布呈现出非均衡特点，在初始资源分配地域禀赋差异下，金融资源在不同国家之间、一国内部区域间进行着遵循特殊规律的运动。金融资源流动是从金融资源论的角度出发，对金融资源配置给予的动态描述，是一个动态过程而非静态的结果，主要包括的形式为：金融服务产业转移、金融组织总部及分支机构的变更、金融从业人员调配、金融市场投融资活动等，图 2 - 4 为一个简单的金融资源流动过程示意图。该过程中，地理因素的变化包含在其中，从区域金融理论的角度来解释，也就是说明金融发展在空间维度上的表现。在区位流动的前提下，金融资源实现了空间上的转移，并且在宏观政策、市场规律和自身利益趋向的引导下，实现了地区间和地区内分布的转移，并达到了合理的配置，最终实现地区金融一体化，实现地区经济一体化。

---

① 张荔. 金融资源理论与经验研究 [D]. 北京：中国金融出版社，2011.

② 白钦先. 金融可持续发展研究导论 [M]. 北京：中国金融出版社，2001.

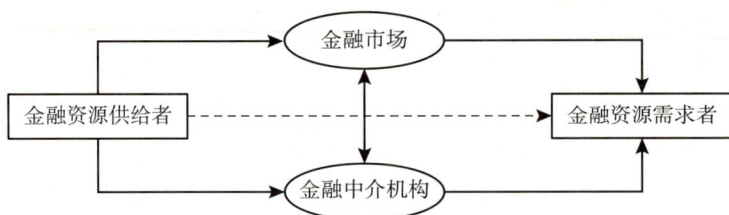

图 2-4　金融资源流动过程

区域金融资源流动的原因有四个：首先，区域内经济人对资源优化配置的追求，即对资源优化配置存在的期望，这是区域金融资源流动的内在动力；其次，经济人同时兼具供给和需求两重身份，这供求双重身份为金融资源的流动创造了前提条件；再次，不同经济人的信息具有不完备且不对称的特性，这使金融资源流动成为可能；最后，交易是资源流动的方式，市场是资源流动的载体，同时资源的流动使资源配置得到了优化，金融资源的潜在价值得到实现。在共同利益机制的作用下，金融资源流动应体现出：流动是有序的，不是无序的；流动是顺畅的，不是有障碍的；流动是双向或多向的，不是单向的；流动是自然的，不是人为的；流动是有效率的，不是无效率的。金融资本流动促进金融产业集聚从而形成最佳配置的金融资源，提高资源利用率①

2. 金融资源流动的干预模型

金融是一种资源，随着金融资源的自由流动，金融资源的价格最终会趋于相同。但是现实中存在着来自中央政府或地方政府等外力的干预，这就导致地区间资源价格存在着一定差异，即出现金融资源配置无效率的现象。下面通过模型来进行简单的介绍。

（1）模型的基本假定。

假设一：C 国分为 A 和 B 两个区域，在经济发展初期，两个区域经济规模相同。

假设二：C 国拥有统一的金融市场，金融交易成本为零，A 和 B 两地的储蓄是金融市场流动的资金来源，且市场利率取决于当地居民的储蓄规模。

假设三：在经济发展初期，A、B 两地所有资金均来源于金融市场，并且两地的储蓄和投资相同。

（2）模型分析。根据假设，两地区的金融市场筹资额即为 A、B 两地区的投资，且 C 国的金融市场资金供给函数为 A、B 两地区的投资函数之和。

第一种均衡：无外力干预下，金融资源流动与金融市场均衡。如果没有外力

---

① 周升业. 金融资金运行分析：机制·效率·信息 [M]. 北京：中国金融出版社，2002.

干预,当 A、B 两地实现资金平衡时,C 国也实现了金融市场的均衡,由于 A、B 两地的投资和储蓄额相同,A、B 两地控制了相同的金融资源,而且也有相同的成本。金融资源在 A、B 两地自由流动,进而使得两地利率相等,并且也等于 C 国统一的市场利率。如果 A、B 两地资金流动的价格存在差异,那么金融资源将会从低利率区域流向高利率区域。随着资金的不断流出,流出的资金越来越少,在供求关系的作用下,资金的价格将会不断地上升,最终使得两地的资金价格等同。

第二种均衡:中央政府干预下,金融资源流动与金融市场均衡。一般来说,一个国家的中央政府会对经济发展状况良好的区域给予金融支持,如扩大其融资规模或者是降低其融资成本。假设 C 国分为 A 和 B 两个地区,A 地区为中央政府认定的经济发展好,优先发展区域,因此 C 国为了扩大 A 地区的投资规模,会通过一些优惠政策使 A 地区获得更多的资金。但是由于 A、B 地区同处在一个国家,两地的居民是在同一市场上同一利率条件下进行。假设 A 地区在融资时获得利率优惠,最终利率水平为 r_1,同时 C 国政府赋予 A 地区优先进入金融市场融资的权利,A 地融资额为 R_1。与无外力干预情况相比,A 地的融资额将会增加,由于整个金融市场资金总供给规模既定,金融市场剩余资金规模小于 B 地区所需要的筹资额,B 地的投资主体为了获得更多的资金,不得不通过竞争的方式(提高利率)来争夺剩余有限的金融资源。在 r_2 的利率条件下,B 地吸收了金融市场剩余的资金。因此在中央政府的干预下,A、B 两地的资金价格不等,B 地区资金的价格明显地高于 A 地,形成金融割裂,这完全是由于中央实施的非均衡发展计划导致。图 2-5 为存在干预和不存在干预的情况下,区域金融发展模式。

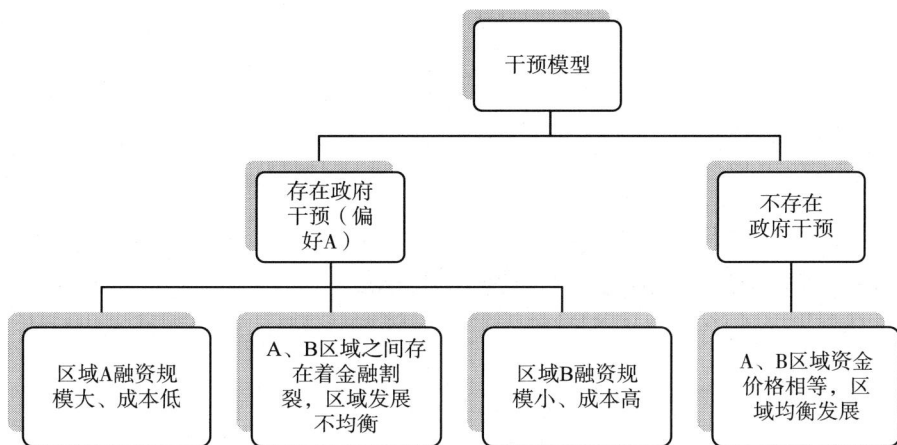

图 2-5 金融干预模型

虽然我国的投资体制发生了很大变化，但是在区域经济一体化的过程中，政府在金融资源配置中仍然起着重要的作用。在区域经济发展过程中，政府为了实现一定的目的，必然会利用其经济政治影响力对金融资源进行一定的干预。在没有外力干预的情形下，资源逐利性的特性，将会在区域间自由流动并且最终实现资金价格相等。但是在政府干预的情况下，就会产生掠夺金融资源的现象，相比而言，获得优惠政策的地区将会以较低的价格获得资金，而没有优惠的地区将会付出更高的成本。

3. 金融资源流动与金融资源优化关系

要素的自由流动是区域经济协同发展的动态效应之一，也是区域资源优化深入的必经之路。作为区域经济优化发展中生产要素之一，金融资源应该不受到任何阻碍自由的流动，金融资源流动既可以实现资源所有者的盈利目的，也可以实现资源使用者的融资需求，更可以通过金融资源的流动来实现区域金融资源的优化配置。在金融资源优化配置前提下，可以去除各种由于经济主体建立的障碍，消除区域潜在以及现有障碍，建立区域经济内统一的货币市场、资本市场、保险市场、外汇市场等一系列金融平台，在较为完善的市场配置下，金融资源能够更加自由地在区域间转移，从而促进整个区域金融协同发展。而区域金融资源配置得到优化后，又会反过来带动区域金融资源的自由流动（见图2-6）。①

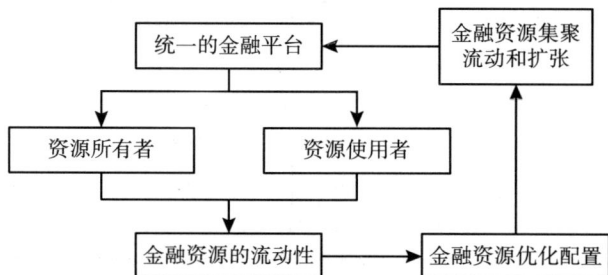

图2-6　金融资源流动优化关系

2.2.3　金融集聚与区域金融资源优化

1. 金融资源集聚

金融集聚是指在某个指定的地理空间、一定市场原则的约束下，金融产业的

① 魏清. 金融资源流动与长三角金融一体化研究［M］. 北京：中国商业出版社，2011.

利益相关者在金融市场的完善中不断达到较高水平的现象。金融集聚是金融产业不断发展的过程，应该从静态和动态两方面去理解。从静态看，金融集聚是金融市场、机构、产品、文化和信息等一系列金融资源向某一区域流动，使得该区域聚集大量金融资源，并形成规模效应。金融企业集群的典型例子就是金融中心的产生；从动态看，金融集聚是金融资源与其他产业在不同地理、人文环境下，结构、功能和规模上循序渐进的演变，最终形成的相互之间影响、促进与融合的状态。也就是说，首先一个区域吸收周边金融资源，形成集聚力，其次由初级集聚转向快速集聚，最终产生扩散效应。① 图 2-7 显示的是金融资源集聚内涵图。

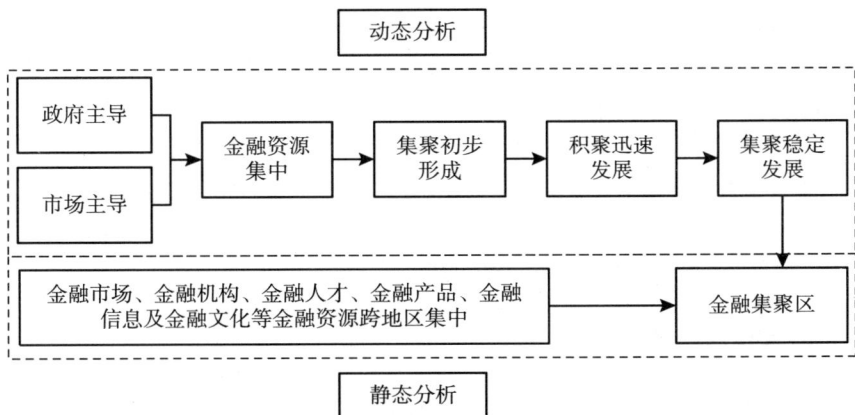

图 2-7 金融资源集聚的内涵

2. 金融集聚的特点

金融集聚具有一些标志性的特点，这些特点是判断一个地区是否出现了金融集聚现象的重要指标，也是研究金融集聚现象的基本前提。这些特点主要包括指向性、功能性、网络性和成长性。

（1）指向性。金融集聚现象的指向性主要是指金融机构在选址方面存在着一定指向性规律。当经济发展到一定程度后，往往会出现金融集聚现象，金融集聚的发展又非常依赖现代计算机、信息、通信、交通等行业的发展，因此金融集聚往往出现在服务业发达的地区。大量的金融机构偏好选择于一个区域经济发达的城市，如交通枢纽城市、省会、直辖市等地。

（2）功能性。金融集聚使原本金融行业所具有的功能得到强化。金融集聚将

---

① 黄解宇，杨再斌，金融集聚论——金融中心形成的理论与实践解析 [M]. 北京：商务印书馆，2006.

大量的金融资源在某一区域聚集，大大提高了资源的使用效率，实现了机构间的协同发展与相互合作，使金融的功能大大增强，并因此对区域经济产生规模效应和扩散效应，极大地促进了地区经济的发展。金融集聚区加强了金融本身的功能，使其更好地为当地实体经济的发展提供服务。

（3）网络性。网络性的特点是由于金融行业的多层级结构所决定的。金融行业的发展很大程度上依赖于各个区、市的分支营业机构网络以及快速的信息传播等技术，因此金融行业的集聚与一般行业的集聚不同，其在金融资源、金融机构、专业性人才集聚的同时，还表现出该区域金融业网络密度逐渐增加的趋势。

（4）成长性。金融产业的发展有很明显的成长性特征。成长性主要是指金融产业集聚的过程是一个从量变到质变的过程。一开始往往是由于该地区优惠的政策措施、便捷的交通条件、先进的信息通信技术等特征所产生的驱动作用使大量的优质金融资源、金融机构、金融人才等汇集到该地，逐渐由量变发展成为该地金融行业效率不断提高、行业竞争力逐渐加大、金融产品结构逐渐改善，并在一定程度上促进周边区域经济快速发展的质变的过程。金融行业逐渐从简单的企业数量的增加成长为区域性的金融集聚中心，甚至成为全国或者全球性的金融集聚中心。

3. 金融集聚的影响因素

当经济快速发展到一定的阶段时往往会出现金融集聚现象，接着在某些有利因素的驱动作用下逐渐发展成为地区性金融集聚中心，进而成为全国性金融集聚中心，最终有可能成为国际性金融集聚中心。金融集聚的影响因素主要体现在以下几方面：

（1）地理因素。金融集聚的形成中，地理优势起到了重要的作用。例如位于英格兰东部的伦敦，距泰晤士河入海口仅仅88公里，因此其水陆、陆路交通极其方便，促进了商人之间的交流，其贸易不断发展，金融行业建立并顺利发展。同时，伦敦的地理优势不仅如此。由于伦敦优越的地理位置促进了西欧、北欧和南欧的交易，所以伦敦的金融地位也不断增强。因此，地理位置对金融集聚的作用很大，突出的地理优势将会加速金融集聚的产生，并不断推进其集聚进程。相比而言，金融企业选址就显得比较苛刻。如果一个区域要发生金融集聚现象，那么这个区域应该对金融有着较强的需求，因此诸如商业中心的区域，由于其频繁的交易产生了投融资需求、货币结算需求等一系列金融需求，在这一系列金融需求的影响下，金融机构应运而生，最终形成金融集聚现象。

（2）金融自身发展因素。随着国民经济中不同的产业对金融业依赖程度加大，金融业要不断提升自身素质，其中主要涉及对金融人才和金融创新水平等因素的规范和加强。

第一，高素质人才。金融行业是人才密集型行业，专业性人才的规模和质量直接影响着金融产业集聚能否持续健康的发展。金融机构对人才的要求很高，往往要求既要掌握金融方面的专业知识，还要熟练对金融数据进行处理，并掌握外语、会计、法律、计算机、营销等相关知识。高素质金融人才的集聚为金融企业的聚集提供了人力资本方面的支持，是金融市场繁荣的重要保障。例如：北京市聚集了我国众多一流的高校，每年都有大量的高素质金融人才从北京各高校的校园走出，他们大部分人留在北京或周边其他城市，为北京及其周围地区金融产业的聚集提供了先进的金融专业高素质人才。

第二，金融创新水平。金融创新是金融产业快速发展的不竭动力。通过各类金融要素的重组，在保证金融安全性、流动性、营利性的基本前提下，对金融机构组织形式、金融交易工具、业务产品种类及管理制度安排等进行改革与创新，使金融资源的利用率提高，为金融行业的长久发展带来活力，为顾客创造出更加优质的金融服务。创新水平的提高极大地促进金融集聚形成的进程，是金融产业集聚健康发展的重要保障。金融行业创新水平的提高为金融集聚的形成起到了重要的作用。

（3）实体经济发展因素。实体经济关系到人类生存和发展的物质及精神产品的生产、销售及相关服务，与人类的发展紧密相关。当生产阶段得到提高的时候，企业的生产效率也会得到相应的提高，进而提高现有的生产资料配置效率，推动国内外贸易的进行，提高交易量和资金量，带动实体经济的发展。实体经济领域不断发展，直至渗透到金融相关领域，各经济主体都表现出较强的参与金融活动的需求。国家利用其宏观调控手段来调节经济发展，促进经济健康发展；企业通过股票筹资方式保障自身发展资金的来源；而个人则通过购买股票债券或者将闲散资金存入银行等方式参与到其中。

因此，金融业的产生以实体经济为基础，商业活动为载体的。随着实体经济的不断发展，各种金融服务需求开始产生，金融需求不断积累，当需求达到一定规模后，金融业务规模和种类不断扩大，开始吸收周边地区的金融资源，金融集聚便随即产生。

（4）虚拟经济发展因素。虚拟经济是为实体经济服务的，是为实体经济进一步发展提供辅助作用而产生的，是实体经济发展到一定阶段的产物。伴随着经济一体化，人们需求的多样化使得传统的直接融资方式不能满足实际需要，人们开始不断寻求新的金融资产。在这种背景下，像资产证券化、经济货币化等的虚拟资产逐渐受到了人们的关注。随着金融业的发展，虚拟经济的金融资产总量不断得到提高，并且反作用于经济，从而也大大提高了区域经济的发展。

虚拟经济背景下，投资者持有股票、债券等证券化的虚拟产品参与市场交易，而不是实物本身，这种情况下，投资者的交易更加方便且快速；企业也可以通过股票、债券等融资方式在金融市场上筹资，进而弥补现金流的不足，筹集的资金可以用于企业正常的生产活动或是扩大企业的生产规模，进而实现盈利。同时虚拟产品的产生，可以实现企业富余资金的套期保值，或是对企业现有资产进行重组，使企业规避风险、降低成本和优化资本；从社会角度看，虚拟经济下弥补了单一金融工具的不足，为社会提供了更加丰富的金融工具，如股票、债券等，这些金融工具参与到实体经济运行中，提高了金融资源的配置效率。所以，虚拟经济在银行业、整个国民经济中起到了重要作用。在实体经济不断发展的情况下，商业贸易不断增加，金融集聚需求扩大，实体经济的发展开始趋向稳定的态势，而虚拟经济的发展也得到不断地壮大，不断向实体经济规模靠拢，最终超越实体经济。因此，在实体经济的中间作用下，虚拟经济和金融集聚之间的关系更加密切。[①]

因此，影响金融集聚的主要因素及其作用机制可以用图 2 - 8 表示。

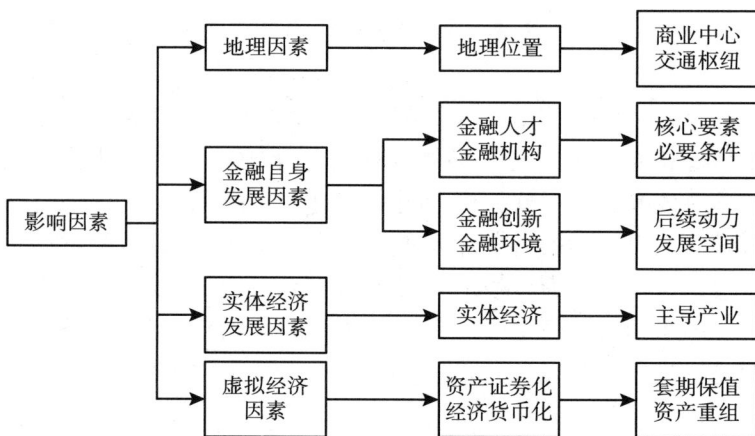

图 2 - 8　金融集聚影响因素

4. 金融集聚的功能

通过对文献进行阅读和整理，本书发现金融集聚是通过对金融本身五大功能进行强化，提高金融服务业的效率，产生一系列经济效应，进而实现区域金融资源的优化。因此首先介绍金融本身的五大功能，然后阐述金融集聚对这五大功能的强化，最后说明金融集聚所产生的经济效应。

（1）金融的五大功能。金融系统是由资金的提供者、资金的需求者和金融产品所组成的有机统一的整体。金融是国民经济快速发展的重要保障，为国家实体

---

① 刘维奇. 金融复杂性与中国金融效率 [M]. 北京：科学出版社，2009.

经济的发展提供强大的融资需求，为国民经济的发展提供便捷的金融服务，金融业对经济发展的功能有很多，其五大基本的金融功能分别如下：①动员储蓄功能。主要是指金融系统可以动员人们的储蓄将大量的个人储蓄聚在一起形成较大的资本，从而为实体经济的发展提供资金支持，提高资金的使用效率，促进经济的快速发展。②信息揭示功能。个人储蓄者由于人力、物力、财力等方面的不足对很多项目无法进行准确的评估，产生了信息壁垒，从而降低了资金的使用效率。信息壁垒刺激了一系列金融中介机构的产生，它们专门从事信用评估、投资咨询等方面的工作，使各个行业的项目信息得到专业化的评估，使资金理性地流向了更高效率的部门，优化了金融资源的配置。③风险管理功能。金融机构可以分散个人投资者的风险，将大量零散资金集中起来投向稳定的又具有高收益的项目上去，大大地减少了个人投资的盲目性，降低了风险。④公司管理功能。金融系统为公司管理体制的创新提供了条件和保障。股份制的公司管理模式在当今社会越来越常见，证券市场为上市公司提供融资平台，集聚资本，促进公司规模的扩大、技术的革新，进而促进整体经济的发展。⑤便利交换功能。金融系统所创造出的一系列便捷的结算工具，极大地方便了交易，降低了交易成本，促进了相互间的经济贸易往来。便捷的支付工具，减少了复杂的结算流程，节约了时间，促进经济的快速发展（见图 2 – 9）。

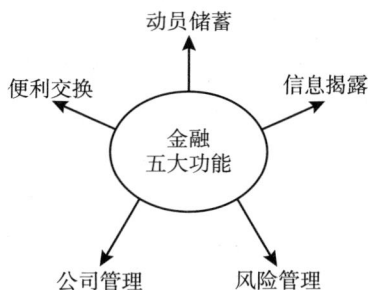

图 2 – 9　金融五大功能

（2）金融集聚对金融五大功能的强化。金融集聚的功能是通过对金融原有的五大功能的强化而实现的。金融集聚是经济发展到一定阶段的结果，是金融行业发展的一般规律，其发展过程就是对金融本身五大功能不断发展强化的过程。

金融集聚对动员储蓄功能的强化。金融集聚导致该地区的金融密度大大增加，相互之间的交流与合作越来越密切，逐渐实现资源相互利用、信息数据共享等。金融集聚区域内整体的金融资源的利用率提高，为区域金融业的发展带来活力，但同时也使金融企业间的竞争更加激烈，因此激发了各个金融机构的创新的动力，它们通过管理制度的优化、产品的创新，从而提高自身的服务质量，目的是来鼓励居民个人更多来储蓄和购买理财产品，进而增加自身的资金来源。这种良性的竞争使区域内金融行业的发展充满活力、创新不断，也使金融系统动员储蓄的功能得到强化，增加资本的数量，促进经济的增长。

金融集聚对信息揭示功能的强化。数据信息资源对于金融行业的发展来说至关重要，金融系统本身具有对信息揭示的功能。金融集聚区使金融机构间的合作更加密切，很多资源的利用率提高，实现了资源共享。一些数据信息等在金融集聚区内被共享，进过多次的利用和加工，这使该数据对现象的解释或者某一项目的评估更加全面和准确，也使机构获得更加准确的投资信息的成本大大降低，进而使金融系统对信息揭示的功能得到强化。

金融集聚对风险管理功能的强化。金融集聚内各个相关机构的良性竞争大大激励了金融产品的创新与服务的升级，各个机构设计出更多新型的风险管理的金融产品，有效地分散风险，提高资金的回报率，强化了金融系统的风险管理功能。另外，金融集聚区内存在着各类不同的企业如会计师事务所、律师事务所、风险管理公司、专业理财机构等，它们相互合作共同负责一个项目，这可以有效地提高各个环节的专业化程度，更大程度减低了投资的风险，强化了原有的风险管理功能。

金融集聚对公司管理功能的强化。金融系统为上市公司筹集资本、保障资金的安全性以及降低监管成本方面都提供了很大的便利。金融集聚使金融系统对公司的管理功能得到强化。金融集聚区内资源的利用率使得公司证券的流动性增加，集聚区为上市公司顺利募得资金提供了更好的金融环境，集聚区资源的共享及其扩散效应为股东更好履行其对公司运作的监督的权利提供便利的条件，强化对公司的监督和管理功能。

金融集聚对便利交易功能的强化。金融集聚区内的交易结算工具的创新速度与其他地区来说明显较快，先进的金融工具的运用大大便利了各企业间的合作和贸易往来。集聚区内金融机构使用较先进的云技术处理数据的功能，实现数据信息资源的共享，为企业间的结算降低了成本，对金融系统的便利交易功能得到强化。

5. 金融集聚的经济效应

从上面的论述可以看出金融集聚使金融已有的功能得到强化，即对金融动员储蓄功能得到强化，对金融信息揭示功能得到强化，对金融风险管理功能得到强化，对金融公司管理功能得到强化，对金融便利交易功能得到强化，进而促进区域经济的发展，产生规模效应、外溢效应等。图2-10为金融集聚对经济增长的作用机制图，具体作用如下。

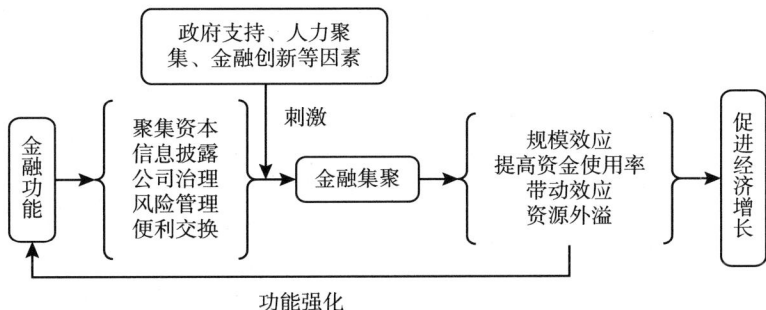

图 2 - 10　金融集聚对经济增长的作用机制

（1）规模效应。金融业发展到一定阶段时，受到政策、市场等多方面因素推动，金融资源、金融人才和金融机构向某一特定区域集聚，形成区域金融中心，汇集大量资本和相关数据信息，使各种投资、融资的成本降低，相关信息获得更加便利、更加专业，从而实现规模经济效益。[1]

（2）金融资源的使用率提高。金融资源在某一地区聚集，使机构间的交流合作逐渐密切，一些金融资源得到共享。往往会出现一个项目由集聚区的多个相关机构共同完成，它们将所获得的各方面的数据信息共享并进行多次的加工和专业性的分析，降低了投资的风险，有效地提高了金融资源的利用效率，进而使集聚区内形成良好的互动合作关系，使集聚区的金融优势得到进一步的扩大，为实体经济的发展注入更多的活力，带动整个地区的经济快速发展。

（3）对周边区域经济的扩散带动效应。金融集聚是大量优质的金融资源聚集到该地区，在带动本地经济迅速发展的同时，对其周边区域经济的发展也有一定的扩散带动效应。由于地区相邻的原因，集聚区经济的快速发展需要周边区域人力、物力、财力等方面的支持，这样既促进了周边地区就业率的提高，维护地区社会的稳定，也对周边地区产品市场、资本市场产生较大的需求，使周边地区的产品、资金流入集聚区，资源得到充分的利用，进而带动周边区域经济的发展，促进其产业结构的优化与升级。因此金融集聚对周边区域经济的发展有很明显的扩散带动效应。

（4）资源外溢效应。大量的金融资源集聚到金融中心会在短期内造成一种饱和的状态，这些金融资源会通过一定的途径外溢到周边区域。随着集聚区金融行业的快速发展以及某些金融资源的饱和，其先进的机构管理知识、先进的理财产品、先进的数据处理技术等被周边的相似的机构所学习和吸收，从而使一系列金融资源随之一起转移到周边地区，逐渐使更大范围的金融集聚现象的形成。金融

---

① 陆军，徐杰．金融集聚与区域经济增长的实证分析——以京津冀地区为例［J］．学术交流，2014，02：107 - 113.

资源的外溢也保证了金融集聚朝着更加健康的方向发展，提高资源的使用效率，带动整个周边区域经济的发展。①

2.3　空间经济学理论

传统经典经济学理论一般前提假设研究对象在地理空间位置上存在着均质性分布特征，地区之间的经济活动不存在交互影响。在这种假设前提下的经济学发展历程忽略了空间位置因素的影响，这一点造成理论研究与现实实际生活相违背，因为实际生活中劳动、资本和技术知识等要素分布是不均匀的，即是非均衡的，区域间的沟通交流在一定程度上会受到空间距离和空间位置关系的影响。所以，在关于区域经济发展问题的研究中应该把地理位置因素作为一个要素考虑进去，空间计量经济理论和方法的起源和发展正是因为将地理位置关系的原因考虑到其中，实现由不考虑空间位置关系的传统的时间经济学向考虑地理相互作用的空间计量经济学转变。

空间经济计量方法实现数据的分析处理与以往主流经济学中通常采用的时间序列数据处理方法不同，空间数据将变量之间的位置关系考虑进去因此在研究中涉及空间效应，空间数据与平面数据最重要的不同之处体现在空间相关性和空间异质性。其中数据的空间相关性意为处在不同位置的观测个体在空间位置上并不是以相互独立的姿态存在的，而是表现出某种非随机的空间相关模式。当相邻区域的观测值分布呈现出某种相似特性的时候则说明在观测值之间存在正的空间自相关，当相邻区域的观测值分布不具有相似性特征时则说明观测值之间存在负的空间自相关或者不存在空间相关性。空间异质性指参与的经济主体其经济关系和经济行为在空间上显示为不稳定，在模型研究中具体表现在随着区位变化模型中变量的参数会发生相应的改变。② 总的来说，当空间数据同时考虑到空间相关性和空间异质性的时候，空间数据由此产生的空间效应使用传统的时间序列方法无法对数据进行全面分析，这时候空间计量经济方法登上了经济学发展的舞台，为合理地分析空间数据提供了恰当的分析工具。

最早提出空间经济学的定义是马歇尔（Marshall，1920），此后他的观点被大多数学者认同。伊萨德（Isard，1949）指出在经济学的研究领域中引入空间概念起着十分重要的作用。斯蒂格利茨和迪克斯特（Stighlitz and Dixit，1977）在梳理前人研究成果的基础上建立了分析垄断竞争的一般均衡分析模型（DS模型），

---

① 张晓燕. 金融产业集聚及其对区域经济增长的影响研究 ［M］. 北京：经济管理出版社，2014.
② 安虎森. 空间经济学原理 ［M］. 北京：经济科学出版社，2005.

这个模型主要是研究在实际生活中如何有效合理地解决边际报酬递增和运输成本明显等问题，这一研究使不完全竞争领域的理论产生重大变革。1991 年，美国经济学家克鲁格曼运用经济学家萨缪尔森研究提出的"冰山"理论并结合国际贸易理论，将空间元素这一问题考虑进一般均衡研究中，并由此基础产生了 CP 模型，即"核心—边缘"模型。通过对模型进行研究分析，得出如果最终消费品中含有制造业产品所占的比例较大时，这会加剧空间不均衡现象。事实上，目前关于空间计量经济学研究方法与理论学术界没有达成一致的意见，目前大多数学者认为空间经济学是经济学研究领域的重要组成部分，是 20 世纪 90 年代以后逐渐发展起来的新兴学科，当前前沿的经济分析方法研究对于实际经济活动的分析都会基于空间地理位置运用空间计量经济学方法进行研究。

空间经济学理论是重点研究分析实际生活中空间地理和经济发展的相互作用的学科，因此一些学者也把空间经济学称为"新地理经济学"。基于美国学者克鲁格曼等对于空间经济学的理论观点，陈雯等人运用新贸易理论建立了空间经济分析研究框架，即新经济地理学。而且空间经济学理论的研究包括从宏观层面空间聚集现象的分析，从微观视角下企业区位选择问题分析，以及从空间差异性的角度问题分析。虽然在空间经济学理论中存在很多模型研究，但是一部分学者认为区域经济从根本上来说是一种块状发展经济，其本质特征是存在某一个跨区域力量使区域内部经济发展不平衡特征明显。学者蒋涛、安虎森（2005）指出，在空间计量经济学发展的历程中，决定经济发展均衡稳定性的力量主要包括两个方面，其中一个是聚集力，是指由于市场接近效应，以带来现代部门的经济活动为目的地向某一区域聚集的力量，这一力量逐渐产生区域差异化的力量；另一个是竞争激烈的市场体系导致的。当企业聚集在产业集聚区内时，它们之间存在十分激烈的竞争时，就会导致企业的盈利能力受到限制，从而导致企业整体实力分散的现象，这种使现代部门的经济活动在空间上分散的力量，称为扩散力。集聚力和扩散力这两种力量在经济发展过程中，形成了稳定的经济活动空间模式。

一方面，空间经济学研究进一步在传统经济学基础上引入了空间因素，打破了关于前人对贸易经济增长理论方面的研究，彻底改变经济学理论的研究格局，为经济活动研究提供新研究模式；另一方面，空间计量经济学理论开始进行深入分析和解决在地区经济发展过程中可能遇到的实际问题。总的来说，主要是从以下两个方面研究空间经济学：一方面是空间经济区位问题的分析，另一方面是收敛变化的研究。从实际发展情况来看，目前我国现阶段遇到了许多亟待解决的难题，其中包括区域发展矛盾、经济非均衡现象明显、区域金融发展体系不完善等问题。在这些问题的解决中，采用先进的空间经济学方法研究分析，可以显著地推进区域金融产业和区域经济健康发展。

2.3.1　区域经济空间结构理论

区域经济空间结构理论在经济学的发展过程中起着重要的作用，不仅促进了区域经济发展理论朝着多方面，而且成为目前区域经济发展理论研究中的重要部分，空间结构理论重点研究经济要素影响区域经济范围下的空间分布特征和关系的经济因素，和衡量一个地区空间结构是否合理，会形成对区域经济发展促进或抑制作用，这是在漫长区域经济发展历程中人类参与各种经济活动以及相应的区位选择的结果。通过相关研究经济学家马利士和萨伦巴提出点轴渐进扩散理论。在通常情况下该理论强调经济个体在发展进程中倾向于聚集在一点上，进而通过线状基础设施联结初步发展为有机空间结构的体系。基于变化层面来说空间机构大致可分为四种状态：轴线状态、均匀状态、点线状态以及中心和轴线系统状态。这一理论认为区域选择是一个地区发展过程中的重要因素，同时得出结论点轴模式相比增长极模式在推动经济协调发展方面起到更明显的作用。

早期就有一些学者对该问题作了初步的研究。19 世纪 20 年代，首次总结概括一个地区农业布局呈现出圈层式分布特点，这在德国经济学家杜能所著的《孤立国》一书中出现。20 世纪 20 年代，城市五大功能圈学说被美国学者伯吉斯教授提出，他指出从内向外依次划分为中心商业区、过渡性住宅地区、工人住宅区、中产住宅区或通勤人士住宅区。接下来的 50 年代，地域差异三地带学说被狄更斯提出，这一理论指出一个地区大城市圈层由城市郊外、周边地区以及中心地区三部分有序排列构成。接着以城市区域规划为研究切入点国内外一些学者又进一步深化研究了城市经济圈层式空间结构理论，并在研究城市乡村两者之间的空间演化动态中有效地运用圈层结构理论。1985 年法国经济学家弗朗索瓦·佩鲁在发表的文章《发展极概念在经济活动一般理论中的新地位》中，全面分析了增长极理论。得出一个地区经济增长并不是在均衡状态下发展起来的，也并不是时时刻刻可以在任何地方出现。一方面，在它发展之初在某些增长点或者增长极上会表现出一些不同的强度的作用，然后以不同的扩散途径来不断向外界延伸，进而对一个地区经济发展产生不同的显著影响；另一方面，这些增长极可能是由一些有较强发展和创新能力的企业由于其区域内不断集聚而最终发展为地区经济中心，同时由于经济中心还可以发挥出辐射和吸收功能，所以它在自我发展完善的过程中对其他地区和部门的经济发展起到了一定的推动和辐射带动影响。1957年，区域增长极理论被法国经济学家布德维尔提出，这一理论使研究从经济空间到地理空间得到了转变。区域增长极理论强调资源的充分利用，主张应该将目前的有限稀缺的资源首先集中使用到发展潜力强劲、经济规模大的增长点上，等到增长点发展到一定程度后，就会形成大的金融中心发挥扩散作用，在这种情况下由金融中心进一步引导地区经济发展。布德维尔增长极理论实际研究的是在一个十分成熟发展良好的市场体制条件下，在产业结构成熟、经济发展迅速、交通通讯便利的区域内引入一个增长极，那么这个增长极可以发挥扩大区域经济效应以及更强烈的辐射带动和推动作用。自改革开放以来，我国经济得到突飞猛进的发展，我国的区域经济发展和产业结构布局大体上呈现点轴发展模式的特点。运用区位理论学者潘江丽（2002）得出了影响金融机构选址的重要因素有以下四种：（1）人力资源的规模和质量；（2）地理成本优势；（3）金融监管环境和国家税收制度；（4）电信设施的先进性和安全可靠性。

2.3.2　区域经济发展收敛理论

对于如何定义收敛，是指一个经济系统通常情况下在封闭的条件下发展所存在的这样一种关系：经济发展的增速与初始状态之间的关系为负，即经济落后地区的增长率大于经济发达地区的增长率，但是两者之间的差距会越来越小，发达地区就会被落后地区追上，就相当于如果一个国家的经济增长速度要快于接近均衡状态，其经济发展程度处在远远偏离均衡位置的状态。从区域经济发展的角度上分析，区域经济失衡的两个方面主要是包括区域经济收敛与区域经济差距，其中区域经济收敛指的是区域经济失衡变动的方向和趋势，区域经济差距指的是区域经济失衡的结果与程度。在学者们关于区域经济收敛理论的研究中，学者鲍莫尔（Baumol，1986）对其第一个产生强烈兴趣。在他的研究体系中利用麦迪逊（Maddison）所提供的数据进行回归分析，这些数据包含世界上 16 个工业化国家从 1870 年到 1979 年的出口量、人均生产总值、真实国民生产总值。研究得出，这 16 个工业化国家无论是计划经济体还是发达市场经济体都存在收敛现象，而且负相关关系存在于经济增长速度和初始人均量两者之间。而且在鲍莫尔之后多勒（Dollar）搜集了世界上 13 个国家经济数据，目的是来调查分析研究 20 年期间的某单一产业是否存在收敛的劳动生产率。实验结果表明单一产业内部生产率收敛要弱于产业之间的生产率，并且发现目前 13 个国家之间的 27 个产业的劳动生产率变异系数均呈现出下降趋势。[①]下面是三种常见的收敛情况的基本类型：

（1）俱乐部收敛。其主要的研究对象为经济状态相近的经济体，具体来说通常研究经济发展水平接近、结构相似、人均产出也十分接近的个体。这种收

---

① 藤田昌久，保罗·克鲁格曼. 空间经济学：城市，区域与国际贸易 [M]. 北京：中国人民大学出版社，2011.

敛分析主要依据经济发展水平、经济结构、人均产出相似的原则，首先对所研究的经济体进行小组划分，接着再分析各个小组内的研究对象的俱乐部收敛的特征。理论认为，显著的收敛趋势存在于结构特征以及初始条件相同的经济个体中。在其相关研究中"俱乐部收敛"首次提出是在鲍莫尔（1988）的相关研究中。依据各个国家的收入水平鲍莫尔将国家分为三种等级，即贫穷国家、中等收入国家和富裕国家，并通过实证研究证实贫穷国家则呈现为发散特征，富裕国家和中等收入国家存在收敛特征。通过一系列的研究，学者罗超（2012）得出国家之间的差异性远远大于区域间差异性，那么区域间就会出现更加明显的收敛特征。

（2）δ收敛。δ收敛是目前研究中一种最常见的衡量收敛的统计方法，该收敛判断的思路为：首先运用方差计算的办法来得出不同区域或者国家截面数据的差异，从而进一步判断不同经济体是否存在收敛。如果方差计算的结果发现截面方差随着时间变化而减小，那么存在δ收敛。

（3）β收敛。其原理主要是依据索洛的新古典经济增长理论所提出的稳态经济，如果一个经济体一开始收入高，那么其经济增长速度要比一开始收入低的经济体的经济增长速度慢。β收敛有两种收敛形式即为绝对收敛和条件收敛。绝对收敛的特征是，无论何时经济发展水平低的国家要比经济发展水平高的国家收敛速度更快。条件收敛的主要特征是在经济发展水平一定以及技术给定的条件下，富裕地区的人均产出稳态均衡值比贫穷地区的稳态均衡值高。

亚当·斯密的著作《国富论》发表以来，影响了许多学者的研究方向。越来越多的经济学家致力于研究经济增长的根本原因以及影响因素，并开始从实证研究的角度着手对不同国家和地区之间经济发展增长速度的不同进行分析。经济收敛理论是20世纪90年代最受学者欢迎的研究方向，也是新古典经济增长理论模型中的关键核心部分。主要侧重研究经济增长速度在国家内部不同地区之间或者不同经济体之间的差异性，并探讨研究造成差异的主要原因。收敛性理论得出的一般理论结果是：与发达地区相比，贫困地区拥有更广阔的增长幅度和更多的增长空间，并且在一定程度上贫困地区的发展可以超过发达地区，后来居上。因此，可以看出，贫困地区与发达地区的差异性在不断地减少，在一定条件下贫困地区甚至可以超过发达地区。

当前时期，众多学者开展了有关我国区域金融业发展非均衡问题的研究，种韵、吴蒙（2015）基于经济增长收敛理论，从区域合作的视角，开展对金融服务发展收敛性检验。包括阐述服务业发展收敛的内涵、与经济增长收敛的关联、服务业发展收敛的机制以及分析服务业发展收敛的模型与指标选择，并最终运用所构建的方法，对CEPA实施后大珠三角金融业收敛性进行实证研究，结果显示：2004～2008年该地区区域金融业呈现出发散趋势，大珠三角未出现由于区域合作而收敛的现象，得出在政策支撑的背景下，落后地区的产业发展要赶上发达地区需要进一步从制度、基础设施、技术引进等方面为金融业发展提供良好的环境。胡宗义、陈俊、唐李伟（2014）构建空间计量模型从现实出发研究 2003～2010 年我国农村非正规金融发展的收敛性，实证结果显示，现阶段十分显著的空间相关性存在于我国农村非正规金融发展进程中，但是受到客观条件的限制不存在 β 绝对收敛趋势，β 条件收敛显著存在。我国农村非正规金融空间相关性对农村非正规金融发展收敛方向没有发生改变，但是从某种程度来看这使得农村非正规金融的收敛速度降低了。蒲勇健、黄骞（2015）文中使用 2003～2012 年 31 个省份的面板数据，将保险业纳入测算金融排斥指数的指标体系，采用 δ 收敛和空间 β 收敛两种方法对我国金融排斥收敛性进行研究，发现我国各省份金融排斥存在着明显的空间溢出效应，各地区金融排斥程度较严重且差距较大；与 2003 年相比较，2012 年金融排斥指数仍为 0.69，说明我国各地区经济发展差距明显，得出应该重点关注金融排斥较重的城市，在机构设立、人才配备、资金投入等方面给予大力支持，逐步实现互利共赢。张涛、顾晓安、杜凤娇（2013）利用上海市、浙江省和江苏省 1978～2011 年的数据，研究长三角地区金融发展差异状况，研究结果表明，三省市的金融相关比率都超过 1.5 的稳定水平，FIR 的泰尔指数在 2000 年前有大幅度的波动，之后波动较小；对 FIR 进行收敛性检验发现金融发展绝对收敛不存在于长三角地区，长三角地区金融发展差异表现出显著的增长趋势。

通过对现有关于区域金融发展收敛问题研究文献梳理，可以发现关注区域金融发展与经济发展在关联性分析上十分密切。根据现代金融发展理论，一个地区的经济增长是金融发展的基础，经济增长的外在表现形式主要是金融发展。而且金融在现代经济发展中起着关键性作用，是影响经济增长的重要引擎。与此同时，根据上面的论述来定义区域金融发展的收敛，当一个地区区域经济增长趋于收敛时，那么也会影响这个地区金融的发展速度使之呈现趋于稳定状态，不同地区的金融增长水平最终会趋于一致性，即落后经济体的金融增长速度要明显快于发达经济体的金融增长速度，最后实现发展的均衡。地区间金融发展水平的差距将随着时间的发展而逐渐减小。从本质上来说，区域金融发展收敛性特征反映了区域金融发展的动态变化和趋势，属于内生存在的属性范畴，体现了区域金融发展内生机制。区域经济收敛性与区域经济差距的关系与区域金融收敛性和区域金融差距的关系两者存在很多相似之处。这种关系体现出区域金融失衡格局下的两个方面，一方面区域金融差距反映了区域金融失衡的结果以及程度，另一方面是区域金融收敛反映了区域金融失衡格局的变化方向以及趋向。

2.3.3 金融地理学理论

20 世纪中期，金融地理学研究走上学术界的舞台，并迅速发展。80 年代以来，金融地理学吸引了越来越多学者的目光，并为大多数学者熟知。阅读和整理金融地理学方面的相关研究能够发现，国外学者关于金融地理学相关方面的研究内容较为广泛，但目前研究得出的观点不一尚不成熟，对于金融地理学的概念及范围的界定也是不尽相同。总的来说，金融地理学是一门将金融学、社会学、地理学等相关学科理论结合起来的学科，将信息作用引入金融研究领域，通过运用规范的模型分析方式，强调路径依赖、不完全竞争、报酬递增等对区域经济发展的影响，从这些影响因素角度出发研究为金融研究方面提供了新的思路，并创造了新的方法论。[①] 金融地理学理论通过地理学角度研究地理环境与金融两者之间的相互作用，同时从区域经济发展的角度来研究实际经济问题时，学者可以通过考虑空间和地理因素来全面分析区域经济发展问题，由于金融地理学能够全面分析问题，这使其近年来受到越来越多学者的关注。

从 1990 年以后，金融地理学理论广泛和其他学科相结合，研究成果突出。其中著名经济学大师克鲁格曼（Krugman）在经济地理层面上以及产业集聚理论方面的研究成果在金融地理学的发展过程中产生划时代的作用，克鲁格曼所撰写的《空间经济：城市、区域与国际贸易》、《发展、地理学与经济地理》等论著对把地理因素引入集聚理论的研究具有积极的指导作用。尤其是通过利用迪克西特—斯蒂格利茨垄断竞争模型（D–S 模型），克鲁格曼深刻分析当前存在的产业集聚现象，在产业集聚现象刚刚形成的初期，运输成本、规模经济以及竞争力在其中起着重要的推动作用。一方面，萨缪尔森提出的"冰山成本"存在于任何产品之中，即如果能够在同一地点进行生产的企业是具有纵向生产链关系的企业，这使得该企业具有非常明显的低运输成本优势，进而明显地减少企业生产成本，提高企业的竞争力，增强在企业发展过程中集聚的动力；另一方面，各个地区空间要素分布和地区规模经济增长也会使企业产生强烈的聚集现象，进一步发展的专业化劳动力市场，也会对产业集聚现象产生影响。克鲁格曼的观点与传统的马歇尔理论观点的不同之处在于克鲁格曼更加坚信产业集聚的动因是由于产业自身方面引起的，是内生的，从马歇尔理论得出外部规模经济的发展是产业集聚的产生的主要影响因素。关于产业集聚理论的分析，还有其他学者做了相关研究，经济学家瓦尔兹研究得出区域经济一体化在一定程度上促进了地区产业的地理集中及生产率的提高，这也促进了规模收益递增的市场发生区域性集中。马丁通过研

---

① 瑞·劳拉詹南. 金融地理学 [M]. 北京：商务印书馆，2001.

究发现当区域出现产业集聚现象时，企业首先更容易进入具有区位竞争优势的区域。金融地理学家劳拉詹南指出，在金融发展研究过程中运用金融地理学理论知识依据经济地理学衍生变化，从而考虑加入地理位置要素与空间要素对金融发展的影响。在相关领域中，学者戴维德（David，1999）构建了一个三方面相结合的理论模型，包含国际宏观经济、资产组合、资产交易，同时研究分析了 14 个国家跨境资金流动的数据，得出结论：决定资本流向的因素有流入（出）国的市场规模以及信息成本，也就是说国际金融交易的重要决定因素是信息的地理分布情况。以地理背景下研究金融中心的信息处理为视角，格里克（Gehrig，2000）发现所在地区跨国银行分支机构与金融活动的强度具有较强的互动影响作用。克拉克（Clark，2003）通过分析东京、纽约、伦敦市场组成的 24 小时交易圈来研究全球范围内金融的空间流动规律。他指出，影响金融流动的主要因素包括金融机构以及时间、空间、贸易的交叉核算。在总结归纳前人的研究之后，张凤超（2006）提出了金融地域运动理论学说，这一学说以金融地理思想为基础，从金融业基本属性为切入点，这一学说为金融集聚理论研究开拓了新的思路。

2.4　本 章 小 结

金融资源是一种生产要素，因此金融资源配置效率的提高将促进区域经济的增长。但金融资源是一种特殊的生产要素，它有着不同于一般生产要素运动的特殊规律。金融部门作为一个特殊的部门，它为实体经济部门服务，通过扩大实体经济的需求进而促进区域金融的发展，或者是通过金融行业的发展，即金融发展促进经济发展。而金融要素的自由流动有利于金融资源的配置效率的提高，在区域发展过程中由于经济方面的联系不断加强，金融资源的自由流动过程就是金融资源优化的过程。

金融要素在一定的范围内流动，提高了配置资源的效率。在金融产业进一步发展中，一方面金融产业会受到宏观政策、市场因素的影响，金融机构会不断地向某一特定的区域集中，当众多金融机构或金融资源聚集于某一区域，区域金融中心便应运而生，进而产生金融中心的规模经济效应。金融中心的形成，会加快区域之间资本的流动，同时降低资金的融资成本。另一方面，伴随着金融中心不断吸收外界金融资源时，金融中心还对外界产生着金融扩散效应，从而带动周边区域的经济发展。金融产业的对外扩张，使周边城市整体的金融服务水平得到进一步提高，同时金融业产值也会获得一定增加（见图 2 - 11）。

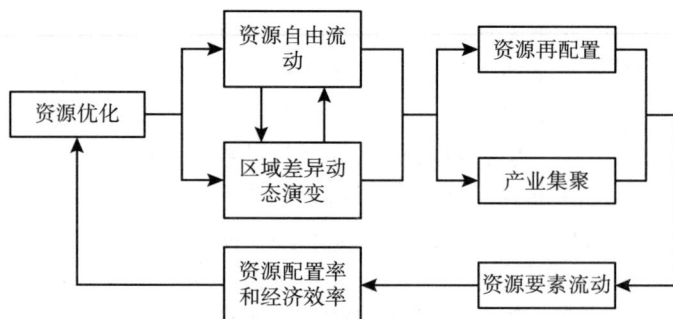

图 2-11　金融资源流动集聚优化三者关系

　　金融资源优化会导致更好的资本配置，交易障碍的消除，统一的清算支付平台允许企业选择最有效率的交易方式和交易清算平台，资源要素的流动促进信息的交流有利于实现产融结合，提升资源要素的利用水平。另外，投资者可以把资本投资到他们认为最有生产力的地方，更有生产力的投资机会，将会给投资者带来更丰厚的回报，资金在最有生产性的投资机会上得到运用。资源配置效率提高的一个重要来源是金融市场的优化。

第3章

区域金融资源优化机理分析

金融资源作为一种重要的生产要素是经济发展和企业生产所必需的，可以是金融发展引领经济发展，也可以是经济需求导致金融发展。金融资源配置效率的高低极大地影响着经济发展水平，而金融要素的自由流动有利于提高金融资源的配置效率。金融要素在一定的范围内流动，提高了配置资源的效率。金融资源优化会导致更好的资本配置，交易障碍的消除，统一的清算支付平台允许企业选择最有效率的交易方式和交易清算平台，资源要素的流动促进信息的交流有利于实现产融结合，提升资源要素的利用水平。

3.1 区域金融资源优化的途径

区域金融资源优化有其自身特有的方式，区域金融资源优化与否，直接影响区域经济增长与经济结构升级。区域金融资源的优化途径主要有[①]：（1）银行信贷。信贷资金是通过银行等金融中介把资金供求双方联系起来并完成向资金需求者融资的过程，属于间接融资方式。一般而言，某区域的经济发达程度是与该地区的金融发展水平呈现出正相关的关系。拥有较高水平经济发展不仅能够体现在银行储蓄额的增加，同时也能够加快储蓄和投资之间的有效转化，从而确保得到较大程度上金融资源占有。为更好地服务于区域经济，使金融资源得到优化配置，降低金融资源的流动成本，首要的措施就需要增加该地区的金融机构的数量。（2）资本市场。与银行信贷这种间接融资方式相反，通过对有价证券的交易，来使得资金在买卖双方之间实现直接的交流，进而实现了金融资源的流动与优化。（3）政府资金。政府资金是一种政府行为，他更倾向于金融资源的公平性，而不是通过投资行为来追求最大限度上的利益。政府在为实现金融资源

---

① 王振山 . 金融资源优化配置的理论与实践 ［M］. 北京：经济管理出版社，2000.

流动的过程中所采取的措施主要是财政转移支付、区域投资以及优惠政策。(4) 利用外资。随着经济全球化的发展,金融资源经常通过不同区域或者国家之间的互相流通来实现自身更高的经济利润。基于这种实现利润最大化的目标,外资主要是短期行为,存在较大的不确定性,因此会对本国资本市场具有较大的冲击风险。(5) 民间资本。随着民间资本在近年来的快速发展,它在金融资源的优化配置中起到了愈加重要的作用,帮助中、小、微企业在融资的过程中所遇到的困难。

3.2 区域金融资源优化的类型

跨区域金融资源的优化可以按照多种指标来进行划分,就考察金融资源流动的目的及其优化的主体来进行划分,其包含的类型主要是:(1) 以政府为主导。这就意味着金融资源的流动与优化是按照政府的政策来作为主依据。政府主导型的金融资本更加注重社会效益,有鲜明的政治性和战略性,一般取决于区域的整体发展战略。政府运用"有形的手"干预市场,并且基于采用国企的跨区域投资、财政转移支付、政策性贷款这些手段措施来实现优化和金融资源的跨区域流动。当金融资源配置是以政府作为主导时,其表现出的往往是一种集中的组织行为。考虑在长期内,投资绩效会表现出更多的不确定性,因此主要是以短期指标来作为依据。(2) 以市场为主导。把利益作为交易对象,金融资源的流动与优化通过市场的供求关系来实现。优化行为以实现自身利益最大化作为驱动力,金融资源的跨区域流动与优化配置也是通过金融资本的逐利本性来实现的。当跨区金融资源优化以市场作为主导时便具有了这些特点:注重成本与收益、投资对象广泛且无歧视性、市场的有效性。虽然当跨区金融资源流动以市场作为主导时体现出了多方面的长处,但是在短期的过程中,其表现往往是不理想的,长期水平能更好地体现出来。除此之外,市场往往追求的是利益最大化,在优化的过程中不能充分地考虑区域产业结构的合理性,也不能对环境影响进行很好的评估。

区域经济发展中,金融资源跨区流动与优化的政府主导型与市场主导型一般是同时存在的。针对政府主导型和市场主导型各自的特点与弊端,在实现区域金融资源配置的优化过程中可以实现结构以及内容上的互补,在一定程度上使整体的发展更加趋于合理化。但是面对区域经济的实际发展过程,在不同的时期由于面临的实际问题不同,需要在发展的过程中不断地调整两者之间的比例,来满足不同的目标需求。

3.3 区域金融资源优化机理模型

3.3.1 区域经济增长理论模型分析

区域间资源要素的优化配置是通过要素的区域间的自由流动来达到平衡状态的，引起这种流动的主要原因就是要素的边际收益率的差别。但是，这一均衡过程可能需要较长的时间，发展初期区域间发展差距会出现拉大的非均衡现象。为避免这种现象的产生，政府会投入政策性的金融资源，对市场机制的作用来产生影响，进而使得金融资源的优化配置更为合理。市场机制能够发挥作用的条件是：（1）经济主体追求利益最大化；（2）经济主体完全掌握价格信息；（3）所有的市场是完全竞争的；（4）价格由市场供求决定；（5）区域之间运输费用为零，生产要素能够自由流动；（6）所有区域都存在相同固定比例规模收益的生产函数。

1. 基本模型

新古典增长理论以柯布－道格拉斯生产函数为基础：

$$Y = AL^\alpha K^\beta \qquad (3-1)$$

其中：Y 代表产出，L、K 分别代表劳动和资本投入，A、α、β 为三个参数，$0 < \alpha < 1$，$0 < \beta < 1$。其经济含义是：当 $\alpha + \beta = 1$ 时，α 和 β 分别表示劳动力和资本在生产中的相对重要性，α 为劳动对总产出的贡献，β 为资本对总产出的贡献。参数 α 和 β 之和还能够用来对区域规模报酬状况进行判断：若 $\alpha + \beta > 1$，则区域规模报酬表现为递增的状态；若 $\alpha + \beta = 1$，则规模报酬不变；若 $\alpha + \beta < 1$，则区域规模报酬变现为递减的状态。

新古典增长理论中通常认为，该函数仅是关于时间的函数，其他的指标由经济体系之外的因素决定。从这个角度考虑，技术进步被当作为既定的外在因素。通过对式（3-1）取对数得：

$$\ln Y = C + \alpha \ln L + \beta \ln K \qquad (3-2)$$

增长率为：

$$\mathrm{d}\ln Y(t)/\mathrm{d}(t) = \mathrm{d}\ln Y(t)/\mathrm{d}Y(t) \cdot \mathrm{d}Y(t)/\mathrm{d}(t) = 1/Y(t) \cdot Y'(t) \qquad (3-3)$$

$Y'_{(t)}$ 是 $\mathrm{d}Y(t)/\mathrm{d}(t)$ 的缩写，其所代表的含义是变量 Y 通过对时间求导得到。

生产水平（Y）的提高是通过两个途径来实现的，其一是随着资本投入的提高而提高，其二是随着劳动投入的提高而提高。

2. 资本的最优投入

假设技术水平和劳动投入报酬不变，仅考虑资本投入的变化，即只把资本存量作为内生因素，资本积累最终导致经济的增长。便可得出，不断地进行投资可以提升资本存量。当储蓄率 S 为固定不变时。投资所代表的含义就是一个生产提高的固定百分比。投资除了增加资本存量之外还有一部分是需要用来折旧的，假定折旧率为 δ 且固定不变。则净投资 I 可表示为：

$$I = SY - \delta K \tag{3-4}$$

SY 表示经济内部用于投资的部分，δK 表示资本折旧需要有新资本来补充的部分，$SY - \delta K$ 即为经济中净投资部分。

当我们假设折旧率 δ 为固定的并且没有技术进步，折旧额会随着资本存量的提高而提高。当资本逐步增加时，其边际产量递减，一方面产出上升趋缓，另一方面储蓄 SY 的增加也会趋缓（由于储蓄率固定）。当产出增加时，人们自然而然地会追加资本，但是受到多方面的限制，特别是储蓄，这造成了投资不能满足追加资本的需求。最终造成的状态就是，因为储蓄的增加有限而使资本存量的增长出现停滞。在这一点上，用于投资的资本 SY 恰好等于原有资本的折旧损耗 δK，即：

$$SY = \delta K \quad SY - \delta K = 0 \tag{3-5}$$

由式（4-4）和式（4-5）可得：$I=0$ 代表净投资增长为零。此时：

$$Y/K = \delta/S \tag{3-6}$$

设 $\delta/S = C$，C 为一常数，式（3-6）可表示为：

$$Y/K = C，即：Y = CK \tag{3-7}$$

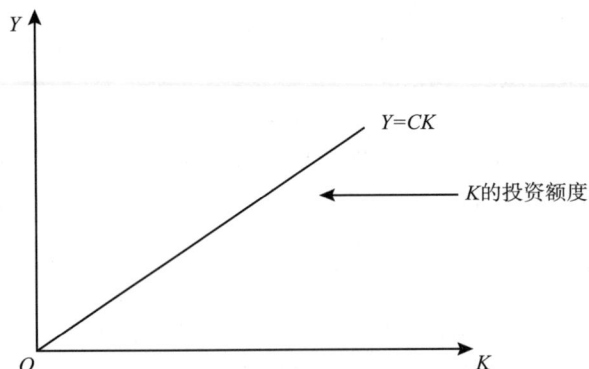

图 3-1 资本投资额度

在这一均衡点上（见图 3 – 1，即直线 CK），用于生产的金融资本等于折旧率与储蓄率之比。在直线 CK 的上方，投资超过折旧，$SY > \delta K$，资本存量增加；在直线 CK 的下方，投资就不足于替代折旧，$SY < \delta K$，资本存量下降。因此，经济一般会沿直线 CK 运行。政策性资本进行投资时，并不是越大越好，应该在小于均衡点 K 内进行投资，以防止造成资本存量无效率的下降。

技术进步是经济持续增长的源泉，在区域经济增长的过程中，如果仅是依靠资本投入的不断增加只能够促进一时的经济发展。其主要原因是受要素的边际生产率递减的影响，资本边际效率下降，折旧额提高最终不利于经济增长。目前，京津冀区域发达地区（如北京）便面临类似问题，要实现经济的可持续发展仅靠追加资本投资是远远不够的，如果能改善京津冀区域整体经济发展环境以及经济生产的其他因素，就会使生产函数、投资曲线继续沿均衡线向上移动，实现经济持续、健康发展。

3.3.2　区域要素配置的边际收益差异机理

生产要素主要包括土地、资本、劳动、技术等，由于土地和技术短期内比较稳定，故我们主要讨论资本和劳动两种要素在边际收益差异时的配置状况。

1. 资本边际收益差异

假设在一个封闭经济体当中包含两个区域，这两个区域中的资本市场完全是自由竞争的，并且资本在两个区域之间互相流动时是没有成本的。一个很明显的结果就是当其中一个区域的边际收益相对来说较低时，资本会发生转移。在其他条件相同的情况下，资本的丰裕程度决定了资本边际收益的高低。不同的区域间有其本身的发展特点，正是由于这种区别性的存在，造成了资本的区域间的转移，并且进一步使得同质资本的价格在最终达到一致，使要素的分配接近"帕累托最优"状态。

首先，假设 A 区域产出是 Y，劳动、资本分别为 L、K；B 区域的产出、劳动和资本相应为 Y^*、L^*、K^*，则区际资本流动的机理可以表示为：

如果：$L = L^*$ 且 $K > K^*$，则有：$K/L > K^*/L^*$ 且 $dk/dl > dk^*/dl^*$

因为 A 区内资本存量大于 B 区内存量，在其他条件不变的情况下，金融资本投入越多其边际收益 dy/dk 越小，故而 $dy/dk < dy^*/dk^*$。资本在自由竞争市场中逐利的驱使下，就会从 A 流向 B。随着资本在区间的流动，A 区域 dy/dk ↗上升，B 区域 dy^*/dk^* ↘下降，两区域的 dy/dk 与 dy^*/dk^* 差异缩小，进而实现

$dy/dk = dy^*/dk^*$，资本在区域间达到均衡的最优配置。[①]

在以上的分析中可以得到：当市场处于自由竞争状态时，资本要素的区域流动及其配置过程是由市场机制决定的，各区域资本边际收益率的差异决定了区间资本流动的方向以及规模（见图3 - 2）。当转移收益的差足以抵偿全部转移费用之后仍有较大剩余时，金融资本便会在区域之间发生流动和优化配置，即：

$$\int_0^n \frac{dy}{dk}dk - c > 0 \qquad (3-8)$$

C 为资本 K 从区域 A 流动到区域 B 后而发生的全部转移费用。区域间经济发展水平的不均衡是造成区域间资本要素的边际收益存在差距的根本原因，资本边际收益率差距随着区域经济发展的不均衡的增大而增大，因此区域间金融资本流动的概率增大。

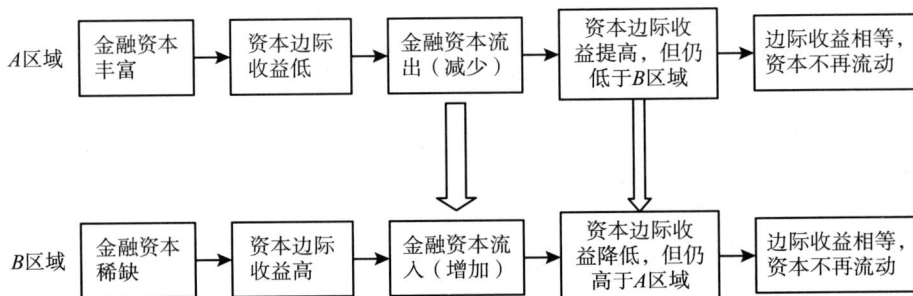

图3 - 2　区域间金融资本随边际收益变化而流动

2. 劳动边际收益差异

假设存在 A、B 两个区域，A 区域发达，B 区域落后，A、B 两区域的商品实现了无成本的自由流通，但生产要素劳动和金融资本的流动仍受到限制。w 表示劳动力的工资率，r 表示资本的单位报酬率。

（1） t 时期，A 区域的总收入为：

$$Y_{At} = wL_A + rK_A \qquad (3-9)$$

B 区域的总收入为：

$$Y_{Bt} = wL_B + rK_B \qquad (3-10)$$

K_A、K_B 分别代表 A、B 两个区域的资本存量，L_A、L_B 分别表示 A、B 区域的劳动力数量，则 t 期 A、B 两个区域的人均收入分别为：

$$A: Y_{At}/L_A = w + rK_A/L_A \qquad (3-11)$$

[①] 李颖. 区域资源空间配置的动力机制研究 [J]. 云南社会科学，2013 (3)：85 - 89.

$$B: Y_{Bt}/L_B = w + rK_B/L_B \tag{3-12}$$

则 t 期 A、B 两区域的人均收入差距：

$$D_t = r(K_A/L_A - K_B/L_B) \tag{3-13}$$

从以上公式可以看出：区域间的人均收入差距在很大程度上受资本要素的本身的发展差异的影响，资本相对丰富区域的人均收入要高于劳动相对丰富区域，而目前全球各国人均收入差距也说明了这一点，资本存量丰富国家的人均收入普遍高于劳动相对丰富的国家。

（2）从 t 期到 $t+1$ 期，在 $K_A/L_A > K_B/L_B$ 的情况下，受资本逐利性的影响，区域间存在资本流动，资本实现了落后区域 B 到发达区域 A 的流动。假设资本流动数量为 K_{AB}，则 $t+1$ 期，A、B 两区域的产出分别为：

$$A \text{ 区域：} Y_{A(t+1)} = wL_A + rK_A + rK_{AB} = wL_A + r(K_A + K_{AB}) \tag{3-14}$$

$$B \text{ 区域：} Y_{B(t+1)} = wL_B + rK_B - rK_{AB} = wL_B + r(K_B - K_{AB}) \tag{3-15}$$

则 $t+1$ 期 A、B 两区域的人均收入分别为：

$$Y_{A(t+1)}/L_A = w + r(K_A + K_{AB})/L_A \tag{3-16}$$

$$Y_{B(t+1)}/L_B = w + r(K_B - K_{AB})/L_B \tag{3-17}$$

因此，$t+1$ 期 A、B 两区域的人均收入差为：

$$D_{t+1} = r(K_A + K_{AB})/L_A - r(K_B - K_{AB})/L_B = r(K_A/L_A - K_B/L_B) + rK_{AB}(1/L_B + 1/L_A) \tag{3-18}$$

将其一般化为：

$$D_t = r(K_{A(t-1)}/L_{A(t-1)} - K_{B(t-1)}/L_{B(t-1)}) + rK_{AB(t)}(1/L_{A(t-1)} + 1/L_{B(t-1)}) \tag{3-19}$$

（t 为当期，$t-1$ 为上一期）

可见，落后区域 B 向发达区域 A 的资本流动 K_{AB}，进一步加大了两区域的人均收入差距，而且资本流动规模 K_{AB} 越大，区际人均收入差距也随之增大。

（3）考虑在政策性金融资本投入情况下的差异。政策性金融资本投入属于直接投入，只会引起投资方资本存量的增加，而不会减少其他区域资本存量。假设政策性资本投入区域 A 的资本投入为 K_G，则 A、B 两区域的产出分别为：

$$A \text{ 区域：} Y_{A(t+1)} = wL_A + rK_A + rK_G \tag{3-20}$$

$$B \text{ 区域：} Y_{B(t+1)} = wL_B + rK_B \tag{3-21}$$

两区域的人均产出分别为：

$$A \text{ 区域：} Y_{A(t+1)}/L_A = w + r(K_A + K_G)/L_A \tag{3-22}$$

$$B \text{ 区域：} Y_{B(t+1)}/L_B = w + r(K_B/L_B) \tag{3-23}$$

两区域在有政策性金融资本投入时的人均收入差距为：

$$D_{(t+1)} = r(K_A/L_A + K_G/L_A - K_B/L_B) = r(K_A/L_A - K_B/L_B) + rK_G(1/L_A) \tag{3-24}$$

假设政策性资本 K_G 投入到落后区域 B 后，则两区域的人均收入差距为：

$$D_{(t+1)} = r(K_A/L_A - K_B/L_B) - rK_G(1/L_B) \tag{3-25}$$

通过对式（3-24）和式（3-25）两式进行对比可以得到，当政策性资本 K_G 投入到落后区域时，将会减少区域间人均收入的差距；若反之则会加大区域间人均收入的差距。政府在制定金融资本投入的相关政策时，应当对资本投资所引致的区域间人均收入差距问题进行充分的考虑，应该避免投资决策所造成的区域间的发展差异的扩大；同时，政策性金融资本尽量侧重于投向欠发达地区，进而缩小区际差异。

3.3.3 区域金融资源优化：储蓄与投资视角

金融资本从流出区域到流入区域的过程实质上就是"利用金融资本天生的逐利本性，去赚取流入区域的利润"。流入区域在这一过程中也满足了其自身的发展需求，外来的资本弥补了流入区域的储蓄与投资的不足，对当地的金融发展起到了一定程度上的促进作用。但是，任何问题都有其两面性，需要综合客观地来看待整个问题。如果对外来金融资本的调控和运用不好，也会对流入区域的储蓄、投资以及区域金融发展带来冲击。

1. 流入区域储蓄的影响

经济学理论通常认为，区域内储蓄（S_D）等于区域内投资（I_D）是实现区域经济均衡的条件，即 $S_D = I_D$。当存在区域外金融资本流入，区域总储蓄（S）由区域内储蓄（S_D）和流入的外部储蓄（S_F）组成。对于流入区域而言，其区域内储蓄（S_D）很大比例的成为区域内投资（I_D）的一部分；对于流出区域而言，流出区域储蓄（S_F）以外部金融资本（G_{fE}）的形式转化成流入区域投资（I_D），即（$S_F \to G_{fE} \to I_D$）。

从资本供给的角度出发，在不考虑政府干预的情况下，区域内储蓄来源于区域内居民收入与消费的剩余，即：

$$Y = S_D + C \tag{3-26}$$

亦即区域内储蓄为：

$$S_D = Y - C \tag{3-27}$$

因此，流入区域储蓄（S_D）是通过区域外资本的流入来控制，区域外资本的流入又可以分为流入区域的国民收入（Y）和消费（C）两个变量。当其他条件保持不变时，把流入区域的国民收入和消费看成是外部流入金融资本（G_{fE}）的函数。从这个角度来考虑，流入区域的储蓄也就成为外部流入金融资本（G_{fE}）的函数，得到：

$$S_D = Y(G_{fF}) - C(G_{fF}) \qquad (3-28)$$

对式（3-28）两边求导数得：

$$\frac{\mathrm{d}S_D}{\mathrm{d}G_{fE}} = \frac{\mathrm{d}y}{\mathrm{d}G_{fE}} - \frac{\mathrm{d}c}{\mathrm{d}G_{fE}} \qquad (3-29)$$

分析式（3-29）可以得到：

（1）$\frac{\mathrm{d}y}{\mathrm{d}G_{fE}} > \frac{\mathrm{d}c}{\mathrm{d}G_{fE}}$ 成立时，它代表外部金融资本 G_{fE} 流入对流入区域国民收入（Y）的影响大于对于消费的影响时，$\frac{\mathrm{d}S_D}{\mathrm{d}G_{fE}} > 0$。此时，外部金融资本的流入促进了区域内储蓄（$S_D$）的增加。这种情形一般表现为，区域开放初期，当外部资本流入使得国民收入（Y）得到较大程度上的提升时，人们的消费偏好往往不具有弹性，仍然遵循低收入时的消费习惯，国民收入增长率 $\frac{\mathrm{d}y}{\mathrm{d}G_{fE}}$ 大于消费增长率 $\frac{\mathrm{d}c}{\mathrm{d}G_{fE}}$，因此会造成区域内储蓄（$S_D$）的累积，为区域内的投资提供更多的资本来进一步推动区域经济的发展。

（2）$\frac{\mathrm{d}y}{\mathrm{d}G_{fE}} < \frac{\mathrm{d}c}{\mathrm{d}G_{fE}}$ 成立时，外部金融资本 G_{fE} 的流入对于区域内国民收入（Y）的影响远低于对于消费的影响，$\frac{\mathrm{d}S_D}{\mathrm{d}G_{fE}} < 0$。与此同时，外部资本的流入不利于区域内储蓄（$S_D$）增长。区域开放的中后期会呈现出这样的情况，在国民收入（Y）不断增长的情况下，人们会倾向于较高的消费偏好，当消费增长率高于收入增长率时，区域内的储蓄（S_D）会逐渐降低进而影响了投资和经济发展。

（3）$\frac{\mathrm{d}y}{\mathrm{d}G_{fE}} = \frac{\mathrm{d}c}{\mathrm{d}G_{fE}}$ 成立时，即外部金融资本 G_{fE} 的流入对国民收入（Y）与消费（C）产生相同的影响时，区域内储蓄（S_D）始终保持在稳定水平。在长期以来的消费习惯下，人们已经形成了固有的消费偏好进而在经济上极大的依赖外部金融资本。区域内国民收入会随着外部金融资本流入降低（$G_{fE} \searrow$）而迅速降低，但消费因其本身的惯性仍然维持原水平（$C \rightarrow$），因此便会得到 $\frac{\mathrm{d}y}{\mathrm{d}G_{fE}} < \frac{\mathrm{d}c}{\mathrm{d}G_{fE}}$，最终使得区域内储蓄下降（$S_D \searrow$），对区域内投资和经济发展产生一定程度上的影响。

通过实证研究分析发现，当外部金融资本（G_{fE}）大量涌入时，在一定程度上会对区域内储蓄（S_D）产生影响和控制。并且有研究发现，外部金融资本流入大约有 22% 被国内储蓄下降所抵消。

2. 对流入区域投资的影响

发展经济学理论认为，$S_D < I_D$ 成立时，即某一区域的投资需求超过该区域内

部的储蓄供给时，可以通过区域外部的金融资本的引入来解决投资问题的不足进而填补储蓄缺口。流入区域总投资可表示为：

$$I_D = S_D^* + S_F^* \qquad (3-30)$$

S_D^* 表示存在外部资本流入的情况下，区域内实际转化为投资的储蓄额，S_F^* 表示流入区域实际吸收的外部储蓄。流入的外部金融资本对于区域内投资需求产生的影响决定了外部资本的流入对于流入区域的储蓄向投资的转化是否具有补充的作用。

假设资本损失不存在于外部金融资本流入过程中，当外部金融资本流入时呈现出以下的发展变化过程：$S_F^* = G_{fF} = I_{DF}$，即流入的区域外储蓄（S_F^*）在流入后转化成金融资本（G_{fF}），最终成为流入区域可利用的实际投资额（I_{DF}）。因此，式（3-30）就变成外部流入金融资本（G_{fF}）的一个函数，即：

$$I_D(G_{fF}) = S_D^*(G_{fF}) + G_{fE} \qquad (3-31)$$

式（3-31）对 G_{fF} 求导得：

$$\frac{\mathrm{d}^* S_D}{\mathrm{d} G_{fF}} + 1 = \frac{\mathrm{d} I_D}{\mathrm{d} G_{fF}} \qquad (3-32)$$

进一步整理可得：

$$\frac{\mathrm{d}^* S_D}{\mathrm{d} G_{fF}} = \frac{\mathrm{d} I_D}{\mathrm{d} G_{fF}} - 1 \qquad (3-33)$$

可以看出：

（1）当 $\frac{\mathrm{d} I_D}{\mathrm{d} G_{fF}} > 1$，即 $\frac{\mathrm{d}^* S_D}{\mathrm{d} G_{fF}} > 0$ 时，说明外部金融资本流入对于区域内投资影响较大，流入的外部金融资本促进了区域内部投资，进一步推动了区域内储蓄向投资的转化。原因可能是，当有外部金融资本流入该区域时，会对该区域的内部的金融市场的利率产生影响，创造了投资的有利条件。

（2）当 $\frac{\mathrm{d} I_D}{\mathrm{d} G_{fF}} < 1$，即 $\frac{\mathrm{d}^* S_D}{\mathrm{d} G_{fF}} < 0$ 成立时，说明外部金融资本的流入不能对于区域内投资产生明显的影响，流入的外部金融资本对于储蓄向投资的转化反而起到了抑制的作用。造成这种情况出现的原因：随着外部金融资本流入的增加，会促使当地的出现更多的金融机构引致竞争的激烈程度的加深，进而造成金融机构优质客户的流失。除此之外，在区域内部市场投资机会有限的情况下会降低区域内储蓄向投资的转化率。这时，流入的外部金融资本实质上造成了对区域内储蓄向投资转化的"挤出效应"。

3.3.4 区域金融资源配置的帕累托最优

帕累托标准在经济学中被定义为当把某些资源进行分配时，通过对现有的资源分配比例进行调整可以使一些人获得更高的效用同时也不会使其他人所获得的效用降低，这种改变我们称之为帕累托改进，反之则不是。如果对于某一区域而言，不存在帕累托改进的余地，我们通常将这种资源配置的状态称为帕累托最优状态，在此状态下资源的配置效率是最有效的，反之则是缺乏效率。[①]

金融资本同劳动一起构成生产的两大必备资源，其投入到生产过程中以实现逐利性目的。A、B 两区域配置金融资本的情况可看做是金融资本和劳动力两种必备要素在两个区域之间的分配情况。假设金融资本和劳动的数量即定，为 K^*、L^*。则：

A 区域资本对劳动的边际技术替代率为：

$$MRTS^A KL = (-\Delta L)/(\Delta K) = MPK/MPL = \mathrm{d}l/\mathrm{d}k(A)$$

B 区域资本对劳动的边际技术替代率：

$$MRTS^B KL = (-\Delta L)/(\Delta K) = MPK/MPL = \mathrm{d}l/\mathrm{d}k(B)$$

金融资本在区域间流动时，B 区域由于对金融资本的利用率低以及积累能力较弱，因此金融资本自发地流向资本利用率更高的 A 区域，长此以往使 B 区域金融资本越来越稀缺。同时，对于 B 区域相对于金融资本来说，劳动力资源相对较为丰富，因此 B 区域资本对劳动的边际技术替代率大于 A 区域的，即：$MRTS^B KL > MRTS^A KL$，$\mathrm{d}l/\mathrm{d}k(B) > \mathrm{d}l/\mathrm{d}k(A)$。

下面借助埃奇沃思盒状图进一步说明资本和劳动两种要素在 A、B 区域间的分配状况（见图 3 - 3）。

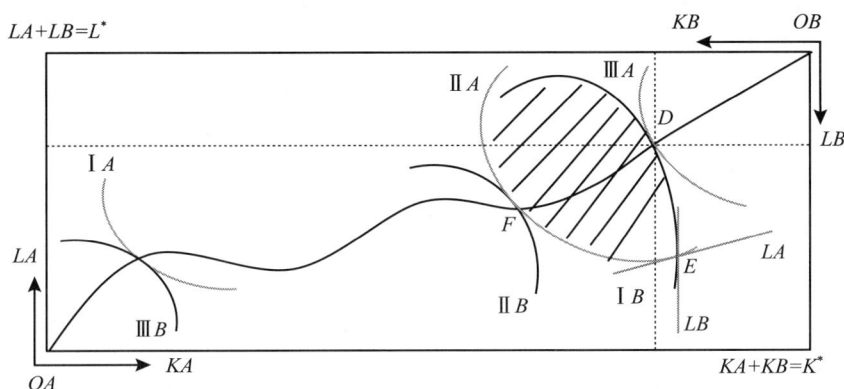

图 3 - 3　东、西区域间金融资本配置的帕累托改进

A 区域、B 区域金融资本这一要素的总数量 K^* 用盒子的长度表示，劳动力要素的总数量 L^* 用盒子的高度表示。A 区域的原点为 OA，B 区域的原点为 OB，

① 毛加强. 我国东西部金融资本配置的帕累托最优分析 [J]. 科学经济社会，2010 (4)：55 - 59.

OA 轴从左向右表示从 A 地区对金融资本总数量 K^* 的占有量 KA，垂直从上向下表示对劳动要素总数量 L^* 的占有量 LB；同时，OB 轴从右向左表示 B 地区对 K^* 的占有量 KB，垂直向下表示对 L^* 的占有量 LB。

从盒中任选一点 B 来看，所对应的 A 地区的投资量（KA，LA）和 B 地区的投资量（KB，LB），此时，$LA + LB = L^*$，$KA + KB = K^*$。A 区域的等产量线为图中 ⅠA，ⅡA，ⅢA，B 区域等产量线对应分别为 ⅠB，ⅡB，ⅢB，从区域 A 中可以看出，当等产量线从由 OA 方向向右平移时，表示 A 区域产量水平的增加；从区域 B 中可以看出，等产量线从 OB 方向向左移动时，表示 B 区域产量水平的增加。

由于 A、B 区域间资本与劳动存在边际技术替代率的不平衡，即：$MRTS^B KL > MRTS^A KL$，$dl/dk(B) > dl/dk(A)$。在图 3-3 中找到符合上述条件的状态点，从图中可以看出是等产量曲线在 A、B 两区域的交点，但是斜率不相同并且 dl/dk $(B) > dl/dk(A)$。下面主要看点 E，假设图中的生产函数是连续的，因此 E 点一定是在 A、B 两个区域的等产量线的交点上，并且 E 点恰好处于在 A 区域中的等产量线 ⅡA 与在 B 区域中的等产量线 ⅠB 的交点上，在 E 点处的切线有两条等产量线 LA 和 LB，同时 $dl/dk(B) > dl/dk(A)$，相当于 $MRTS^B KL > MRTS^A KL$，因此点 E 表示两个重要的要素即金融资本与劳动力在 A、B 两区域的分配状态。当把点 E 沿等产量线 ⅡA 移到 F 点时，因为是在同一条等产量线 ⅡA 上，A 区域的福利保持不变，但是 B 区域会由于产出增加而导致福利状况变好。可以得到 E 点的资源配置状态存在帕累托改进的空间，即从 E 点沿 ⅡA 移到 F 点的改进是有效的。说明 A、B 区域间金融资本配置效率缺失，存在金融资本流动并达到使帕累托最优的空间。

由于 A、B 区域存在金融资本配置的 $MRTS^B KL > MRTS^A KL$ 现象，假定在初始的分配中，B 区域的边际技术替代率 $MRTS^B KL = dl/dk(B) = 8$，而 A 区域的边际技术替代率 $MRTS^A KL = dl/dk(A) = 4$。从此可以看出，A 区域愿意放弃不多于 1 单位的金融资本来换取 4 单位的劳动，因此 A 区域若能用 1 单位的金融资本交换到 4 单位以上的劳动力就是有利有；除此之外，B 区域愿意放弃不多于 8 单位的劳动力来交换 1 单位的金融资本，因此，B 区域若能以 8 单位以下的劳动力换到 1 单位的金融资本就是有利的。由此可见，如果 A 区域用 1 单位金融资本换到大于 4 或小于 8 单位的劳动力，而 B 单位能以大于 4 或小于 8 单位的劳动力换取到 1 单位的金融资本，对于 A、B 区域双方都是有利的，只要 $dl/dk(B) \neq dl/dk(A)$，金融资本在区域间的流动就是有利的，这种资源重新配置就会增加区域间的福利，直到 $dl/dk(B) = dl/dk(A)$ 为止。

根据图 3-3 中我们可以观察得到，E 点向阴影部分移动的过程就是增加 B 区域金融资本或 A 区域劳动力的过程，此移动过程属于帕累托的改进，在此改进的过程中加快了金融资本之间的流动，积极地促进了金融资源的优化配置。

3.3.5　区域金融资源优化的福利效用

金融资本流入将增加流入区域的资本存量，与此相对应的是流出区域的资本存量必定会有所下降。在两区域资本存量之和始终维持在恒定的状态下，两个区域都会受益于区域金融资本流动与优化所带来的效果，因此通过区域金融资源的合理有效配置，对于整个区域经济增长起到积极的推动作用。下面，利用麦克杜格尔（MacDougall）、坎普（Kemp）等提出的国际资本流动模型来分析区域间金融资本流动与优化的福利效应。

如图 3-4 所示，假设区域 A 是发达地区，其产出是 Y，劳动和资本禀赋分别是 L，K；区域 B 是落后地区，其产出是 Y^*，劳动和资本禀赋是 L^*、K^*。

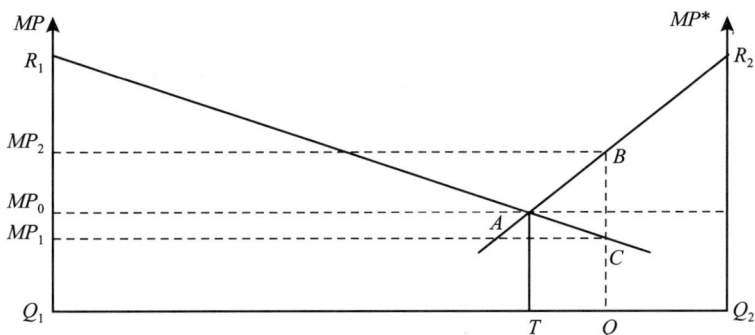

图 3-4　资本跨区域流动优化模型

（1）A、B 两个区域的资本总量为 $Q_1Q_2 = K + K^*$，A 区域的资本存量为 $Q_1Q = K$，区域 B 的资本存量为 $Q_2Q = K^*$。

（2）A 区域在不同投资水平上的边际产量用 MP 表示，B 区域在不同投资水平上资本的边际产量用 MP^* 来表示，分别为：$\dfrac{dy}{dk} = MP$，$\dfrac{dy^*}{dk^*} = MP^*$，因为 A 区域的资本丰裕程度比 B 区域高，便可以得到 $K > K^*$，即：$\dfrac{k}{l} > \dfrac{k^*}{l^*}$。同时根据要素边际生产率递减，便可以得到 B 区域的边际生产率高于 A 区域的资本边际生产率，即：$\dfrac{dy}{dk} < \dfrac{dy^*}{dk^*}$，说明资本在 B 区域的边际投资收益高于 A 区域。

A、B 两个区域都将全部资本存量 Q_1Q、QQ_2 投入生产，A 区域的产量是

$Q_1 QCR_1$ 即：$\int_{Q_1}^{Q} mp\mathrm{d}Q$，$B$ 区域的产出量是 QQ_2R_2B，即：$\int_{Q_2}^{Q} mp^*\mathrm{d}Q$。此时，$A$ 区域资本的边际产量为 CQ，处于 MP_1 水平，而 B 区域的资本边界产量为 BQ，处于 MP_2 水平。

金融资本在两区域自由流动的情况下，由于 $MP_2 > MP_1$，将会导致资本从 A 区域流入 B 区域。当金融资本在两区域之间流动时，A、B 两区域的边际生产率 $\dfrac{\mathrm{d}y}{\mathrm{d}k}$ 与 $\dfrac{\mathrm{d}y^*}{\mathrm{d}k^*}$ 差异会逐步缩小，即：A 区域的 MP_1 上升 ↗，而 B 区域的 MP_2 下降 ↘，最终达到 MP_0，可以表示为：$\dfrac{\mathrm{d}y}{\mathrm{d}k} = \dfrac{\mathrm{d}y^*}{\mathrm{d}k^*}$，此时便实现了两区域之间的资源优化配置。

当资本流动没有出现在 A、B 两区域之间时，产出之和为 $Q_1 QCR_1 + QQ_2R_2B$；资本流动发生后，A 区域的资本量 TQ 流入 B 区域，两个区域的全部产出之和变为 $Q_1 TAR_1 + TQ_2R_2A$，即：$\int_{Q_1}^{t} mp\mathrm{d}Q + \int_{Q_2}^{t} mp^*\mathrm{d}Q$。比较两种情形下的总产出之和，可以发现，没有资本流动时会比资本自由流动时空缺出阴影部分面积 $\Delta S = ACB$，这可以理解为整个社会福利净增加量（ΔS），两个区域共同分享这些净增加的福利。因此，金融资本在区域间自由流动，进而使资本配置在空间上的配置效率达到最大或接近于"帕累托最优"状态。

综上所述，当区域间存在成熟完善的资本市场时，金融资本会随着区域间的投资收益率差异来进行相应的调整变化，收益率高的区域会接收到收益率低的区域的资本流入。金融资源在区域之间的这种流动导致资本的边际生产率达到相等，区域间的资本边际生产率达到相等，最终使得优化配置和区域间的均衡得以实现。

3.4 金融资源优化与区域产业比较优势定位

一个区域要走什么样的发展道路，不是按照其他地区照抄照搬而是应该结合其自身的特点和优势，来决定发展何种产业，从而确定能够进行生产的商品类别。为了实现经济的良性循环，只有同其他区域之间进行比较分析，才能发现自己的特色与长处，下面介绍与此相关的模型。

（1）要素最优选择模型。使用资本（K）和劳动（L）两种要素组合可以生产一种产品（见图 3-5）。等产量曲线 I 所代表的含义是在生产一定量的某种产品时所需要的生产要素的各种可能的组合。

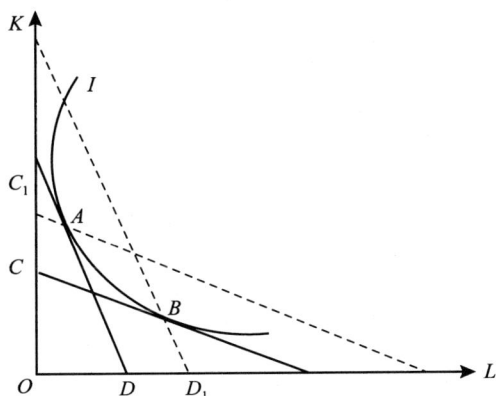

图 3 – 5　单产品要素组合的技术选择

图中 A 点的要素投入组合很大程度上依赖于资本的投入，B 点的要素投入组合则是在很大程度上依赖于劳动力的投入，但是最终两种生产要素组合所生产的产品数量相等。对于企业而言，两种生产要素的组合各有其优缺点，在对生产要素组合进行选择的过程中就需要企业根据自身对生产成本的控制来进行下一步的选择。我们将等成本线通常定义为在生产要素价格固定不变的情况下，对于某一特定的成本额所能使用的生产要素的各种可能的组合。如果等成本线是 C，那么 B 点的要素组合就是最好的，因为生产相同产量 B 点的成本最低。如果把等成本线平行外移到 C_1，A 点与 B 点产量相同，但是 C_1 的成本大于 C。同理，如果等成本线是 D，则 A 点的技术选择较好。因此，最好的要素组合（技术）选择取决于等成本线的斜率大小，而等成本线的斜率又取决于区域资本与劳动的相对富裕程度，即区域的要素禀赋结构。如果一个区域劳动力相对资本比较富裕（相对落后区域），那么等成本线的形状比较接近 C；相反，如果一个区域资本相对劳动力比较富裕（相对发达区域），那么等成本线的形状就接近 D。

根据经验判断，人们往往认为落后的地区对于技术的使用要远不如经济发达的地区。然而事实并非如此，发达国家对于劳动力资源相对欠缺，因此才导致这些国家和地区尽可能地使用资本来代替劳动力，这样才能降低成本是最有效率的选择。但是对于发展中国家而言，其优势就是拥有大量的劳动力资源，而资本资源较为稀缺，因此在进行产品生产时最大限度地利用劳动力，才是符合经济发展的优先选择。[①] 如果不考虑自身所在区域的特点，就很难发挥自身的特点，甚至会导致企业生产的严重亏损。

（2）产业中产品的选择。下面把一种产品的生产拓展到一个产业中去，一个

---

① 余剑. 金融效率与中国产业发展问题研究［M］. 北京：经济管理出版社，2012.

产业包括多种产品，把一个产业的产品划分为不同区段，如新产品、新技术的研发等资本密集型产品区段，如零部件生产以及产品组装等劳动密集型区段（见图3-6）。

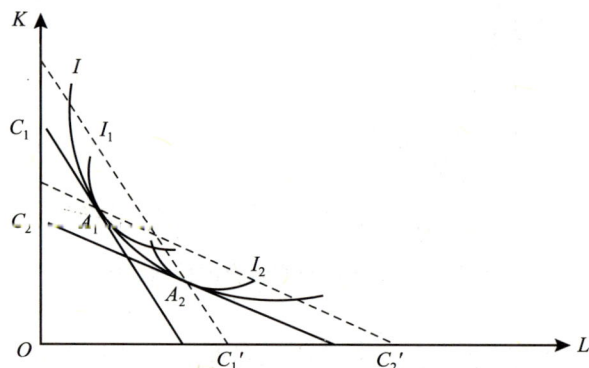

图 3-6 单一产业链中的不同产品选择

假设对于某产业 I 而言可以划分为两区段产品 I_1 和 I_2，I_1 如 IBM 在进行新的产品和技术研发时，需要投入大量的研发资本，才能确保整个项目的推进，因此可以将此区段定义为资本密集型产品区段；I_2 如组装加工等产品，此时需要大量的劳动力投入来完成生产过程，相比较而言资本的投入就会相对减少，将此区段定义为劳动密集型区段。根据代表各类产品的每个 I_x 都可以画出一条类似的等产量线。等成本线决定了一个区域在同一产业链中生产哪种类型产品，在哪个区段进行生产。如果等成本线是 C_2，那么就应该生产 I_2 区段的产品；如果等成本线是 C_1，那么就应该生产 I_1 区段产品。从以上的分析中，可以看出，在一个开放竞争的市场中，一个区域经济要想运行良好，那么该企业必须要有自生能力。

对于发达国家而言，其要素结构普遍为拥有较多的资本要素，而劳动力要素较少，最好的选择就是将产品定位 I_1，从成本角度来考虑，资本的价格相对来说较低，因此便可以压缩生产总成本。在 A_1 点可以按成本 C_1 生产，但如果选择 A_2 点生产 I_2 区段产品，在等值情况下，只能按 C_1' 成本组织生产。显然 $C_1' > C_1$，是不经济的。同理，对于发展中国家而言拥有较多的劳动力，但是对资本有欠缺，在等价值生产中，只能定位选择 I_2 区段产品，在 A_2 点生产，成本为 C_2。如果不顾及要素结构而选择生产在 A_1 点的 I_1 产品，成本为 C_2。显现，$C_2' > C_2$，这样的选择是不经济的，这种产品生产定位也是不理想的。

（3）多产业中产业的选择。我们可以在产品选择的过程中进行扩展，在整个经济体系中进行产业的选择，一个区域中有多个产业，如农业、工业、服务业等，如何根据自身要素禀赋结构来选择定位具有自身比较优势的产业，是区域发展面临的重点问题。如图 3-7 所示，三个产业 I、J、K 分别以三条等价值线表示，每个产业中有多种产品，每个产品又有多种生产技术可以选择。

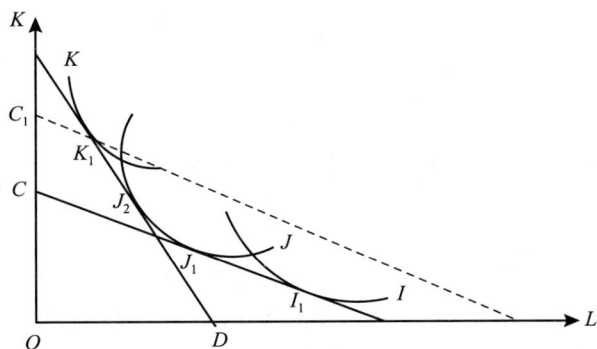

图 3-7 多产业中的产业定位选择

一般而言，生产 K_1、J_2 产品是发达区域的标志，因为 K、J 产业属于资本密集型产业。我们知道，等成本线 D 表示资本价格相对较低而劳动力价格相对较高的要素禀赋结构，对于资本相对富裕的发达区域来讲，根据自身要素禀赋结构选择生产 K、J 产业中 K_1 和 J_2 的产品符合比较优势原理。同样，对于 I 产业而言，等成本线 C 表示资本价格相对较高而劳动力价格相对较低的要素禀赋结构，落后区域在劳动密集型的 I 产业中选择生产 I_1 产品具有比较优势。反之，如果落后区域内企业选择生产 K 产业中的 K_1 产品，相对来讲这样的企业就没有自生能力，不会获得应得的市场利润。

实际经济运行中，如果政府或区域不认真考虑自身要素禀赋结构，选择没有比较优势的产业类别，盲目投资或生产不符合要素禀赋结构的产品，采用不符合实际的技术。那么，区域内企业就没有自生能力，如果继续生存运营，只能由区域政府进行保护和补贴。

通过分析，可以发现区域产业结构、产品结构、企业自生能力以及技术结构的最优水平实际上内生于一个区域的要素禀赋结构。在区域自身发展的过程中要结合自身的特点，来确定区域最优的产业定位，如果忽视这种事物发展的客观规律，就会造成成本的急剧增加以及生产效率的损失，对于区域的健康协调发展极为不利。在对自身特点分析评估的过程当中，只有通过科学正确地定位产业和产品，才能实现长远的发展。优化升级区域产业结构就必须首先调整或改变区域金融资本与劳动力的相对富裕程度。在京津冀区域的河北省，劳动力相对富裕，而金融资本相对稀缺；相反，北京劳动力资源可能相对更稀缺，而资本相对富裕。这样，在京津冀协同发展背景下，就必须建立相应的合作机制，使区域内要素合理流动，调整、优化京津冀区域各地区的资源禀赋状况，在此基础上，进一步优化升级京津冀区域产业结构，改变目前三地产业结构雷同、竞争的格局，转而变化为地区分工协作、优势互补的合作态势，这样才有利于京津冀协同发展战略的顺利推进。当然，在所有资源要素中，金融资本无疑是比较重要的，优化京津冀金融资源对于调整区域整体要素禀赋状况，优化升级区域产业结构，进而推进区域协同发展具有重要的指导意义。

3.5　本章小结

本章主要论述区域间金融资本优化的原理性机理，从经济学模型的角度分析区域间金融资本流动与优化配置的绩效。金融资本一般通过银行信贷、资本市场、财政转移支付、外国资本和民间资本等几种方式进行优化；根据行为主体的不同，金融资源优化类型可以分为政策导向型和市场导向型两种。

从五个方面分析了区域金融资源优化的绩效：一是通过经济增长模型，金融资本在经济发展的过程中起到了极为重要的作用，但资本投入不是越多越好，资本投入在理论上存在一个合适的度量水平，进而为区域经济的增长提供建设性意见。二是从区域金融资本边际收益差距考虑，说明金融资本区域间流动的动因机理。三是从储蓄—投资的视角分析了金融资本区域流动的绩效机理，深刻论述了金融资本对于流入区域储蓄与投资的双向影响。四是从区域资源要素禀赋差异的角度，找出了通过金融资本区域间流动来实现资源配置帕累托最优的比例值。五是从区域总福利的角度，论述了金融资本的区域间流动，能够有效优化区域资源配置，并实现区域整体福利最大化。

另外，本章利用要素禀赋和比较优势原理，分析了区域要素禀赋状况特征对区域产业选择、产品选择以及企业生产技术选择的决定性作用。京津冀协同发展中，三省市应作为一个整体，统筹规划，统一调整、优化以金融资本为主的资源要素配置状况，进而优化三地产业结构和产品结构，从而实现京津冀区域内的分工协作和优势互补，提升区域整体竞争力，实现区域协同发展。

第4章

京津冀区域金融非均衡性及其影响因素分析

京津冀区域是我国经济发达的地区之一，也是我国沿海三大城市群之一。京津冀地区，主要包括北京、天津和河北省的石家庄、唐山、承德、张家口、保定、廊坊、秦皇岛、沧州、邯郸、邢台、衡水。京津冀区域协同发展具有天然的优势：人文相近、经济发达、交往频繁、位置优越。京津冀都市圈的行政区域面积共计约21万平方公里，占全国总面积的2.2%左右；人口总约1亿，超过全国人口的7%。2014年该区域GDP总计6.65万亿，占全国GDP的10.44%，其中京津两地对该区的GDP贡献率为55.74%。

京津冀区域金融的非均衡发展正是由于区域经济发展的非均衡性所致。北京作为中国的首都城市，聚集了大量的资源、人才，经济发展水平较高，资本在逐利的作用下不断向北京流动，使得北京拥有更多的优质资源，从而促进北京金融业的发展。金融的不断发展，反过来又促进经济增长，形成良性循环。天津作为四大直辖市之一，近年来经济崛起，不断地吸引优质资源促进金融业的发展。而河北经济本身发展落后，对金融业的促进作用较弱，再加上资源不断地流向北京和天津，这对河北的金融发展造成又一次冲击，京津冀区域金融业发展呈现出极大的不均衡性。

本章在京津冀协同发展背景下，采用京津冀13个区域城市的数据，首先分析金融分行业发展现状及非均衡性，其次利用因子分析和泰尔指数定量分析京津冀区域金融发展的非均衡程度，最后运用面板数据模型对影响京津冀区域金融非均衡的因素和原因进行实证分析。

4.1　京津冀区域金融分行业非均衡性分析

金融主要包括银行、证券、基金、保险、信托等行业，分析区域金融业的发展，需要从不同行业角度进行分析，才能更全面地找出区域金融业发展的非均衡性现状。本节主要从银行业、证券业和保险业角度分析京津冀区域金融资源分布的非均衡性现状。

4.1.1 区域银行业发展的非均衡现状

近年来，我国的银行业取得了不断地发展，但是区域间银行业的发展水平存在着较大的差别，银行业的非均衡现状不断增强。银行业区域发展的非均衡现状主要表现在银行业金融机构分布差异、银行业金融机构存款分布的差异和银行业金融机构贷款分布的差异。

1. 银行业金融机构分布的差异

目前，京津冀银行业金融机构数量和分布密度呈现出较明显的非均衡性。北京作为中国的政治经济中心，经济金融综合实力遥遥领先；天津作为一个崛起的城市，综合竞争力在不断地提升；而河北相对来说经济金融等实力落后。根据《2014年北京市金融运行报告》《2014年天津市金融运行报告》和《2014年河北省金融运行报告》数据显示，北京、天津和河北的金融机构资产规模、金融机构数量、银行支付业务整体呈现出不断增加的趋势。以北京为例，2014年北京银行业金融机构年末资产总额、金融机构数量和银行卡业务分别同比增长20.3%、7.8%和4.2%。但是对比来看，京津冀三地金融发展差距还是较大的。表4-1显示了2014年京津冀银行业金融机构的分布情况。从金融机构个数来看，河北省的金融机构个数最多（河北省区域面积远大于北京和天津），约为北京的2.5倍、天津的3.7倍，但是从银行业从业者人数来看，河北的从业人数仅仅为北京的1.5倍、天津的2.7倍；从金融资产规模来看，河北省仅为北京的0.32倍、天津的1.2倍；这一比例与2.5和3.7存在着非常大的区别。就京津两市来看，银行业发展也存在明显的非均衡性。北京无论是在银行业金融机构数量、从业人数还是资产规模，均远远高于天津，在资产总额上高达天津的3.7倍多。[①]

表4-1　　　　　　　**2014年京津冀银行业金融机构分布情况**

省市	机构数（个）	从业者（人）	资产总额（亿元）
北京	4 363	111 520	163 314
天津	2 966	62 187	44 136.6
河北	10 895	165 848	52 816.1

资料来源：2014年《北京、天津和河北金融发展运行报告》。

2. 银行业金融机构存款分布的差异

京津冀银行业发展非均衡的另一个表现是存款分布的差异。经济增长理论认

---

① 数据来源：http://www.gov.cn/xinwen/2015-07/05/content_ 2890468.htm.

为，提高储蓄率会增加投资，投资的增加必然会带动经济的增长，尤其是在投资乘数作用的机制下，经济增长会成比例增加。虽然银行存款不简单地等同于储蓄，但是通过银行存款基本上可以反映区域的储蓄情况。

表 4-2 和图 4-1 为近年来京津冀三省市金融机构各项存款余额。从图 4-2 可以看出，京津冀三地金融机构的各项存款余额呈现不断增加的趋势，尤其是在 2008 年以来，存款余额的增长率显著增加；但是，我们也可以看出三地之间的存款余额差距却在不断加大。北京一直遥遥领先，拉大与河北、天津的差距。从人均存款余额来看，北京也高于天津和河北，尤其是远远高于河北；天津在存款总额上落后于河北，但在人均指标上高于河北。

表 4-2 　　　　　　　　2003~2014 年京津冀金融机构各项存款余额 　　　　　单位：亿元

年份	北京	天津	河北
2003	20 452.60	4 360.40	8 116.50
2004	23 781.30	5 139.70	9 386.50
2005	28 970.00	6 090.50	10 888.30
2006	33 850.30	6 839.20	12 675.90
2007	37 733.50	8 242.10	14 474.30
2008	43 867.50	9 954.20	17 844.80
2009	56 960.10	13 887.10	22 502.40
2010	66 584.60	16 499.30	26 270.60
2011	75 001.90	17 586.90	29 749.50
2012	84 837.30	20 293.80	34 257.20
2013	91 660.50	23 316.60	39 444.50
2014	100 095.54	24 777.75	43 764.02

资料来源：WIND 数据库。

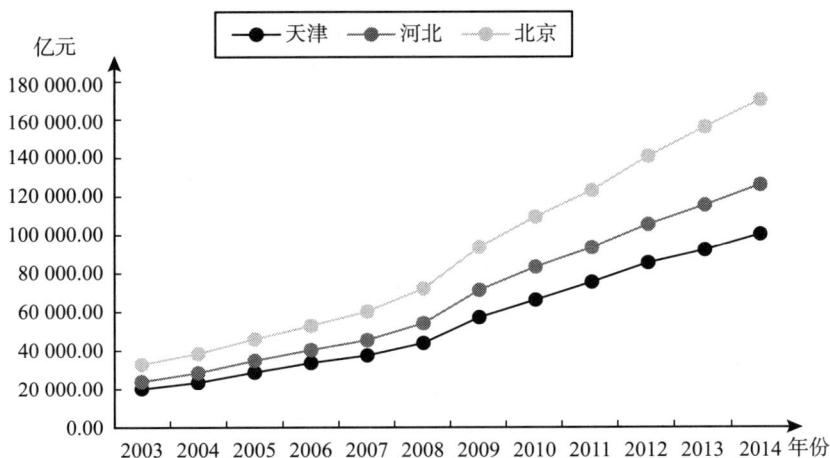

图 4-1 　"京津冀"金融机构各项存款余额

从京津冀各城市角度出发来看各城市的存款情况，能够更加清楚地分析京津冀金融业非均衡发展。表4-3是京津冀13个城市的金融机构各项存款余额，图4-2为相应的曲线图。

表 4-3　　　　　　2003~2014 年京津冀 13 城市金融机构各项存款余额　　　单位：亿元

年份	北京	天津	石家庄	唐山	秦皇岛	邯郸	邢台	保定	张家口	承德	沧州	廊坊	衡水
2003	18 298	4 041	1 932	1 076	469	706	529	936	376	258	694	512	405
2004	21 626	4 750	2 209	1 310	544	846	622	1 055	449	316	773	583	456
2005	26 786	5 715	2 574	1 579	625	1 016	698	1 216	528	377	895	689	517
2006	31 353	6 565	1 968	1 888	710	1 170	797	1 435	611	453	1 009	825	586
2007	35 380	7 930	3 331	2 246	832	1 245	901	1 614	714	560	1 102	1 020	643
2008	41 994	9 606	4 112	2 897	1 014	1 475	1 111	1 965	863	687	1 393	1 268	784
2009	54 276	13 549	5 163	3 658	1 288	1 849	1 384	2 434	1 133	897	1 766	1 605	984
2010	64 454	16 143	6 116	4 188	1 504	2 132	1 579	2 856	1 300	1 088	2 027	1 982	1 154
2011	72 655	17 198	6 715	4 748	1 664	2 491	1 825	3 248	1 459	1 193	2 300	2 267	1 329
2012	81 390	19 676	7 641	5 438	1 879	2 925	2 054	3 760	1 674	1 359	2 690	2 676	1 571
2013	87 991	22 685	8 608	6 124	2 092	3 432	2 397	4 410	1 914	1 601	3 106	3 252	1 858
2014	95 371	24 123	9 125	6 767	2 278	3 748	2 669	5 009	2 114	1 756	3 439	3 934	2 107

资料来源：Wind 数据库。

表4-3显示了京津冀区域13个城市的存款余额，为了更加清楚地描述出各城市存款余额的变动情况，将其做成图4-2~图4-4所示的曲线图。图4-2表示的是13个城市的存款余额，图中显示北京的存款余额保持较高的增长速度，且远远高于天津、河北各城市，其次是天津，最后是河北各城市。由于河北省各城市存款余额相对较小，为了能够更清楚地看出各城市之间水平，本书将北京、天津、石家庄和唐山的存款余额做成图4-3，将河北省各城市的存款余额做成图4-4。图4-3显示，北京存款余额远高于天津、石家庄和唐山；图4-4显示河北各城市中，石家庄存款余额最多，其次是唐山，然后是保定。2014年北京的存款余额是石家庄的10.45倍，石家庄的存款余额为存款余额最低的承德的5.2倍，因此京津冀存款余额最高的地区是最低的57.02倍，京津冀区域银行业存在较大的非均衡性。

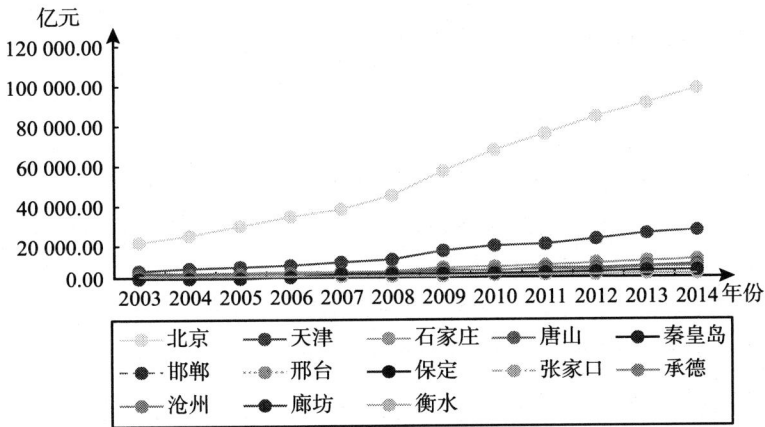

图 4 - 2　京津冀各城市存款余额

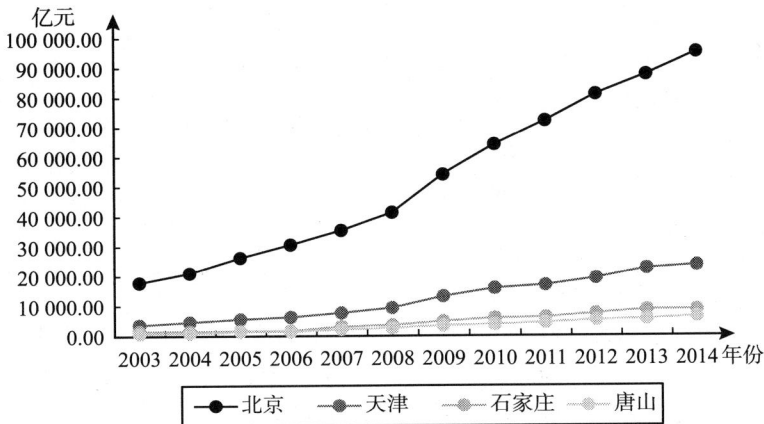

图 4 - 3　京津冀主要城市存款余额

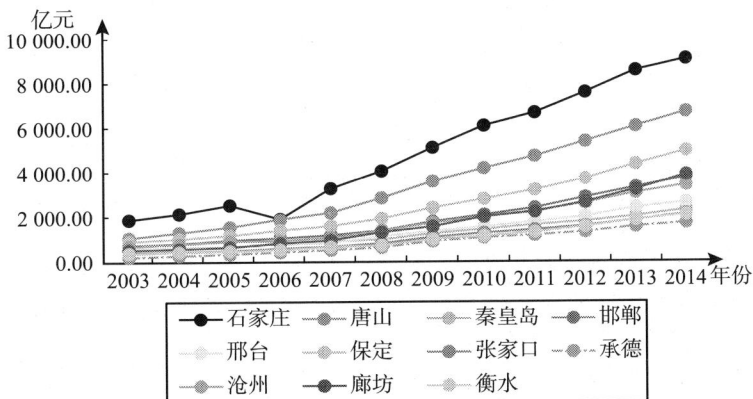

图 4 - 4　河北各城市存款余额

3. 银行业金融机构贷款分布的差异

银行业金融机构贷款分布的差异也构成了京津冀银行业区域金融发展非均衡的一个表现。如果将存款看成一地区经济发展而形成的资本积累，那么我们可以说贷款资金的配置将会是一地区经济发展的保障与支撑，因为正是贷款资金投向了实体经济，才使得企业创造了更多的价值，从而推动地区的经济增长。莱文（1997）在 "Financial Development and Economic Growth：Views and Agenda" 一文中将衡量金融发展水平的指标定义为企业贷款。鉴于此，本书收集了京津冀三地金融机构各项贷款余额（见表4－4）来分析三地的金融发展的非均衡现状。

表4－4　　　　　　　**2003～2014 年京津冀金融机构各项贷款余额**　　　　单位：亿元

年份	北京	天津	河北
2003	11 886.50	3 786.10	5 785.70
2004	13 577.70	4 146.50	6 233.90
2005	15 335.50	4 722.40	6 480.80
2006	18 194.50	5 415.70	7 480.20
2007	19 891.60	6 543.80	8 486.50
2008	22 958.50	7 689.10	9 506.70
2009	31 052.90	11 152.20	13 284.10
2010	36 479.60	13 774.10	15 948.90
2011	39 660.50	15 924.70	18 460.60
2012	43 189.50	18 396.80	21 318.00
2013	47 880.90	20 857.80	24 423.20
2014	53 650.56	23 223.42	28 052.29

资料来源：Wind 数据库。

从图4－5可以看出，北京的贷款余额远远高于天津和河北省，与存款的状况类似。表4－5京津冀区域13个城市2003～2014年的年末贷款余额，图4－6～图4－8为根据表4－5绘制的曲线图，描述了京津冀各城市的贷款余额变动趋势，同京津冀各城市存款情况类似，京津冀各城市的贷款同样呈现出巨大的非均衡性。

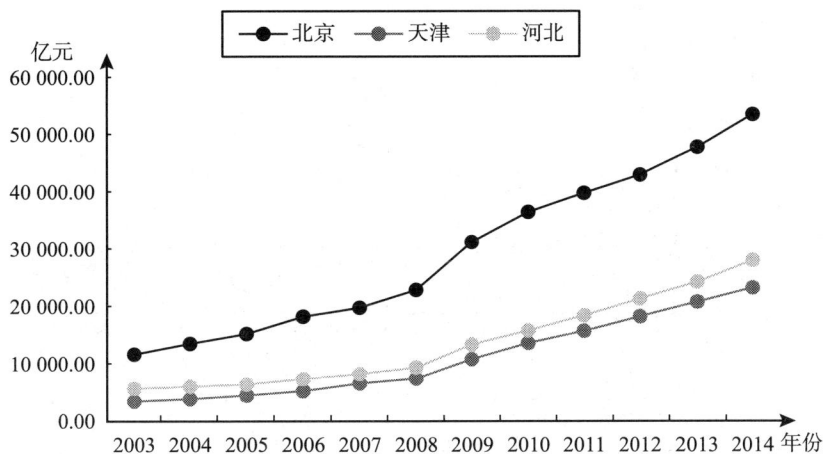

图 4 − 5　"京津冀"金融机构各项贷款余额

表 4 − 5　　　　　　　2003 ~ 2014 年京津冀 13 城市金融机构各项贷款余额　　　单位：亿元

年份	北京	天津	石家庄	唐山	秦皇岛	邯郸	邢台	保定	张家口	承德	沧州	廊坊	衡水
2003	11 143	3 450	1 378	718	320	547	352	529	290	205	425	328	260
2004	12 600	3 839	1 475	802	351	594	386	560	307	231	456	360	280
2005	13 835	4 453	1 561	835	367	648	373	529	323	230	449	390	282
2006	15 696	5 183	1 732	1 039	439	754	423	614	399	284	451	478	306
2007	17 842	6 241	1 839	1 257	512	800	457	689	474	356	471	611	330
2008	19 933	7 383	2 080	1 554	547	852	473	710	546	431	506	733	310
2009	25 422	10 645	2 887	2 197	730	1 134	663	967	783	599	711	1 048	370
2010	29 564	13 112	3 272	2 716	896	1319	814	1 158	918	766	895	1 322	458
2011	33 367	15 242	3 660	3 089	1 039	1 535	947	1 352	1 063	854	1 088	1 536	574
2012	36 441	17 392	3 995	3 527	1 180	1 841	1 164	1 585	1 193	971	1 265	1 812	706
2013	40 507	19 453	4 512	3 964	1 307	2 095	1 378	1 880	1 338	1 109	1 566	2 209	891
2014	45 459	21 509	5 099	6 767	1 515	2 365	1 548	2 251	1 493	1 297	1 843	2 619	1 074

资料来源：Wind 数据库。

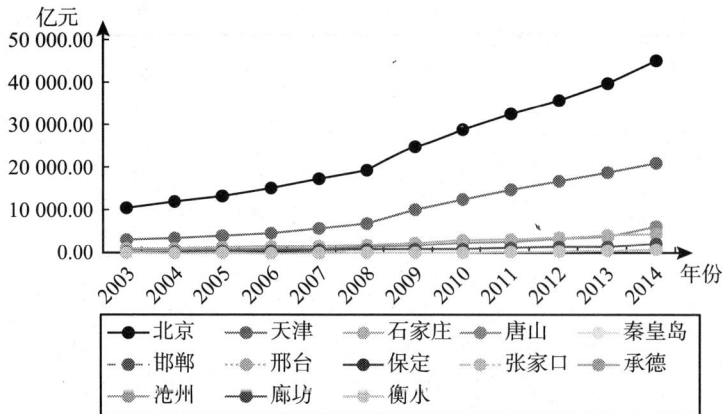

图4-6 京津冀各城市贷款余额

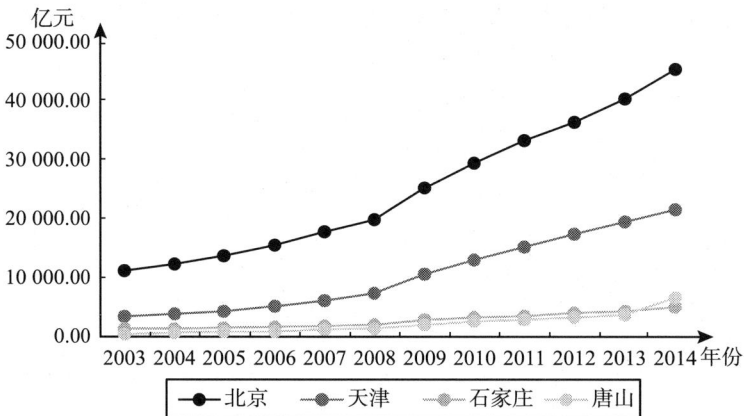

图4-7 京津冀主要城市贷款余额

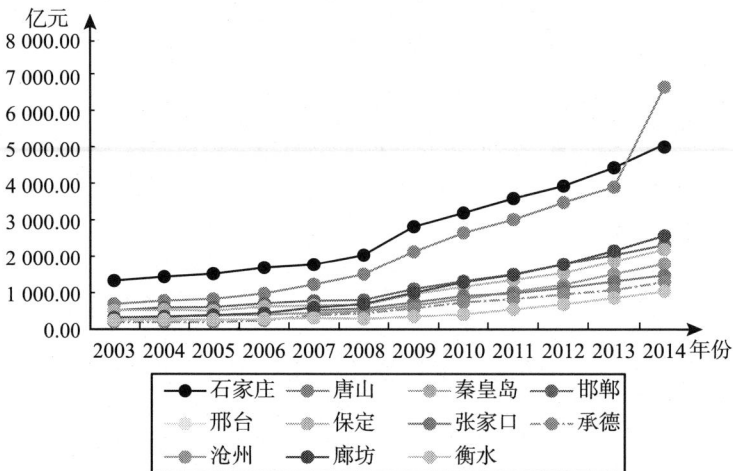

图4-8 河北各城市贷款余额

　　将京津冀区域 13 城市历年年末贷款余额与存款余额结合考虑，北京的存款利用率却处在较低的水平，如图 4 - 9 所示。天津的贷款余额占存款余额的比例近年来维持在 90% 以上，河北维持在 60% 以上，而北京存款利用率仅仅维持在50%，这说明北京存在着巨额的存贷差。这可能是因为天津、河北的大量资金不断向北京流动，最终以储蓄存款的形式停留在北京的银行体系，而没有形成信贷资金的形式流向天津和河北。北京起到了金融资源集聚的效应，但是并没有形成明显的金融扩散效应，从而形成现在北京的巨额存贷差现象。

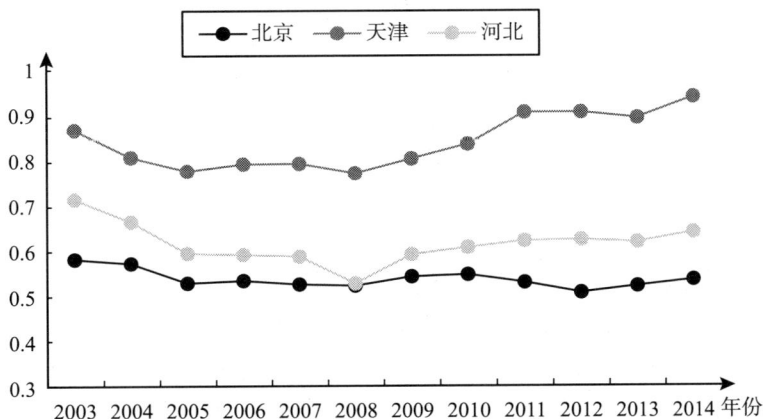

图 4 - 9　京津冀金融机构存款利用率

4.1.2　区域证券业发展的非均衡现状

1. 证券业金融机构分布差异

　　随着我国资本市场和证券业的不断发展，区域证券业发展的非均衡特征也开始凸显。根据《2014 年北京市金融运行报告》、《2014 年天津市金融运行报告》和《2014 年河北省金融运行报告》相关数据汇总表 4 - 6，2014 年京津冀地区总部设在辖内的证券公司、基金公司和期货公司共有 72 家，而北京占据着 62 家，占到京津冀地区总数的 86.11%，为天津的 7.75 倍，为河北省的 31 倍；年末京津冀地区上市公司数为 327 家，其中北京占据着 235 家，占总数的 71.87%，分别为天津、河北的 5.60 倍、4.7 倍；当年京津冀地区股票（A 股）、债券筹资额总共为 26 950.8 亿元，其中北京为 24 445 亿元，为天津、河北的 14.51 倍、29.79 倍。上述分析说明，北京的证券业发展较快，相应的直接融资份额也比较大，资本市场的发展也快；相对而言，津冀（尤其是河北省）直接融资规模较小，资本市场发育不完善。由此可见，京津冀证券业区域发展非均衡特点较为明显，这种非均衡特点尤其表现在北京与河北的差距更为明显，河北与天津之间的差距相对较小。金融市场不能够发挥对资源的最优配置，从而加大了区域之间的经济发展差距。

表 4 - 6   2014 年京津冀证券业金融机构分布情况

省市	总部设在辖内的证券公司、基金公司和期货公司数（家）	年末上市公司数	当年股票（A 股）、债券筹资（亿元）
北京	62	235	24 445
天津	8	42	1 685.1
河北	2	50	820.7
总计	72	327	26 950.8

资料来源：2014 年《北京、天津和河北金融发展运行报告》。

2. A 股交易金额差异

前面已经分析了 2014 年京津冀区域间 A 股与债券筹资额，得出三地之间资本市场的发展存在较大的差距。本书接下来通过资本市场的时间序列数据分析京津冀三地资本市场的发展过程。从图 4 - 10 可以看出，随着京津冀区域经济的不断发展，京津冀各省市上市公司在上交所和深交所的交易金额均呈现出不断增长趋势。自 2000 年以来，京、津、冀 A 股市场的交易金额分别增加了 58.68 倍、32.53 倍和 52.23 倍，北京和河北均保持了较高的增长，天津增长相对较慢，但是河北仍然远远落后于北京，从图 4 - 10 中，也可以很明显地看出这一差别，北京在 A 股交易总量上远远高于天津和河北。

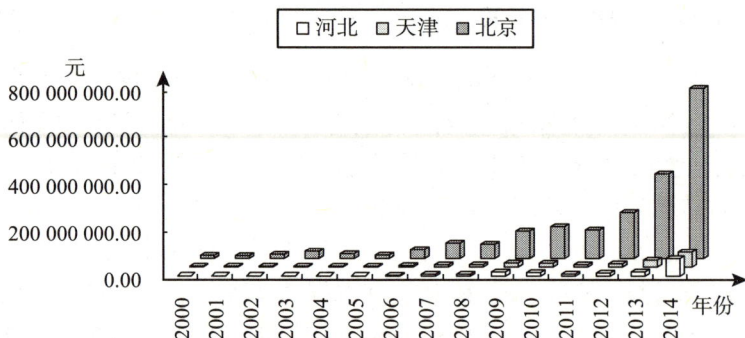

图 4 - 10   京津冀各省市上市 A 股交易金额

3. 各城市上市公司数量比较

从各城市的角度分析，图 4 - 11 列出了京津冀各城市 2014 年上市公司的数量，从图中可以看出京津冀上市公司中，北京和天津占据了 85% 的比例，河北省上市最多的城市石家庄仅仅占据 4% 的比例，最少的城市张家口和衡水，仅仅有 1 家上市公司。

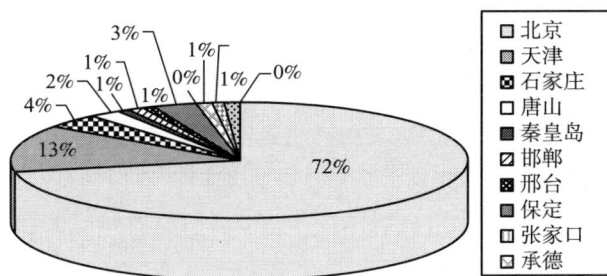

图 4 - 11 2014 年京津冀各城市上市公司数量

4.1.3 区域保险业发展的非均衡现状

京津冀区域保险业在不断发展的同时，也表现出了显著的非均衡性特征。根据《2014 年北京市金融运行报告》、《2014 年天津市金融运行报告》和《2014 年河北省金融运行报告》相关数据汇总表 4 - 7。2014 年京津冀地区保险公司总部设在辖区内的共 68 家，其中北京的数量为 61 家、设在天津的为 6 家、设在河北的为 1 家，北京、天津和河北分别占据着 89.71%、8.82% 和 1.47% 的份额；京津冀地区的保险公司的分支机构共 206 家，北京、天津、河北所占的比例分别为 43.20%、27.67% 和 29.13%；在保费收入方面，北京的保费收入为 1 207 亿元，为天津的 3.80 倍、河北的 1.30 倍；从保险密度来看，北京为 5 659 元/人，为天津的 2.70 倍、河北的 4.47 倍。数据显示，北京、天津和河北的保险业同样存在的非均衡的现状。

表 4 - 7　　　　　　　　　　2014 年京津冀保险业情况

省市	总部设在辖内的保险公司数（家）	保险公司分支机构（家）	保费收入（亿元）	保险密度（元/人）
北京	61	89	1 207	5 659
天津	6	57	317.8	2 094.9
河北	1	60	931.9	1 266.5
总计	68	206	2 456.7	9 020.4

资料来源：2014 年《北京、天津和河北金融发展运行报告》。

分城市来看，图 4 - 12 给出了 2008 年、2011 年和 2014 年三年京津冀 13 城市的保费收入，横向来比，北京的保费收入远远高于天津和河北各城市，到2014年已经高达1 207.2亿元，是同期天津的近4倍，唐山的8.29倍，邢台的26.59倍；从纵向来比，北京的保费收入增加也较快，2014年较2008年增加了2.06倍，河北省平均增加了1.86倍。

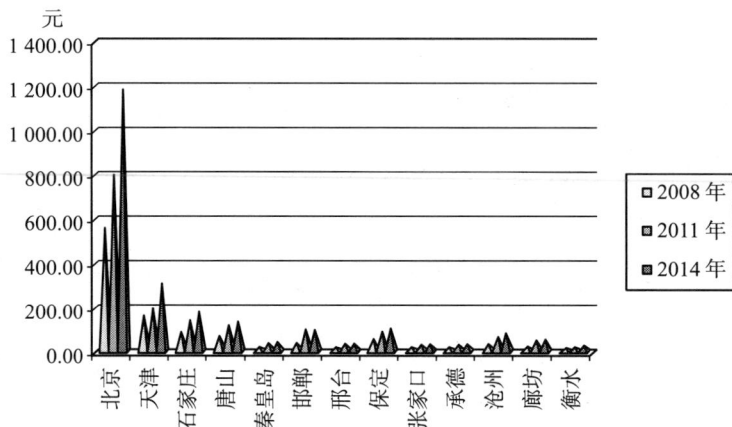

图4-12 京津冀各城市保费收入

综上，通过对京津冀三省市银行业、证券业和保险业的分析得出，三地的金融发展存在明显的非均衡特点。北京金融发展最快，天津其次，最后是河北，这种现状也符合京津冀三地的经济发展现状。北京经济发展较快，对资金的需求量较大，这使得资金不断的流向北京；天津的经济在不断的崛起，对资金的需求也在增加；河北省经济发展相对落后，再加上京津冀地理位置相近的因素，大量的金融资源不断的向外流动，这会引发区域经济的金融集聚效应。当后期金融集聚并未起到辐射效应后，而是产生"黑洞效应"时，就会不断拉大区域经济之间的差异，从而加剧区域金融非均衡的现状。

4.2 京津冀区域金融发展水平的差异与比较

4.2.1 区域金融非均衡性评价指标

在设计区域金融非均衡性指标时，应该遵循数据的可获取性、科学性和全面性三个原则：（1）科学性原则。为了对所考察的区域的金融发展水平进行客观的分析以及得到具有指导意义的实际评价结果，在指标选取时应当充分、合理、科学地反映所考察区域的实际情况。（2）全面性原则。影响金融发展差异的因素是多方面的，在理论上应该从宏观到微观全面考虑，并且经济发展水平、地理区位、开放程度和城市化进程等因素对所考察区域的金融发展水平也有很大影响。（3）数据可得性。在整个指标体系的构建中所需要的数据要较易收集或通过计算可得，来进一步确保后续工作的展开。

结合京津冀区域 13 城市金融发展现状，本书选取地区生产总值、固定资产投资、外商直接投资、进出口总额、金融相关率（FIR）、金融效率、保费深度和保费密度 8 个指标，对区域金融非均衡性进行评价。2011～2014 年京津冀 13 城市各指标数据的平均值如表 4 - 8 所示。

表 4 - 8　　　　　　京津冀区域城市金融发展相关指标数据

地区	GDP（亿元）	固定资产投资（亿元）	保费深度（%）	保费密度（元）	外商直接投资（亿元）	进出口总额（亿元）	金融相关率	金融效率
北京	21 331	6 924	0.06	5 610.89	554.93	25 515	6.60	0.48
天津	15 723	10 518	0.02	2 070.03	1 158.17	8 220	2.90	0.89
石家庄	5 100	4 186	0.04	1 905.39	62.61	878	2.79	0.56
唐山	6 225	3 576	0.02	1 847.53	83.79	1 029	2.17	1.00
秦皇岛	1 200	770	0.04	938.42	49.85	265	3.16	0.67
邯郸	3 080	2 661	0.03	876.90	56.26	219	1.98	0.63
邢台	1 668	1 418	0.03	625.66	29.50	127	2.53	0.58
保定	2 758	1 905	0.04	1 169.11	44.92	325	2.63	0.45
张家口	1 359	1 272	0.03	861.59	18.76	32	2.66	0.71
承德	1 343	1 202	0.03	1 176.57	0.62	40	2.27	0.74
沧州	3 133	2 292	0.03	1 247.46	28.72	191	1.69	0.54
廊坊	2 056	1 541	0.03	1 473.31	41.51	325	3.19	0.67
衡水	1 139	787	0.03	866.55	13.87	225	2.79	0.51

资料来源：根据历年《北京统计年鉴》、《天津统计年鉴》、《河北统计年鉴》以及历年各城市统计公报和 Wind 数据库，计算整理得。

4.2.2　因子分析

本研究使用 SPSS2.0 对京津冀各区域金融发展非均衡性进行因子分析。

1. 可行性检验

由表 4 - 9KMO 检验结果可知，KMO 值为 0.706，可以进行因子分析。

表 4 – 9   **KMO 和 Bartlett 检验**

取样足够度的 Kaiser – Meyer – Olkin 度量		0. 706
Bartlett 的球形度检验	108. 481	110. 344
	28	15
	0. 000	0. 000

2. 提取公共因子

从表 4 – 10 中可知，所选变量提取的比率都比较高，最低的提取率达到 0. 957，这表明通过降维提取共性因子而丢失的信息较少，因子分析的效果较好。

表 4 – 10   **公共因子方差**

分类	初始	提取
GDP（亿元）	1. 000	0. 994
固定投资（亿元）	1. 000	0. 975
保费深度（元）	1. 000	0. 959
保费密度（元）	1. 000	0. 984
外商直接投资（亿元）	1. 000	0. 980
进出口额（亿元）	1. 000	0. 957
FIR	1. 000	0. 960
金融效率	1. 000	0. 985

由表 4 – 11 可知，选取前四个因子来替代原始八项指标，这四个因子解释的方差贡献率分别为 45. 717%、20. 357%、19. 804% 和 11. 551%，累计贡献率高达 94. 729%，远高于 85% 的临界值，表明提取的八个变量所含有的信息丢失较少。

表 4 – 11   **解释的总方差**

成分	初始特征值			提取平方和载入			旋转平方和载入		
	合计	方差的%	累积%	合计	方差的%	累积%	合计	方差的%	累积%
1	4. 674	58. 422	58. 422	4. 674	58. 422	58. 422	3. 657	45. 717	45. 717
2	2. 133	26. 659	85. 081	2. 133	26. 659	85. 081	1. 629	20. 357	66. 074
3	0. 567	7. 093	92. 174	0. 567	7. 093	92. 174	1. 584	19. 804	85. 877
4	0. 420	5. 255	97. 429	0. 420	5. 255	97. 429	0. 924	11. 551	94. 729

3. 公共因子的命名与解释

从表 4 - 12 旋转后的因子载荷矩阵可以看到，第一个公共因子主要解释了 GDP 和固定资产投资，第二个因子解释了金融相关率（FIR），第三个因子解释了金融效率，第四个因子解释了外商直接投资，这四个因子可以分别归结为经济基础、银行业水平、银行业效率和对外开放程度。其中，经济基础是影响区域金融发展的最重要因素，其次是银行业发展水平，再次是银行业效率，第四是对外开放度。整体而言，现阶段决定京津冀区域金融发展水平的关键主要是经济发展水平、银行业水平和对外开放程度，这些原因可以很好地解释前文京津冀金融非均衡状况。北京、天津在京津冀三省市中无论是经济水平、银行业水平还是对外开放都处于领先地位，河北省三方面都处于劣势，因此形成了目前的金融非均衡现状。

表 4 - 12　　　　　　　　　　　　　　旋转成分矩阵

分类	成分			
	1	2	3	4
GDP（亿元）	0.953	0.146	0.049	0.251
固定投资（亿元）	0.950	− 0.040	0.126	0.237
保费密度（元）	0.856	0.495	− 0.049	− 0.059
进出口额（亿元）	0.805	0.381	− 0.035	0.403
FIR	0.279	0.888	− 0.211	0.222
金融效率	0.086	− 0.077	0.985	− 0.043
保费深度	0.020	0.625	− 0.739	− 0.146
外商直接投资（亿元）	0.618	0.174	0.030	0.753

4. 计算因子得分

根据因子得分系数矩阵（见表 4 - 13）得到如下四个函数：

F1 = 0.379GDP + 0.447 固定投资 + 0.018 保费深度 + 0.410 保费密度 − 0.201 外商直接投资 + 0.096 进出口额 − 0.294FIR − 0.095 金融效率；

F2 = − 0.187GDP − 0.361 固定投资 + 0.292 保费深度 + 0.207 保费密度 − 0.023 外商直接投资 + 0.105 进出口额 + 0.819FIR + 0.465 金融效率；

F3 = − 0.081GDP − 0.119 固定投资 − 0.316 保费深度 + 0.068 保费密度 − 0.026 外商直接投资 + 0.008 进出口额 + 0.268FIR + 0.859 金融效率；

F4 = − 0.159GDP − 0.189 固定投资 − 0.281 保费深度 − 0.715 保费密度 + 1.101 外商直接投资 + 0.260 进出口额 + 0.272FIR − 0.181 金融效率；

其中 F1、F2、F3 和 F4 为本书所提取出的 4 个因子，分别为经济基础、银行业水平、银行业效率和对外开放程度。

表 4 – 13 成分得分系数矩阵

分类	成分			
	1	2	3	4
GDP（亿元）	0.379	− 0.187	− 0.081	− 0.159
固定投资（亿元）	0.447	− 0.361	− 0.119	− 0.189
保费深度	0.018	0.292	− 0.316	− 0.281
保费密度（元）	0.410	0.207	0.068	− 0.715
外商直接投资（亿元）	− 0.201	− 0.023	− 0.026	1.101
进出口额（亿元）	0.096	0.105	0.008	0.260
FIR	− 0.294	0.819	0.268	0.272
金融效率	− 0.095	0.465	0.859	− 0.181

5. 综合分析

通过加权求和，得到综合因子得分公式：

F = (0.45717F1 + 0.20357F2 + 0.19804F3 + 0.11551F4) /0.97429，其中 F 代表金融发展综合测度指标。

表 4 – 14 为京津冀 13 地市金融发展综合排名情况，从各因子得分来看，13 地市间的金融发展存在较大差异。综合因子得分中，北京、天津、石家庄、唐山、廊坊五个城市金融发展水平高于京津冀地区的平均水平，其他城市均低于京津冀的平均水平，而天津得分最高，但是综合测度指标得分与北京差别很小。河北省各地市的综合测度指标远小于北京以及天津，因此可以得出京津冀 13 城市的金融非均衡性较明显。

表 4 – 14 京津冀区域 13 地市金融发展综合因子得分排名

地区	经济基础	银行业水平	银行业效率	对外开放度	金融发展综合指标	排名
天津	1.4066	− 0.3800	1.5041	1.4822	1.0621	1
北京	1.7366	2.1435	− 1.1361	0.0668	1.0397	2
唐山	0.7655	− 0.1794	1.7678	− 0.3512	0.6394	3
石家庄	0.8625	− 0.2152	− 0.7059	− 0.4308	0.1652	4
廊坊	− 0.4548	0.7652	0.4474	0.0542	0.0438	5
邯郸	0.0201	− 1.2643	− 0.1299	0.4682	− 0.2257	6
秦皇岛	− 1.3915	1.2836	0.2016	0.6710	− 0.2642	7
承德	− 0.2984	0.1443	0.6705	− 2.7553	− 0.3003	8
张家口	− 1.0137	0.1428	0.6523	− 0.0335	− 0.3172	9

地区	经济基础	银行业水平	银行业效率	对外开放度	金融发展综合指标	排名
沧州	0.4918	− 1.6627	− 0.9436	− 0.5303	− 0.3713	10
保定	− 0.0470	− 0.4563	− 1.5362	0.1706	− 0.4095	11
邢台	− 0.9627	− 0.5370	− 0.1498	0.9236	− 0.4849	12
衡水	− 1.1149	0.2155	− 0.6423	0.2646	− 0.5773	13

从 F1 的得分来看，北京、天津、石家庄、唐山、沧州、廊坊得分均大于平均水平，说明在这些地区具有良好的经济基础；从 F2 的得分来看，北京、秦皇岛、廊坊、衡水、承德、张家口的银行业发展水平良好，高于京津冀区域的平均水平，沧州处于最后一位；从 F3 角度考虑，唐山的银行业效率最高，居于第一位；紧接着是天津，还有承德、张家口、廊坊、秦皇岛均高于京津冀的平均水平；从 F4 的角度来考虑，除张家口、唐山、石家庄、沧州以及承德的经济开放程度低于平均水平外，其他城市都有相对较好的经济开放程度，其中天津居于第一位。

4.2.3　聚类分析

为了进一步分析京津冀 13 城市金融发展非均衡问题，在因子分析的基础上进行聚类分析，找出金融发展相似的城市，对 13 城市进行分类，从而可以对相应城市群提出相应的政策建议。利用 SPSS2.0 对其进行聚类分析，结果如图 4 - 13 所示。

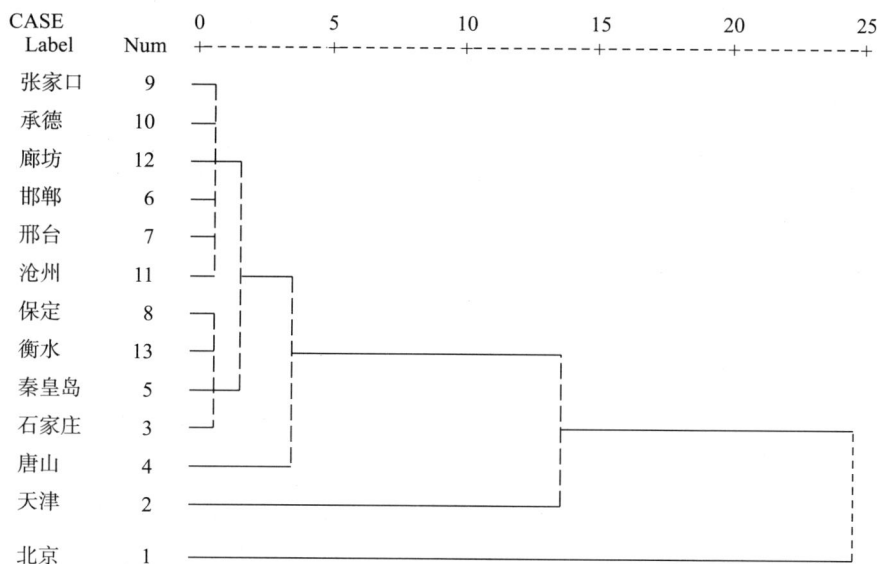

图 4 - 13　聚类谱系

参照图 4 – 13 结果，可以将京津冀 13 城市金融发展水平分为以下五类：第一类为北京市，北京市的 F1、F2 得分最高，远高于京津冀地区的其他城市，在金融发展水平以及经济基础方面具有绝对优势，但是在金融效率方面低于京津冀的平均水平；第二类为天津，它的 F3 以及 F4 的得分居于第一位，但是 F2 的得分低于京津冀地区的平均水平。综合考虑，天津的经济基础以及经济开放程度和金融效率较好，然而在金融业发展水平方面与北京相比还有较大差距；第三类为唐山，唐山的金融效率居于第一位，经济基础也高于平均水平，但是在金融发展以及金融效率方面均低于京津冀地区的平均水平；第四类是石家庄、秦皇岛、衡水、保定，其中秦皇岛的金融效率，经济开放程度以及金融发展均高于平均水平，仅是经济基础方面较为薄弱，而保定恰恰相反，除经济开放程度高于平均水平外，其他四个方面均有待提升；第五类为沧州、邢台、邯郸、廊坊、承德、张家口，这些城市中廊坊的金融发展最好，仅是在经济基础方面有所欠缺。

综合上述的各项数据以及指标，京津冀区域金融发展不平衡现象比较明显，北京和天津因其政治因素及历史因素，无论是在金融生态环境还是金融发展水平均占有较大的资源，使其发展水平远高于河北省各城市。对河北省内部的各城市分析发现，同样存在较明显的金融发展差异，石家庄和唐山的金融发展相对于省内其他地区较好，但仍存在较大的改进空间。

4.3 基于泰尔指数的京津冀区域金融发展非均衡性分析

对于金融发展的衡量问题，戈德史密斯曾经使用"金融相关比率"（FIR）来衡量，其具体的计算方式为全部金融资产价值与国民财富的比值。麦金农（1973）在对发展中国家存在的金融抑制与金融深化问题进行分析时，对金融增长问题衡量时采用货币存量与国民生产总值的比重。国内对金融发展问题，从金融规模、金融结构和金融效率等角度考虑（韩廷春、夏金霞，2005；沈军、白钦先，2006）[①]。本书对京津冀区域金融发展的非均衡问题进行分析时，从金融规模角度出发，通过计算金融规模差异的泰尔指数进行测算与分析。

4.3.1 研究方法与指标

经济学中常用基尼系数来衡量地区间的差异或者地区间的不平等性。本书在

---

① 韩廷春，夏金霞. 中国金融发展与经济增长经验分析［J］. 经济与管理研究，2005；沈军，白钦先. 金融结构、金融功能与金融效率——一个基于系统科学的新视角［J］. 财贸经济，2006.

衡量京津冀区间和区域内的金融发展差距时，采用泰尔指数，主要考虑以下原因：（1）基尼系数一般反映的是区域之间的差异，而本书的研究内容不仅仅限于区域间的差异，同时还考虑区域内部的差异；（2）本书对于区域经济发展中形成的差异，一方面考虑到京、津和冀三个经济区域的差异分别对总差异产生的影响；另一方面还涉及京、津和冀三个经济区域内部的差异对总差异产生的影响。鉴于此，本书利用泰尔指数来计算京津冀区域之间金融发展的差异，以及京、津、冀区域内部金融发展的差异。

分析区域内与区域间存在的差异，一般采用施沃兹分解公式：

$$I(O) = \sum_{g=1}^{G} P_g I(O)_g + \sum_{g=1}^{G} P_g \ln(P_g/V_g)$$

该公式测量的是区域间收入差距。式中，G 表示总体被分成的组数，P_g、V_g 分别为第 g 组的人口及收入比重，$I(O)_g$ 表示第 g 组内部差别的泰尔指数，$\sum_{g=1}^{G} P_g I(O)_g$ 表示区域内的差异，$\sum_{g=1}^{G} P_g \ln(P_g/V_g)$ 表示区域之间的差异。所以人口比重和收入比重相差越大，则对数返回值的绝对值就越大，那么收入差距越大。

衡量区域间金融发展差异的泰尔指数计算方法为：

$$I_{BJ} = \sum_{BJ}\left[\frac{Y_i}{Y_{BJ}} \times \ln\left(\frac{Y_i/Y_{BJ}}{F_i/F_{BJ}}\right)\right];$$

$$I_{TJ} = \sum_{TJ}\left[\frac{Y_i}{Y_{TJ}} \times \ln\left(\frac{Y_i/Y_{TJ}}{F_i/F_{TJ}}\right)\right];$$

$$I_{HB} = \sum_{HB}\left[\frac{Y_i}{Y_{HB}} \times \ln\left(\frac{Y_i/Y_{HB}}{F_i/F_{HB}}\right)\right];$$

其中，BJ、TJ、HB 分别表示北京、天津和河北三个区域；I_{BJ}、I_{TJ}、I_{HB} 分别表示京、津、冀三省市金融发展水平内部差异的泰尔指数。

F_{BJ}、F_{TJ}、F_{HB} 分别表示北京、天津和河北的银行存贷款占京津冀存贷款的比例；F_i 为第 i 城市（区、县）的银行存贷款占比；Y_{BJ}、Y_{TJ}、Y_{HB} 分别表示北京、天津和河北的 GDP 占京津冀 GDP 的比例；Y_i 代表第 i 城市（区、县）GDP 占比。

则京津冀三省市区间差异的计算公式：

$$I_D = Y_{BJ}\ln(Y_{BJ}/F_{BJ}) + Y_{TJ}\ln(Y_{TJ}/F_{TJ}) + Y_{HB}\ln(Y_{HB}/F_{HB})$$

京津冀区域金融发展的区内总差异：

$$I_R = Y_{BJ}I_{BJ} + Y_{TJ}I_{TJ} + Y_{HB}I_{HB}$$

所以，京津冀区域金融发展总差异的泰尔指数：

$$I_T = I_D + I_R$$

4.3.2 京津冀金融发展水平的区间和区内差异

将 2003~2014 年京津冀的银行存贷款数据和 GDP 数据代入上面的公式，得到京津冀金融规模差异的泰尔指数，如表 4-15 所示。

表4-15   京津冀金融规模差异的泰尔指数

年份	北京	天津	河北	区内差异 IR	区间差异 ID	总差异 IT
2003	0.1291	0.2942	0.0081	0.0773	0.0944	0.1718
2004	0.0881	0.2818	0.0086	0.0638	0.0906	0.1544
2005	0.0840	0.0850	0.0138	0.0473	0.0850	0.1322
2006	0.0680	0.0460	0.0080	0.0329	0.0900	0.1229
2007	0.0592	0.0396	0.0130	0.0317	0.0837	0.1153
2008	0.0734	0.0731	0.0129	0.0410	0.0854	0.1264
2009	0.0616	0.0950	0.0124	0.0420	0.0729	0.1149
2010	0.0630	0.0967	0.0142	0.0477	0.0760	0.1237
2011	0.0706	0.1114	0.0131	0.0528	0.0811	0.1339
2012	0.0722	0.1158	0.0116	0.0547	0.0756	0.1304
2013	0.0621	0.1121	0.0107	0.0517	0.0655	0.1172
2014	0.0552	0.1123	0.0073	0.0500	0.0494	0.0993

2003~2014 年，京津冀区域金融规模区域内差异由 2003 年的 0.0773 下降到 2007 年的 0.0317，随后又开始上升到 2014 年的 0.05，说明近年来京津冀区域内差异有扩大的趋势。京津冀区域金融规模总差异和区间差异最大值均出现在 2003 年，其相应的泰尔指数分别为 0.1718 和 0.0944，到 2014 年分别下降到相应的最小值，总体上表现出下降的趋势（见图 4-14）。之所以出现这种特征，是由于区域间差异对总差异的变化起到了主要的作用。整体上来看，区域间与区域内差异呈现出了收敛的态势，并且在 2014 年交于一点。

根据威廉姆森的理论，随着经济的发展，区域经济的增长将会导致不同经济体之间的差异扩大，形成非均衡增长；接下来，在经济的增长过程中，区域经济间形成的不平衡将会逐渐降低；直到经济发展到成熟的阶段，区域经济增长中形成的差异趋向于均衡。京津冀金融规模总差异呈现出递减的趋势，说明区域经济之间的不平衡发展将会逐渐降低，同时在京津冀协同发展的背景下，将会加快缩小区域金融业的差异。

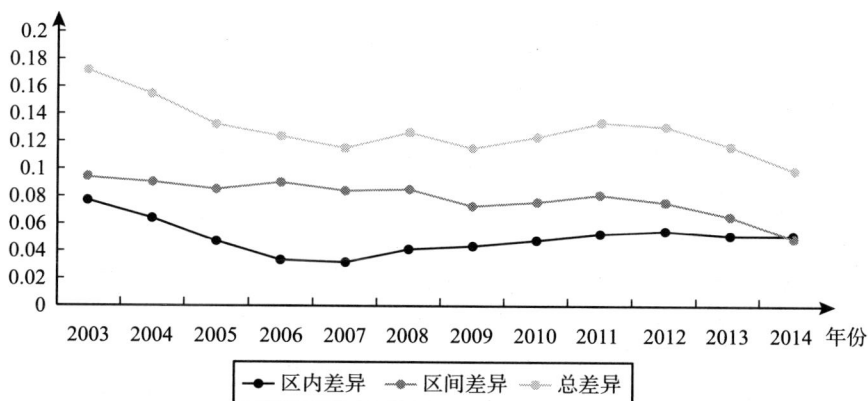

图4-14 京津冀区域间与区域内金融规模差异

从京津冀三地各自内部差异来看，图4-15给出了京津冀三地内部金融规模泰尔指数的变化趋势。总的来看，天津市各区县之间的金融规模差异高于北京，而北京市各区县之间的金融规模差异普遍高于河北省各个地级市之间的差异。

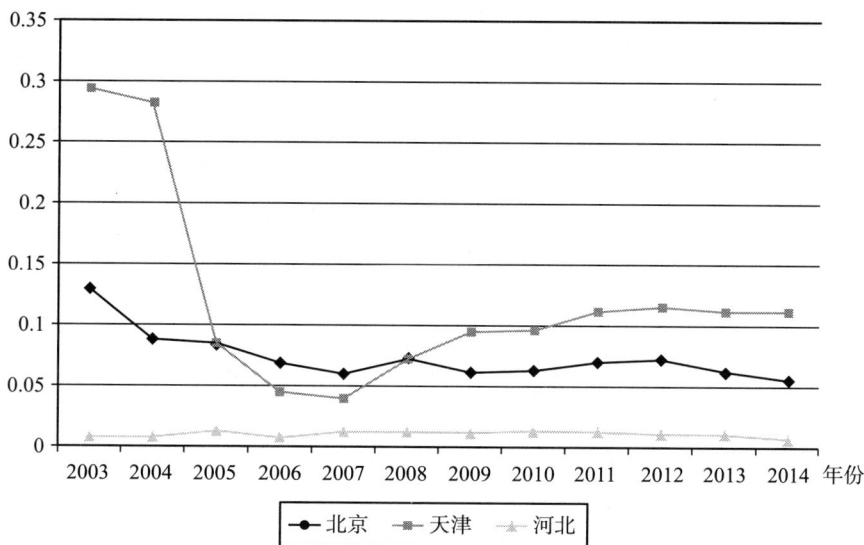

图4-15 京津冀金融规模差异

进一步还可以观察到京津冀三区域内部金融规模差异的动态变化过程。北京市各区县之间金融规模差异的泰尔指数整体呈现下降趋势，由2003年的0.1291下降到2007年的0.0592，之后一直保持在0.06的平稳状态。天津各区县之间差异的泰尔指数变化比较剧烈，尤其是在2003~2006年，从2003年的0.2942下降到 2006 年的 0.0460，之后呈现出上升的态势。对于天津金融规模差异较高并且呈现上升态势，可以从以下两方面进行解释：

一是经济发展差异。近年来天津的经济总量从占京津冀金融总量的 10% 增加到 2014 年的逾 27%，天津的经济发展水平得到较大的提高，北京和河北的经济总量占比呈下降趋势，河北尤其明显，这能够解释天津的金融增长差异加大的现象。根据赵伟 (2006) 将金融增长差异的变异系数同地区经济发展差异的指数进行回归，得出地区金融增长差异与地区经济发展差异之间存在着较为显著的正相关的关系，并且中国的区域金融差异要大于中国的区域经济差异；周立 (2002) 的相关研究也得出类似结论。二是区域内部市场化深入程度。北京和天津的内部市场化程度要远高于河北，较高的内部市场化程度使得北京和天津的金融资源能够更加自由的流动，这也在一定程度上造成北京和天津较高的内部金融增长差异。

市场化程度较高会是北京金融规模差异较高的原因，对于其呈现下降趋势的原因与北京的经济总量占比的下降有着一定的关系，并且北京的金融业发展较为完善，也会使得各区域金融业发展差距缩小。对于河北来说，各个地级市金融规模的差异表现得较为平稳，但是始终维持在一个极低的水平，2010 年最高才达到 0.0142，河北省各城市的金融规模差异较小，但也有陷入低水平恶性循环陷阱的风险。这是因为河北省环绕经济发展较快的北京、天津，北京、天津依靠自身潜在的优势，不断地吸收来自河北的资本或者是其他的金融资源，使其金融业得到了迅速的发展，这就是所谓的 "金融集聚" 现象。较快的金融发展又吸引了更多的金融资源。而对于河北来说，在金融资源匮乏的情况下，金融资源不断地向北京、天津流动，使得河北发展更加缓慢，结果陷入了恶性循环的状态，各城市金融增长缓慢，金融规模差异缩小。

4.3.3 金融发展水平区间差异和区内差异的贡献

前面已经分析了京津冀金融规模的区间差异和区内差异，为了进一步分析区间和区内差异对总差异的影响，本书测算了区间与区内差异对总差异的贡献率，并绘制表 4-16，显示京津冀之间以及京津冀内部区域差异对总差异的贡献率。对于相应的区间、区内和京津冀各省市差异对总差异的贡献率，其计算公式为：

区间差异贡献率 = ID/IT，区内差异贡献率 = IR/IT，各省市差异贡献率 = Y_iI_i/IT

其中，Y_i 为 i 省（市）GDP 占京津冀整体 GDP 的比重，I_i 为 i 省（市）金融规模的泰尔指数。

表 4 - 16 京津冀之间及京津冀内部区域差异对总体差异的贡献率

年份	北京贡献率	天津贡献率	河北贡献率	区间差异贡献率	区内差异贡献率
2003	0.2381	0.1849	0.0272	0.5498	0.4502
2004	0.1883	0.1935	0.0314	0.5868	0.4132
2005	0.2017	0.1011	0.0547	0.6425	0.3575
2006	0.1738	0.0593	0.0344	0.7325	0.2675
2007	0.1619	0.0534	0.0594	0.7252	0.2748
2008	0.1768	0.0927	0.0547	0.6759	0.3241
2009	0.1717	0.1382	0.0555	0.6346	0.3654
2010	0.1488	0.1827	0.0543	0.6142	0.3858
2011	0.1494	0.1982	0.0467	0.6056	0.3944
2012	0.1554	0.2228	0.0416	0.5801	0.4199
2013	0.1504	0.2490	0.0415	0.5591	0.4409
2014	0.1606	0.3101	0.0323	0.4970	0.5030

图 4 - 16 描述了京津冀区内、区间差异对总差异贡献率的变化趋势，可以看出，2003 年至今区间差异对总差异的影响一直高于区内差异产生的影响，2003年到 2006 年区间差异的作用在逐渐增强，区内差异的作用在降低；2006 年以后，区间差异起到的作用开始减弱，区内的作用开始上升，二者最终在 2014 年交汇在一点，即区间与区内差异对总差异的影响一致。

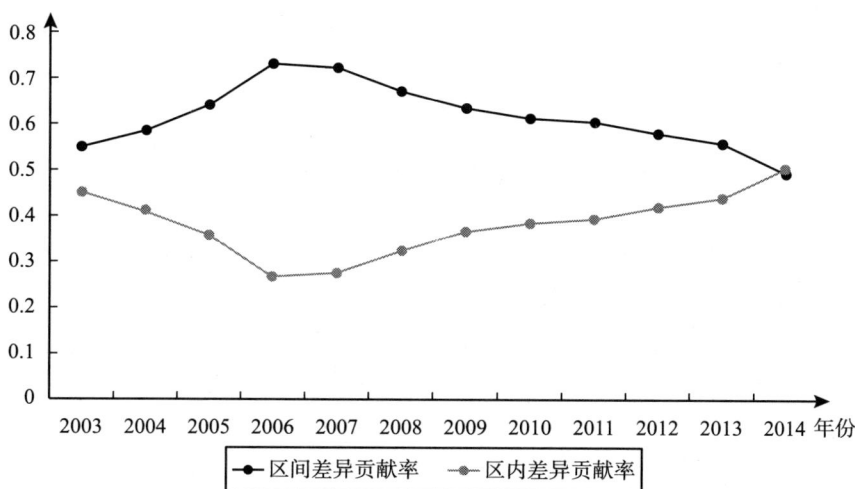

图 4 - 16 京津冀区内、区间对总差异的贡献率

图 4 - 17 为京津冀各省市差异贡献率。2003 ～ 2009 年，北京对总差异的贡献

率远远超过天津和河北，但是呈现出递减的变化趋势。天津对总差异产生的影响变化较大，从 2003 年的接近 0.1849 下降到 2007 年的 0.0534，接下来又开始上升，到 2010 年超过北京达到 0.1827，2010 年后继续增加到 0.3101，这一方面是因为今年来天津经济不断发展，经济总量不断增加，2003 年天津的经济总量在京津冀区域内只占据 10.8% 的份额，而到 2014 年该比例已经达到 27.44%，增加了 2 倍，而同期的北京所占的份额由 31.69% 下降到 28.91%，河北由 57.52% 下降到 43.65%。另一方面，天津的金融规模发展的差异较大，高于北京和河北。这两方面原因使得天津的区域金融发展在对京津冀区域差异的贡献作用提升。河北省对京津冀区域总差异产生的影响一直在较低的水平，中间略有波动，但基本保持不变。

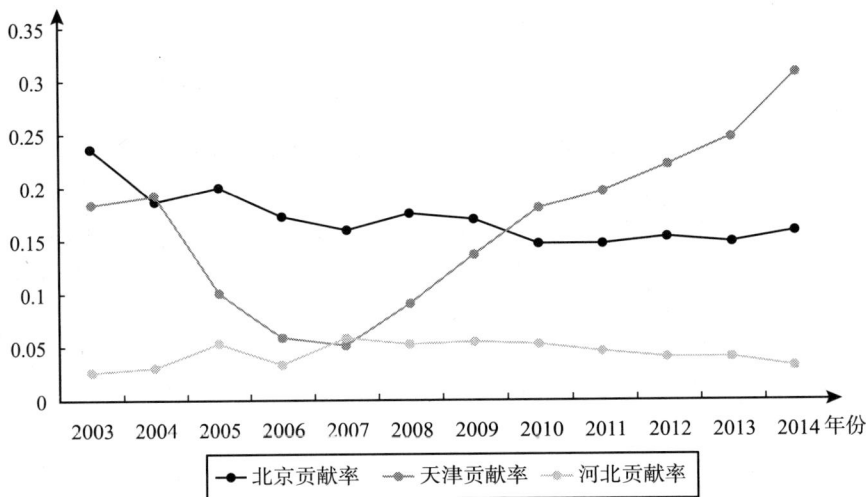

图 4 - 17　京津冀区域差异的贡献率

为了深入分析京津冀区域金融规模差异的情况，本书将京津冀的研究结论同江苏省三地的分解情况进行了对比。

成春林、华桂宏（2013）对江苏省 2001～2011 年苏中、苏南和苏北金融发展规模的区域差异进行了研究，发现江苏省苏南、苏中区域内存贷款差异的泰尔指数整体上呈现下降的变化趋势，苏北地区呈现下降的变化趋势；苏南地区对总差异的贡献递减、苏中递增、苏北基本保持不变；总差异的贡献中，区间差异要大于区内差异。①

---

① 成春林，华桂宏. 金融集聚影响因素的县域分析——基于 2002～2011 年江苏 64 个县市的实证研究 [J]. 江苏社会科学，2013，(6).

这一结论基本与京津冀金融规模发展差异的动态变化一致。事实上，江苏省苏南、苏中和苏北的经济发展状况与京津冀有着很高程度的相似性，苏南地区紧邻上海，金融发展受到上海的辐射，苏北地区经济发展相对落后。因此江苏与京津冀经济发展表现出很大的相似性，这也从侧面验证了本书结论的稳健型。但是从具体度量的数值来看，京津冀与江苏省三地之间还是表现出一定的差别。

从区内差异来看，江苏省金融规模差异的泰尔指数苏南地区最大为 0.018 左右，到 2011 年下降到 0.008 左右；而苏中和苏北地区的金融规模差异的泰尔指数均值基本位于 0.0004 左右。相比来说，京津冀三地的金融规模差异的泰尔指数要远高于江苏省三地，天津最高时达到 0.3 左右，近年来虽然下降但也处于 0.1 以上的水平；北京和河北的金融规模差异的泰尔指数也远高于江苏三地。

从区间和区内差异贡献率来看，由于江苏省三地内部的差异较小，因此江苏省的区间差异要高于区内差异，且呈现出不断增加的趋势，2011 年占比高达 77.3%；而京津冀区间差异虽也大于区间差异，但由于京津冀各地区内差异较大，使得区间差异的贡献要小于江苏，且区间差异的贡献近年来在不断地降低。

综上所述，我们可以得出以下结论：(1) 京津冀区域金融规模总差异呈现出下降的趋势；总差异主要受到区间差异的影响，区间差异在逐渐降低，相对而言，区内差异呈现出上升的趋势；2014 年，区间差异和区内差异交于一点，因此基于京津冀 43 个区县市的角度研究京津冀区域金融发展及其差异有着非常重要的意义。(2) 在京津冀区域金融发展中，天津市各区县金融规模差异的泰尔指数高于北京和河北，意味着天津金融规模内部差异化程度较大，这与天津的经济发展水平迅速提高和市场化程度的不断深入有着密切的关系；较大的金融规模差异和经济发展水平明显的提升，也使得天津对金融总差异的贡献率处在较高的水平。(3) 与江苏省三地对比发现，京津冀三地内部差异还是较大的，且近年来京津冀三地的区内差异在不断增加。因此，缩小三地内部发展差异对促进各地的经济发展有着一定的必要性。

4.4　京津冀区域金融非均衡发展的影响因素

通过测算京津冀区域金融差异的泰尔指数发现，区域间金融发展的非均衡性较为明显，区域金融业的非均衡发展使得京津冀区域经济的差距加大。在京津冀协同发展的大背景下，如何缩小区域发展差异，使京津冀区域经济由不均衡向均衡发展就成为我们必须关注的重点问题之一。本节从影响金融发展的因素出发，分析京津冀区域金融业非均衡发展的成因，从而为促进京津冀金融协同发展提供参考。

4.4.1 面板数据模型

面板随机效应模型一般分为 3 种，即混合模型、固定效应模型和随机效应模型，模型的筛选方法一般采用 Hausman 检验。

1. 混合模型

若面板模型表示为：

$$y_{it} = \alpha_i + x_{it}\beta + \varepsilon_{it}, \quad (i = 1, 2, \cdots, N; \ t = 1, 2, \cdots, T)$$

其中 y_{it} 为被解释变量，α 表示截距项，x_{it} 为 $k \times 1$ 阶解释变量，β 为回归系数，ε_{it} 为随机误差项。混合模型的特点是不管对任何个体和截面，回归系数 α 和 β 都是相同的。

2. 固定效应模型

固定效应模型假定未观测到的个体差异由各自不同的常数项表示，并且该常数项不随时间变化而变化，为非随机的。模型的基本形式为：

$$y_{it} = \alpha_i + x_{it}\beta + \varepsilon_{it} \quad (i = 1, 2, \cdots, N; \ t = 1, 2, \cdots, T)$$

其中，α_i 为常数项，是个体影响，与解释变量相关，且非随机。ε_{it} 是均值为 0，方差为 σ_ε^2 的独立同分布随机变量，并且和 $(x_{i1}, \cdots, x_{iT})$ 不相关。

3. 随机效应模型

随机效应模型将模型中用来反映个体差异的截距项分为常数项和随机项，随机项反映模型中被忽略的以及个体差异的影响，同解释变量无关。模型的基本形式为：

$$y_{it} = (\alpha + \nu_i) + x_{it}\beta + \varepsilon_{it} (i = 1, 2, \cdots, N; \ t = 1, 2, \cdots, T)$$

其中，α 为解释变量中的常数项，ν_i 为截距项中的随机变量部分，表示个体的随机影响。ν_i 和 ε_{it}、x_{it} 不相关。

4. Hausman 检验

当面板数据模型不能够满足相应的假设条件，个体随机效应模型的广义最小二乘估计量将不会符合无偏性。此时固定效应模型的组内估计量并不会受到有偏性的影响。此时，利用一阶差分估计以及组内估计的方法对固定效应模型进行估计。

Hausman 检验的原假设 H0：个体影响与解释变量不相关，即个体符合随机效应影响模型；备择假设 H1：个体影响与解释变量相关，即个体符合固定效应模型。检验统计量为：

$$W = (b_{CV} - b_{GLS})'\left[\,\mathrm{var}(b_{CV}) - \mathrm{var}(b_{GLS})\,\right]^{-1}(b_{CV} - b_{GLS})$$

其中，b_{CV} 和 b_{GLS} 分别为固定效应模型和随机效应模型的估计参数。当原假设成立，W 服从自由度为 k 的卡方分布。因此，将上述统计量与卡方分布的临界值作对比，就可以判断是否原假设成立。

4.4.2 变量的选取和数据来源

在考虑影响京津冀区域金融发展的因素方面，本书将金融相关比率（FIR）作为被解释变量。对京津冀区域金融发展差异产生的原因主要从金融效率、产出外溢效应、政府行为、经济开放程度、技术水平和经济基础几个方面考虑。具体的被解释变量与解释变量的含义与计算方法如表 4 - 17 所示。

表 4 - 17　　　　　　　　　　　　变量选取和计算方法

分类	名称	符号	计算方法
被解释变量	金融相关比率	Fir	银行的存贷款之和与相应的国内生产总值的比值
解释变量	金融效率	Fin	银行贷款与银行存款的比值
	产出外溢效应	Ser	第三产业产值与相应的地区生产总值的比值
	经济开放程度	Open	进出口总额与相应的地区生产总值的比值
	经济基础	GDP	地区生产总值
	政府行为	Gov	财政支出
	信息化水平	Infor	各城市的邮电业务总量
	交通便利	Tra	各城市的公路里程

本书采用京津冀 13 个城市 2003 ~ 2014 年的面板数据，数据来源于历年《北京统计年鉴》、《天津统计年鉴》、《河北统计年鉴》和各城市的历年统计公报。

根据研究所需数据和所选变量，本书构建的面板数据模型为：

$$\ln Fir = C + \alpha \ln Fin + \beta \ln Ser + \gamma \ln Open + \delta \ln GDP + \sigma \ln Gov + \theta \ln Infor + \psi \ln Tra + \varepsilon$$

4.4.3 面板数据的单位根检验和协整检验

当经济变量为非平稳时，如果直接对变量进行回归，很可能出现伪回归的现象。为避免伪回归，需对面板数据进行单位根检验，检验结果如表 4 - 18 所示。

表 4 – 18   面板数据单位根检验结果

变量	$\Delta\ln Fir$	$\Delta\ln Fin$	$\Delta\ln Ser$	$\Delta\ln Open$	$\Delta\ln Gdp$	$\Delta\ln Gov$	$\Delta\ln Infor$	$\Delta\ln Tra$
LLC	– 65. 07 ***	– 17. 87 ***	– 32. 74 ***	– 19. 74 ***	– 8. 63 ***	– 14. 74 ***	– 8. 49 ***	– 9. 25 ***
IPS	– 14. 04 ***	– 5. 58 ***	– 9. 77 ***	– 5. 46 ***	– 2. 95 ***	– 4. 43 ***	– 4. 27 ***	– 4. 94 ***
ADF	98. 22 ***	84. 50 ***	86. 94 ***	79. 33 ***	56. 01 ***	72. 63 ***	59. 27 ***	66. 91 ***
PP	63. 30 ***	97. 64 ***	39. 74 ***	108. 16 ***	78. 92 ***	74. 89 ***	59. 10 ***	67. 17 ***

注：*** 表示在 1% 水平下显著。

从表 4 – 18 中可以看出，$\ln Fir$、$\ln Fin$、$\ln Ser$、$\ln Open$、$\ln Gdp$、$\ln Gov$、$\ln Infor$、$\ln Tra$ 的一阶差分序列在 1% 的水平上通过显著性检验，也就是说这些变量是一阶单整的。对协整关系的检验，本书首先通过回归分析对回归方程进行检验，然后对其残差项进行检验，结果见表 4 – 19。

表 4 – 19   残差的单位根检验

分类	统计量	P 值
LLC	– 12. 7328	0. 0000
IPS	– 5. 3006	0. 0000
ADF – isher	72. 6293	0. 0000
PP – Fisher	60. 4221	0. 0000

表 4 – 19 表明残差序列是平稳的，即变量之间存在着长期平稳关系，也就是存在协整关系。

4.4.4 分析过程

对面板数据进行 Hausman 检验，检验结果如表 4 – 20 所示。

表 4 – 20   Hausman 检验结果

原假设	卡方统计量	卡方统计量的自由度	P 值
随机效应	40. 6684	7	0. 0000

Hausman 的检验统计量为 40. 6684，伴随概率为 0. 0000。因此拒绝随机效应模型，建立固定效应模型。固定效应模型的估计结果见表 4 – 21。

表 4 - 21　　　　　　　　　　　　面板固定效应模型估计结果

变量	系数	标准差	T 统计量	概率值
C	1.735528	0.161499	10.74634	0.0000
lnFin	0.470630	0.066394	7.088483	0.0000
lnGdp	0.730991	0.075083	9.735726	0.0000
ln$INfor$	0.008785	0.019724	0.445393	0.6567
lnTra	− 0.083688	0.037041	− 2.259331	0.1255
lnSer	0.240070	0.073377	3.271738	0.0014
lnGov	0.650797	0.052645	12.36196	0.0000
ln$Open$	− 8.62E − 05	0.018723	− 0.004605	0.9963
R^2	0.9694	F	226.7075	
DW	1.2303	P（F）	0.0000	

从表 4 - 21 中可以看出，R^2 为 0.9694，F 值为 226.7075，这说明模型的拟合程度很好。

经济发展水平对京津冀区域金融协同发展起到正向的推动作用，且回归结果在 10% 的水平下通过了显著性检验，并且经济发展水平对金融发展的促进作用最高，这与理论相符。京津冀区域经济的发展存在着很大的差异，北京、天津经济发展水平较高，河北各城市经济发展水平较低，经济发展水平的较大差别造成京津冀区域金融业发展的不均衡。

政府行为对京津冀区域金融发展也起到了显著的促进作用，且这种作用力度仅次于经济发展水平因素。因为政府通过制定合理的金融发展政策、监管金融市场的有效运行来发挥自己的作用，这将对金融市场的健康发展起到重要的作用。在京津冀区域经济的发展过程中，出现市场失灵的情况在所难免，同时京津冀区域金融发展存在壁垒，政府必须通过相应干预，才能有效地促进京津冀金融协同发展。

金融效率对京津冀区域的金融发展起到了明显的促进作用，该促进作用低于政府行为因素。金融市场是一个逐利的市场，金融资源会在区域经济之间流动，当区域经济间贷款利率存在差别时，高利润的经济体将会诱使金融资源不断流入，从而提高经济体的金融效率，形成金融集聚现象，促进相应经济体的金融发展。相反，如果经济体内的金融资源流动作用较弱，即区域经济的金融集聚效应较弱，金融资源的流出将会减少，这不利于经济体的金融发展。

产业溢出效应对京津冀区域的金融发展起到了促进作用，回归结果在 10%的水平上通过显著性检验。金融业属于第三产业，行业的快速发展离不开良好环境的支撑。因此，第三产业的健康快速发展，将为区域金融业的发展提供环境支撑，从而必将加快区域金融业的发展。

信息化水平对金融发展起到了正向的促进作用，但回归结果不显著，这可能是由于指标选取上存在问题。现代社会的计算机、移动网络和通信设备快速发展，邮电业务总量对于信息化水平未必是一个最好的指标，因为该指标并未反映互联网通信等现代手段的情况。交通运输便利程度对区域金融发展起到负向的作用，但结果不显著。这可能是由于现代金融的发展更多地依靠于高新技术，而曾经对区域经济发展起到重要作用的交通运输等，其现阶段的影响效应正在逐渐降低。

经济开放程度对京津冀区域金融发展起到负向作用，但是回归结果不显著。这一结果与实际经济理论有些冲突。因为区域经济之间资源流动的前提是各经济体之间保持开放，当区域经济的经济体之间保持开放时，各个区域经济内的经济体能够更加顺畅地参与区域经济之间的经济活动，这将使区域经济体内金融资源更易流动。所以，不同的开放程度将导致区域经济金融发展非均衡。考虑到京津冀区域间城市大多为内陆城市，相比于沿海地区，对外开放程度较低，这有可能使得经济开放程度没有起到应有的促进区域金融发展的作用。

4.5 本章小结

本章首先分析了京津冀银行、证券和保险金融机构的区域发展情况，并进行了区域和各城市的比较，结果显示无论从京津冀三大区域还是13城市范围来看，京津冀金融业均表现出明显的非均衡发展特征。分13城市来看，无论是银行业、证券业还是保险业，河北省11城市同北京、天津有着较大的差距，且河北省内部也表现出较大的差异，经济发展水平高的石家庄和唐山的金融发展水平要显著高于其他城市；从区域角度看，河北各城市金融资源大量流出，且金融资源倾向于流向北京，金融资源空间集聚的黑洞效应明显。

其次，通过因子分析分析了京津冀区域金融发展水平差异。因子分析提取了四个因子：经济基础、银行业水平、银行业效率以及对外开放程度，这四个因素是影响区域金融发展的主要因素；聚类分析将京津冀13城市划分为5类，北京、天津、唐山各自为一类，其余城市化为两类。总体看来，北京和天津因其政治因素及历史因素，无论是在金融生态环境还是金融发展水平均占有较大的资源，使其发展水平远高于河北省各城市；河北各城市存在较明显的金融发展差异，其中石家庄和唐山的金融发展相对较好，但是仍存在较大的改进空间。

然后，我们运用泰尔指数分析了京津冀三大区域金融发展的差异性。从区内来看，天津金融规模差异的泰尔指数较大，这与近年来天津经济的快速发展有着较为密切的关系，其次是北京，河北金融规模差异的泰尔指数较小，这与河北省优质的金融资源不断地向北京和天津流动有着较为密切的关系，河北省有陷入低水平恶性循环陷阱的风险；从三地对总差异的贡献率来看，天津的贡献率较大，其次是北京，最后是河北。从区间差异来看，京津冀的区间差异要大于区内差异，京津冀三地的总差异呈现出降低的变动趋势。

最后，本书建立了影响金融非均衡影响因素的面板模型，得出京津冀区域金融发展更多的应该注重区域经济发展水平的均衡，通过提高整体经济发展水平来带动区域金融协同发展。政府在京津冀区域金融发展中扮演着重要的角色，京津冀三地政府应该加强分工合作，培育良好的金融生态环境，促进区域金融协同发展。金融效率和产出外溢效应对京津冀区域金融协同发展也起到了显著促进作用。而信息化水平、交通便利程度和经济开放程度并没有对京津冀区域金融发展起到显著促进作用。

第 5 章

京津冀区域金融效率非均衡性分析

区域金融业的快速发展同区域经济增长之间有着紧密的联系。京津冀区域经济增长呈现出明显非均衡的状态，金融业发展的非均衡是其重要的体现。如何去衡量金融业发展，学术界通常使用金融效率来衡量一国或一地区的金融发展水平。金融效率就是如何去实现金融资源的充分且高效的利用，也就是最大限度地实现金融资源的优化配置。一般来说，金融效率包括微观金融效率和宏观金融效率，宏观金融效率涉及一国或一地区的金融制度问题，强调在金融制度限制下，金融系统的内部对金融资源的配置问题；微观金融效率强调的是微观主体的作用，即微观主体如何去最大化地使用金融资源。在京津冀区域，北京作为全国的首都城市，聚集着大量的金融资源；天津作为经济崛起的城市，也在不断吸收周边流入的金融资源；而河北经济发展水平落后，金融资源面临向北京、天津流动的压力；金融业发展的不平衡，成为制约京津冀区域金融业健康持续发展的巨大障碍。本书利用金融效率来衡量区域金融非均衡，因此，评价京津冀区域金融发展效率，并对其进行有效监管，对金融资源优化意义重大。[①]

对效率进行评价的方法很多，DEA 模型在效率评价中应用很广泛。查纳斯（Charnes，1978）在规模报酬不变的情况下，得出投入导向型的 DEA 模型；班克尔（Banker，1984）等在查纳斯的基础上，将规模报酬不变的假设放宽为规模报酬可变，并得出规模报酬可变的 DEA 模型。沃辛顿和鲁杰罗（Worthington and Ruggiero）认为 DEA 模型中应该考虑外部环境的影响，否则会使实际测得的效率值与实际值发生偏离。国内也有学者运用这一方法研究区域金融发展效率问题，杨海文、程丽雯等（2014）利用 1994~2011 年中国 29 个省市的面板数据，在超效率 DEA - TOBIT 两阶段分析框架下研究了中国金融资源配置效率；周月书、刘杰（2014）利用 2002~2011 年江苏省 50 个县域的面板数据，运用 DEA - Tobit

---

① 杨德勇. 金融效率论 ［M］. 北京：中国金融出版社，1999.

两阶段法，在测算农村资金配置效率的基础上，分析了农村金融市场结构变化对农村资金配置效率的影响。

另外，Malmquist 指数可以用来分析产业间效率变化情况，也可用于分析区域金融发展效率的非均衡性。斯特恩·马姆奎斯特（Sten Malmquist，1953）构造了 Malmquist 指数，谢菲尔得（Shephard）根据生产函数对 Malmquist 指数给予了新的定义，凯夫斯（Caves）将 DEA 理论引入 Malmquist 指数。实证研究方面，秋广（Akihiro）等通过 Malmquist 指数对日本制药产业的技术效率进行研究；刘兴凯利用 Malmquist 指数分析我国三大区域的全要素生产率，得出全要素生产率主要取决于技术进步与技术效率的影响。

为掌握京津冀各城市金融发展的技术效率和规模效率，以及不同城市金融技术水平及其变动的"追赶效应"和"增长效应"，本书借助 Malmquist 指数以及 DEA – Tobit 模型研究 2005～2013 年京津冀 13 个城市的金融发展效率及其变动情况。

5.1　模型原理与变量选择

5.1.1　Malmquist 指数

Malmquist 指数是一种非参数方法，用来计算投入产出率，其遵循的原则是距离函数的比例关系。本书借鉴菲尔（Fare）等人（1994）提出的 Malmquist 指数，将京津冀 13 个城市分别作为一个独立的生产决策单元，通过将每个生产决策单元的实际生产面同最佳前沿面进行对比，从而反映出每一个生产决策单元的全要素生产率变化情况。例如，将 $D^t(x^t, y^t)$ 表示成 t 时刻某个生产决策单元的相对有效性，那么在 t 时期的技术水平下，由 t 时期到 $t+1$ 时期全要素生产率变化的 Malmquist 指数为：

$$M^t = \frac{D^t(x^{t+1}, y^{t+1})}{D^t(x^t, y^t)}$$

同样，$t+1$ 时期的技术条件下，由 t 时期到 $t+1$ 时期的 Malmquist 指数为：

$$M^{t+1} = \frac{D^{t+1}(x^{t+1}, y^{t+1})}{D^{t+1}(x^t, y^t)}$$

其中，x 和 y 分别为投入与产出。那么二者的几何平均值可以表示两时期的生产率变化，即：

$$M = (M^t \times M^{t+1})^{\frac{1}{2}}$$

菲尔认为两时期的生产率变化应该包括技术进步变化（TECHCH）和技术效率变化（EFFCH）：

$$M(x^t,\ y^t,\ x^{t+1},\ y^{t+1}) = \frac{D^{t+1}(x^{t+1},\ y^{t+1})}{D^t(x^t,\ y^t)} + \left(\frac{D^t(x^{t+1},\ y^{t+1})}{D^{t+1}(x^{t+1},\ y^{t+1})} \times \frac{D^t(x^t,\ y^t)}{D^{t+1}(x^t,\ y^t)}\right)^{\frac{1}{2}}$$

$$EFFCH = \frac{D^{t+1}(x^{t+1},\ y^{t+1}\mid VRS)}{D^t(x^t,\ y^t\mid VRS)},\ TECHCH = \left(\frac{D^t(x^{t+1},\ y^{t+1})}{D^{t+1}(x^{t+1},\ y^{t+1})} \times \frac{D^t(x^t,\ y^t)}{D^{t+1}(x^t,\ y^t)}\right)^{\frac{1}{2}}$$

同时，菲尔还将技术效率变化（EFFCH）进行了分解，得到纯技术效率变化（PEFFCH）和规模效率变化（SECH），即：

$$PEFCH = \frac{D^{t+1}(x^{t+1},\ y^{t+1}\mid VRS)}{D^t(x^t,\ y^t\mid VRS)}$$

$$SECH = \frac{D^{t+1}(x^{t+1},\ y^{t+1}\mid CRS)}{D^{t+1}(x^{t+1},\ y^{t+1}\mid VRS)} \times \frac{D^t(x^t,\ y^t\mid VRS)}{D^{t+1}(x^t,\ y^t\mid CRS)}$$

因此 Malmquist 指数最终被分解为：

$$M = EFFCH \times TECHCH = PEFFCH \times SECH \times TECHCH$$

式中，EFFCH 表示规模报酬不变条件下，并且要素可自由处置下的效率变化指数，它衡量了由 t 时期到 $t+1$ 时期的决策评价单元（DMU）到最佳生产可能性边界的追赶程度，记为"追赶效应"。TECHCH 表示技术进步变化指数，衡量了从 t 时期到 $t+1$ 时期技术边界的移动情况，记为"增长效应"。当 EFFCH > 1 时，表明决策评价单元更加接近生产前沿，相对技术效率得到提升；当 TECHCH >1 时，表明技术发生了进步或者技术创新，这时生产前沿面向上发生移动。

5.1.2　DEA – Tobit 模型

DEA 方法测算的是各决策单元间的相对效率，并没有评估效率受到哪些因素的影响以及影响程度。为分析效率影响因素，衍生出了一种两步法，即将测算出的效率值作为被解释变量，将影响效率的相关因素作为解释变量，通过建立回归模型进行分析。但是，DEA 方法测算的效率值介于 0、1 之间，传统的普通最小二乘法的估计值是有偏的。因此，托宾（Tobin，1958）提出了"Tobit 模型"，该模型分为两个阶段：

第一阶段：通过传统评价方式评价决策单元效率。查纳斯（Charnes）等通过 DEA 方法构建 CCR 模型，计算固定规模报酬条件下决策单元的有效性；班克尔（Banker）等提出规模报酬可变的 BCC 模型。DEA 模型分为投入导向型和产出导向型，本书利用投入导向型（在产出一定的情况下如何使投入最小）的 DEA 模型进行效率分析。在第一阶段有：

$$\underset{\theta, \lambda}{\text{Min}\theta}$$
$$\text{st } \theta x_i \geqslant X\lambda$$
$$Y\lambda \geqslant y_i$$
$$e^T \lambda = 1$$

其中$x_i \geqslant 0$为第i个决策单元$N \times 1$的投入向量，$y_i \geqslant 0$为第i个决策单元$M \times 1$的产出向量，$X = [x_1, \cdots, x_I]$是决策单元集合的$N \times I$投入矩阵，$Y = [y_1, \cdots, y_I]$是决策单元集合的$M \times I$产出矩阵，$\lambda = [\lambda_1, \cdots, \lambda_I]^T$为一个$I \times 1$维向量，$e = [1, \cdots, 1]^T$为一个$I \times 1$维向量，决策单元集合中共有$I$个决策单元。

第二阶段：构建 Tobit 模型如下：

$$Y_t^* = a_t + \sum_{j=1}^{r} \beta_i x_{tj} + \varepsilon_t \quad (t = 1, 2, \cdots, n, \ j = 1, 2, \cdots, r)$$

其中Y_t^*为金融效率，$t = 1, 2, \cdots, n$为城市个数，$j = 1, 2, \cdots, r$为影响金融效率的因素。

5.1.3　变量选取和数据来源

本书研究思路是：首先，通过 Malmquist 指数测算京津冀 13 个城市的金融业效率变动的"增长效应"和"追赶效应"，然后采用 DEA – Tobit 模型研究京津冀区域金融效率的差异化，其中，各个决策单元分别对应京津冀 13 个城市。对于变量的选取，本书在参考徐晓光（2014）、邓淇中（2015）等学者相关研究成果的基础上，确定两个产出变量，一是金融增加值，二是代表金融资源数量的指标，采用存贷款总额与相应的地区人口比值来衡量；确定两个投入变量，一是存贷比（贷款/存款），二是金融机构从业人员密度，采用金融业从业人员与总就业人员的比值来衡量。

对于 Tobit 模型影响因素的选取，从金融相关比率、产出外溢效应、政府行为、经济开放程度、经济基础和交通便利程度等几个方面考虑。数据来源于历年《北京统计年鉴》、《天津统计年鉴》、《河北统计年鉴》以及 Wind 数据库。

5.2　京津冀区域金融效率评价

5.2.1　基于 Malmquist 指数的金融效率动态评价

通过前面的分析，将京津冀区域金融业的全要素生产率划分为技术进步指数和技术效率变化指数，技术进步指数解释了生产前沿边界的移动情况，反映了"增长效应"；而技术效率指数解释了决策单位（各城市）靠近当期生产前沿的情况，反映了效率的"追赶效应"。同时，技术效率变化指数又可分解为纯技术效率变动和规模效率变动。接下来，运用前面选取的投入、产出数据，从动态角度测算 2005~2013 年京津冀区域金融效率的发展趋势和变化，从而可以为优化京津冀各城市的金融效率提供科学依据，京津冀区域金融业 Malmquist 指数计算结果如表 5-1 所示。

表 5-1　　　2005~2013 年京津冀区域金融业 Malmquist 指数测算及分解

区域	FIRM	技术效率	技术进步效率	纯技术效率	规模效率	全要素生产率
京	北京	1	1.1	1	1	1.1
津	天津	1.043	1.097	1.015	1.027	1.144
冀	石家庄	1.019	1.059	1.001	1.018	1.079
	唐山	1.067	1.067	1.008	1.058	1.139
	秦皇岛	1.060	1.063	1.015	1.044	1.127
	邯郸	1.094	1.075	1.012	1.080	1.176
	邢台	1.056	1.075	0.995	1.061	1.135
	保定	1.039	1.073	1.000	1.039	1.115
	张家口	1.071	1.075	0.995	1.077	1.152
	承德	1.055	1.075	0.992	1.063	1.134
	沧州	1.053	1.075	1.006	1.047	1.132
	廊坊	1.069	1.071	1.007	1.061	1.145
	衡水	1.057	1.075	1.014	1.042	1.137
	均值	1.058	1.071	1.004	1.054	1.134
	均值	1.052	1.075	1.005	1.047	1.132

从整体上可以看出，2005~2013 年京津冀13个城市的全要素生产率的平均值为 1.132，这说明相比 2005 年，2013 年京津冀全要素生产率提高了 13.2 个百分点；技术进步指数的平均值为 1.075，这说明在 2005~2013 年，京津冀区域金融业的技术进步指数提高了 7.5 个百分点；技术效率变化指数的平均值为 1.052，这说明在 2005~2013 年，京津冀区域金融的技术效率变化指数提高了 5.2 个百分点。

从京津冀三大区域来看，（1）北京、天津和河北的金融业全要素生产率分别为 1.1、1.144 和 1.134，其中天津最高，其次是河北，最后是北京。表明京津冀金融业生产率的提高呈现出显著的区域性特点。（2）Malmquist 指数是技术进步指数和技术效率指数的乘积，而技术效率指数由纯技术效率和规模效率构成，技术进步率为投入不变的情况下，技术进步带来的产出水平的增加。表5-1同样显示，河北和天津的技术效率指数高于北京，即河北和天津各城市的技术效率提升程度要高于北京，但技术进步率的提升程度低于北京；这表明一定技术条件下，河北各城市、天津的技术资源部分处于闲置，并没有得到充分的利用，因此津、冀各城市的技术效率还有一定的提升空间（技术效率提升幅度较大，说明其还没有达到正常水平）。（3）同时这些城市间的规模效率大于纯技术效率，说明规模效率对技术效率的贡献程度更大，天津和河北各城市更加注重通过形成一定的市场规模来提高金融效率的提高，而忽视了通过技术来促进金融效率的提高。相反，北京的技术效率为1，技术效率已经达到饱和，进一步去提高存在困难。天津和河北各城市技术进步不足，这可能是因为引入技术的条件受到一定的限制，使得这些城市将重点放在短期内提高金融效率所致；相反，北京金融开放性相对更强，引入新技术的门槛低，同时更加看重金融效率的长远提高，从而更加愿意去接受更高端的技术。

从各决策单元角度看每个城市的全要素生产率，（1）所有城市全要素生产率均大于1，这表明京津冀区域各城市的金融发展效率都处在提升阶段。邯郸和张家口的效率值处在13个城市的首位，说明2005年以来这两个城市的金融效率得到显著的提高。这可能是因为这两个城市的金融发展起点低，在近年的发展中得到相关政策支持，金融领域深化改革、金融制度完善等原因所致。（2）河北省其他城市效率值均大于1，说明河北省近年来大力发展金融业的各项举措取得了明显的效果，整体金融业发展速度较快；同时，河北省不断学习先进的理念和管理知识，使得省内金融行业管理制度不断完善，从而提高各城市的金融效率值。北京金融业全要素生产率处在13个城市中较低的水平，但也超过了1。一方面说明北京金融业一直比较发达，金融业效率提升比较平稳；另一方面也说明，过去10年间北京的金融效率值整体上依然得到较快的提升，这与北京作为首都城市，聚集着大量优质金融资源，并且长期从事金融创新有着密切的关系。（3）整体而言，天津和河北各城市金融效率提升较快，其金融发展还处在成长期阶段，北京金融效率提升较慢，与其金融发展已处在成熟期阶段有关。京津冀区域13个城市的金融业技术效率变化指数均大于1，表现出一定的"追赶效应"；同时，在技术进步指数上，所有城市均大于1，也表现出相应的"增长效应"。

表5-2~表5-4表示的是2005~2013年京津冀区域13城市金融业生产率指数的每年测算结果，其中ML代表Malmquist指数，即全要素生产率，EC代表技术效率指数，TC代表技术进步指数。

表 5-2   京津冀区域金融业生产率指数测算 （一）

城市	2006/2005			2007/2006			2008/2007		
	ML	EC	TC	ML	EC	TC	ML	EC	TC
北京	1.088	1	1.0880	1.147	1	1.1470	1.152	1	1.1520
天津	0.999	1.019	0.9804	1.138	1.138	1.0000	1.073	1.002	1.0709
石家庄	0.882	0.882	1.0000	1.043	1.043	1.0000	1.100	1.027	1.0711
唐山	1.071	1.091	0.9817	1.188	1.188	1.0000	1.157	1.080	1.0713
秦皇岛	1.048	1.068	0.9813	1.160	1.160	1.0000	1.047	0.977	1.0716
邯郸	1.039	1.059	0.9811	1.175	1.175	1.0000	1.031	0.963	1.0706
邢台	1.051	1.071	0.9813	1.158	1.158	1.0000	1.076	1.005	1.0706
保定	1.077	1.098	0.9809	1.011	1.011	1.0000	1.076	1.005	1.0706
张家口	1.054	1.075	0.9805	1.158	1.158	1.0000	1.205	1.125	1.0711
承德	1.120	1.141	0.9816	1.108	1.108	1.0000	1.143	1.067	1.0712
沧州	1.057	1.077	0.9814	1.168	1.168	1.0000	1.053	0.984	1.0701
廊坊	1.042	1.063	0.9802	1.161	1.161	1.0000	1.068	0.997	1.0712
衡水	1.040	1.060	0.9811	1.178	1.178	1.0000	1.065	0.995	1.0704

表 5-3   京津冀区域金融业生产率指数测算 （二）

城市	2009/2008			2010/2009			2011/2010		
	ML	EC	TC	ML	EC	TC	ML	EC	TC
北京	1.102	1	1.1020	1.094	1	1.0940	1.061	1	1.0610
天津	1.330	1.172	1.1348	1.152	1.029	1.1195	1.032	1	1.0320
石家庄	1.219	1.075	1.1340	1.120	1.031	1.0863	1.063	1.094	0.9717
唐山	1.128	0.994	1.1348	1.127	1.022	1.1027	1.101	1.127	0.9769
秦皇岛	1.251	1.103	1.1342	1.115	1.020	1.0931	1.145	1.174	0.9753
邯郸	1.703	1.501	1.1346	1.159	1.031	1.1242	0.924	0.936	0.9872
邢台	1.241	1.094	1.1344	1.141	1.015	1.1241	1.176	1.191	0.9874
保定	1.247	1.099	1.1347	1.178	1.048	1.1240	1.105	1.119	0.9875
张家口	1.228	1.083	1.1339	1.171	1.041	1.1249	1.185	1.201	0.9867
承德	1.262	1.113	1.1339	1.149	1.022	1.1243	1.055	1.068	0.9878
沧州	1.242	1.095	1.1342	1.137	1.011	1.1246	1.188	1.203	0.9875
廊坊	1.285	1.132	1.1352	1.152	1.029	1.1195	1.179	1.200	0.9825
衡水	1.232	1.086	1.1344	1.157	1.029	1.1244	1.176	1.191	0.9874

表 5 - 4   京津冀区域金融业生产率指数测算（三）

城市	2012/2011			2013/2012		
	ML	EC	TC	ML	EC	TC
北京	1.074	1	1.0740	1.088	1	1.0880
天津	1.263	1	1.2630	1.206	1	1.2060
石家庄	1.124	1.023	1.0987	1.116	0.995	1.1216
唐山	1.323	1.160	1.1405	1.037	0.903	1.1484
秦皇岛	1.138	1.010	1.1267	1.123	0.986	1.1389
邯郸	1.170	0.998	1.1723	1.361	1.182	1.1514
邢台	1.130	0.964	1.1722	1.119	0.971	1.1524
保定	1.120	0.967	1.1582	1.123	0.976	1.1506
张家口	1.153	0.983	1.1729	1.070	0.929	1.1518
承德	1.031	0.883	1.1676	1.221	1.059	1.1530
沧州	1.119	0.954	1.1730	1.102	0.957	1.1515
廊坊	1.131	0.982	1.1517	1.157	1.009	1.1467
衡水	1.131	0.965	1.1720	1.125	0.977	1.1515

表 5 - 2 ~ 表 5 - 4 显示了京津冀区域金融 Malmquist 指数历年的动态变化情况。可以看出，京津冀 Malmquist 指数在各年份均处于 1 以上，说明全要素生产率呈现出逐年上升的变化趋势，同时 Malmquist 指数表现出一定的波动状态，说明每年的增长幅度存在着一定差别。根据 Malmquist 指数的分解结果，2005 ~ 2007 年技术效率指数高于技术进步指数，而到 2008 ~ 2013 年技术进步指数超过技术效率指数，这表明在 2005 年技术效率指数对全要素生产率起到主导作用，到 2008 年技术进步指数取代了技术效率指数，全要素生产率主要依靠技术进步指数。同时根据 2011 年的分解结果，技术进步指数低于技术效率指数，而此时的全要素生产率明显低于前面年份，这有力地证明了技术进步指数对全要素生产率起到主要作用，这同根据 2005 ~ 2013 年京津冀区域金融整体测算结果一致。

进一步，分析京津冀金融效率空间动态分布特征。从第一阶段（2006 ~ 2008 年）到第三阶段（2012 ~ 2013 年），京津冀 TFP 由南北高中间低的分布特征变为东北部较高。其中，北京 TFP 由高变低，天津由低变高，邯郸也有显著的提高。从 TFP 内部变动看，（1）规模效率整体上北部表现较高，随后转移到东部地区。南部地区的沧州、衡水和邢台规模效率降低较快，邯郸显著提高；（2）技术进步较高区域在初期广泛分布在京津冀区域，仅仅天津和廊坊技术进步较低，表明京津冀金融技术进步水平整体上较高，随后这种全局优势有所减弱，在京津冀南北部地区较突出。

5.2.2　基于 DEA 模型的金融效率静态评价

本书采用投入导向的 DEA 模型对 2005 ~ 2013 年京津冀 13 个城市的金融业效率和规模报酬进行评价。利用 DEAP2.1 软件计算 13 个城市各年的综合技术效率值、纯技术效率和规模效率。表 5 – 5 是京津冀 13 城市 2005 ~ 2013 年的综合技术效率值。

表 5 – 5　　　　　　　京津冀金融业 2005 ~ 2013 年综合技术效率值

城市	2005 年	2006 年	2007 年	2008 年	2009 年	2010 年	2011 年	2012 年	2013 年
北京	1	1	1	1	1	1	1	1	1
天津	0.714	0.727	0.827	0.829	0.972	1	1	1	1
石家庄	0.547	0.482	0.502	0.516	0.555	0.572	0.625	0.640	0.637
唐山	0.393	0.429	0.509	0.550	0.547	0.559	0.630	0.731	0.660
秦皇岛	0.362	0.386	0.448	0.438	0.483	0.493	0.579	0.585	0.576
邯郸	0.323	0.342	0.402	0.387	0.581	0.599	0.561	0.56	0.661
邢台	0.312	0.335	0.388	0.389	0.426	0.432	0.515	0.496	0.482
保定	0.304	0.334	0.338	0.339	0.373	0.391	0.437	0.423	0.413
张家口	0.306	0.329	0.381	0.428	0.464	0.483	0.580	0.570	0.530
承德	0.236	0.270	0.299	0.319	0.355	0.363	0.387	0.342	0.362
沧州	0.340	0.366	0.428	0.421	0.461	0.466	0.561	0.535	0.512
廊坊	0.344	0.366	0.425	0.424	0.48	0.493	0.592	0.582	0.587
衡水	0.313	0.332	0.391	0.389	0.422	0.435	0.518	0.499	0.488
冀	0.344	0.361	0.410	0.418	0.468	0.481	0.544	0.542	0.537

通过表 5 – 5 得出，2005 ~ 2013 年北京的综合技术效率值一直保持着 1 的水平，维持较高的技术效率值；天津的综合技术效率值在前期小于 1，但是呈现出较为明显的递增变化状态，到 2010 年综合技术效率达到 1，并且保持着 1 的水平；河北省平均综合技术效率在前期保持递增的变化态势，2012 年和 2013 年呈现出下降的变化状态，同北京、天津相比，技术效率水平较低，最大值才为 0.544，而同期的北京和天津已经达到 1 的水平，甚至在前期的时候已经达到 1，显著高于河北的平均值。分城市来看，河北省各城市的综合技术效率水平同样呈现出递增的变化状态，说明河北省 11 城市近年来的金融业综合技术效率有了一定程度的提高，但是同北京和天津相比，综合技术效率水平起点较低，且后期增长缓慢。在河北省 11 城市中，综合技术效率水平最高的石家庄和唐山仅达到 0.637 和 0.660，同北京和天津相比差距明显。对于这种差距，图 5 – 1 可以比较

明显地显现出京津冀 13 城市的综合技术效率差异。这说明北京和天津不断吸收优质的金融资源，为其技术效率的提高贡献了较大的力量，从而创造保持了效率的绝对优势。

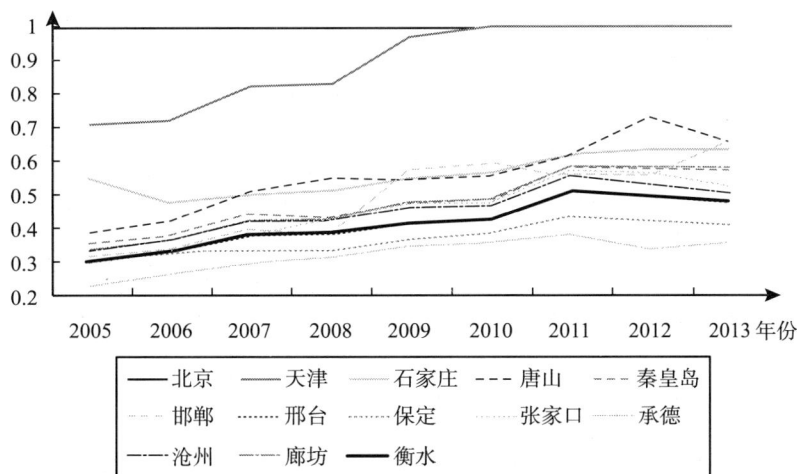

图 5 - 1　京津冀 13 城市金融业综合技术效率

表 5 - 6 显示的是京津冀 13 城市金融业纯技术效率值的测算结果。从表 5 - 6 可以看出，北京的纯技术效率值同样保持在 1 的水平；天津的纯技术效率值前期处于接近 1 的水平，2009 年达到 1 并一直保持；河北省的纯技术效率平均值基本呈现出递增的变化趋势，2012 年达到最高，为 0.908，与北京和天津的差距相对较小。河北省各城市中，保定的纯技术效率值最高，连续九年处在效率的前沿面；其次是邯郸、邢台和衡水，均有 5 年或 5 年以上处在效率的前沿面上；对于剩余的其他城市，大部分城市的纯技术效率水平相对也较高，但秦皇岛和承德的纯技术效率水平仍处在较低的水平，秦皇岛在前期基本处在 0.7 的水平，后期增长速度略有加快，而承德的纯技术效率值处于递减状态（见图 5 - 2）。这说明河北省大部分城市金融业在经营管理水平和金融发展方面差距较小，但不容忽视的是，仍有部分城市金融业纯技术效率值有待提高。

表 5 - 6　　　　　　　　京津冀金融业 2005 ~ 2013 年纯技术效率值

城市	2005 年	2006 年	2007 年	2008 年	2009 年	2010 年	2011 年	2012 年	2013 年
北京	1	1	1	1	1	1	1	1	1
天津	0.885	0.922	0.994	0.999	1	1	1	1	1
石家庄	0.925	0.921	0.789	0.774	0.778	0.816	0.846	0.900	0.935

续表

城市	2005 年	2006 年	2007 年	2008 年	2009 年	2010 年	2011 年	2012 年	2013 年
唐山	0.835	0.789	0.799	0.830	0.762	0.765	0.811	0.934	0.892
秦皇岛	0.752	0.706	0.709	0.706	0.730	0.733	0.789	0.822	0.850
邯郸	0.908	0.893	0.937	0.925	1	1	1	1	1
邢台	1	1	1	1	0.983	0.966	1	1	0.958
保定	1	1	1	1	1	1	1	1	1
张家口	0.866	0.844	0.816	0.906	0.779	0.789	0.896	0.899	0.830
承德	0.746	0.750	0.674	0.681	0.670	0.657	0.651	0.635	0.699
沧州	0.953	0.997	1	1	0.997	0.978	1	1	0.997
廊坊	0.779	0.753	0.722	0.708	0.718	0.726	0.799	0.808	0.827
衡水	0.892	0.899	0.907	0.955	1	1	1	1	1
冀	0.878	0.868	0.850	0.862	0.856	0.857	0.890	0.909	0.908

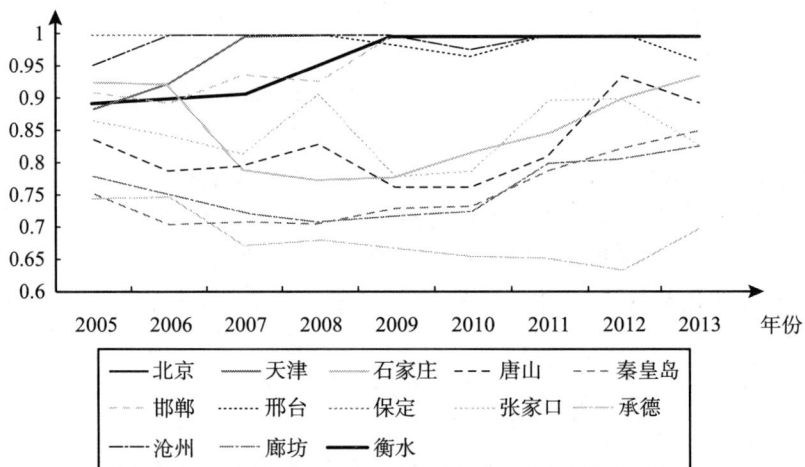

图 5 - 2 京津冀 13 城市金融业纯技术效率

表 5 - 7 和表 5 - 8 显示的是京津冀 13 城市金融业规模效率的测算值。从图 5 - 3 可以看出京津冀 13 城市金融业规模效率是不断上升的，这表明各城市金融业规模得到了不断的扩大，其综合利用金融资源的效率得到一定的提升，同时发现各城市规模收益均表现出递增的变化状态，这表明规模的利用率还有一定的提升空间。北京的规模效率值始终为 1，规模收益呈现出不变的状态，这说明北京已经充分利用其自身的规模效益好处；天津在 2005～2009 年规模效率值不断增加，规模收益呈现递增的变化状态，随后规模效率值达到 1，规模收益不变，这说明天津近年来充分利用金融业规模不断扩大的优势，实现规模效率的不断增

加，最终得到了金融业规模效益的全部好处；河北省平均的规模效率呈现出先增加后减小的变化状态，在 2011 年达到最大值 0.621；分城市来看，河北省 11 个城市的规模效率值呈现出不断增加趋势，说明近年来河北省各城市的规模效率有了一定的提高，实现了金融规模扩大所带来的好处，但是通过与北京和天津的对比发现，河北省各城市的规模效率值还是较低，规模效率值一直领先的唐山达到最大值时仅为 0.783，与北京和天津相差较多，最低的保定和衡水，规模效率值处在 0.5 以下。这说明河北省各城市距离完全吸收规模效益的好处还有一段很长的路要走，应该抓住市场机遇，充分利用规模收益递增的优势，扩张金融业资产规模和业务领域，并且不断地规范和完善金融业发展环境，从而加快提高金融业规模效率。同时发现，河北省各城市中纯技术效率更多地接近效率前沿面的城市，其规模效率将会远离技术前沿面。例如，邯郸、邢台、保定、沧州和衡水在纯技术效率上游更多的时期接近效率前沿面，但其规模效率值却处在较低的水平。相反，北京和天津的纯技术效率和规模效率值均达到了效率前沿面（天津是在分析的后期达到效率前沿面），这说明河北省各城市在发展过程中很难兼顾技术效率与规模效率同时达到最大，容易顾此失彼。

表 5 - 7　　　　　　　　京津冀金融业 2005 ~ 2013 年规模效率值（一）

城市	2005 年		2006 年		2007 年		2008 年		2009 年	
	规模效率	规模收益	规模效率	规模收益	规模效率	规模收益	规模效率	规模收益	规模效率	规模收益
北京	1	—	1	—	1	—	1	—	1	—
天津	0.807	irs	0.788	irs	0.832	irs	0.83	irs	0.972	irs
石家庄	0.591	irs	0.523	irs	0.636	irs	0.667	irs	0.713	irs
唐山	0.471	irs	0.543	irs	0.638	irs	0.663	irs	0.717	irs
秦皇岛	0.481	irs	0.548	irs	0.633	irs	0.621	irs	0.662	irs
邯郸	0.356	irs	0.383	irs	0.429	irs	0.419	irs	0.581	irs
邢台	0.312	irs	0.335	irs	0.388	irs	0.389	irs	0.433	irs
保定	0.304	irs	0.334	irs	0.338	irs	0.339	irs	0.373	irs
张家口	0.353	irs	0.389	irs	0.467	irs	0.473	irs	0.595	irs
承德	0.317	irs	0.36	irs	0.444	irs	0.468	irs	0.53	irs
沧州	0.356	irs	0.367	irs	0.428	irs	0.421	irs	0.462	irs
廊坊	0.442	irs	0.486	irs	0.588	irs	0.598	irs	0.668	irs
衡水	0.351	irs	0.369	irs	0.431	irs	0.407	irs	0.422	irs
冀	0.394		0.422		0.493		0.497		0.560	

注：表中"irs"表示规模报酬递增；"—"表示规模报酬不变。

表 5 - 8　　　　　　　　京津冀金融业 2005 ~ 2013 年规模效率值（二）

城市	2010 年		2011 年		2012 年		2013 年	
	规模效率	规模收益	规模效率	规模收益	规模效率	规模收益	规模效率	规模收益
北京	1	—	1	—	1	—	1	—
天津	1	—	1	—	1	—	1	—
石家庄	0. 701	irs	0. 739	irs	0. 711	irs	0. 681	irs
唐山	0. 731	irs	0. 777	irs	0. 783	irs	0. 740	irs
秦皇岛	0. 673	irs	0. 734	irs	0. 712	irs	0. 678	irs
邯郸	0. 599	irs	0. 561	irs	0. 560	irs	0. 661	irs
邢台	0. 448	irs	0. 515	irs	0. 496	irs	0. 503	irs
保定	0. 391	irs	0. 437	irs	0. 423	irs	0. 413	irs
张家口	0. 612	irs	0. 647	irs	0. 634	irs	0. 638	irs
承德	0. 552	irs	0. 595	irs	0. 539	irs	0. 518	irs
沧州	0. 476	irs	0. 561	irs	0. 535	irs	0. 513	irs
廊坊	0. 68	irs	0. 742	irs	0. 72	irs	0. 710	irs
衡水	0. 435	irs	0. 518	irs	0. 499	irs	0. 488	irs
冀	0. 573		0. 621		0. 601		0. 595	

注：表中"irs"表示规模报酬递增；"—"表示规模报酬不变。

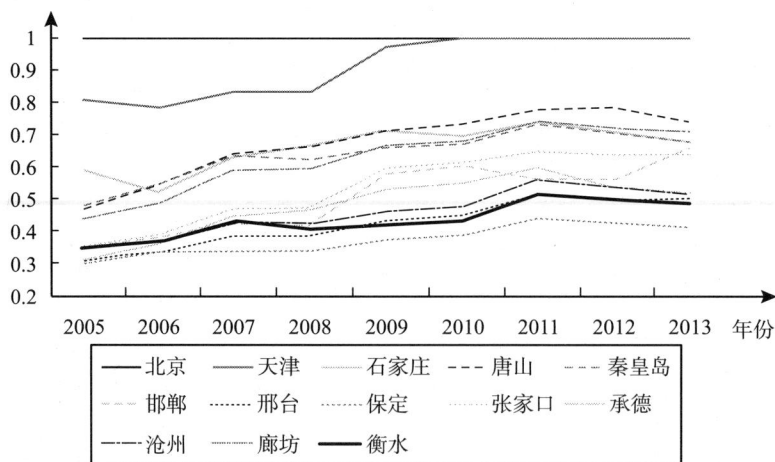

图 5 - 3　京津冀 13 城市金融业规模效率

5.3　基于 DEA – Tobit 模型的京津冀 区域金融效率影响因素分析

本节通过 DEA – Tobit 模型对影响京津冀金融发展技术效率的因素进行分析。首先计算出的各个决策单元（京津冀 13 城市）的效率值；在第二步中，引入 Tobit 模型分析效率的影响因素。结合前面章节的分析，本书选取京津冀金融技术效率的影响因素如表 5 - 9 所示。

表 5 - 9　　　　　　　　　　　　金融效率的影响因素

	名称	符号	计算方法
解释变量	金融相关比率	*Fir*	银行的存贷款之和与相应的国内生产总值的比重
	产出外溢效应	*Ser*	第三产业产值与相应的地区生产总值的比值
	经济开放程度	*Open*	进出口总额与相应的地区生产总值的比重
	经济基础	*GDP*	地区生产总值
	政府行为	*Gov*	财政支出
	交通便利	*Tra*	各城市的公路里程

研究采用京津冀 13 个城市 2003 ~ 2014 年的面板数据，数据来源于历年《北京统计年鉴》、《天津统计年鉴》、《河北统计年鉴》和各城市的历年统计公报。

将前面测得的京津冀金融业技术效率值（包括纯技术效率和规模效率）作为被解释变量，解释变量为表 5 - 9 中所列指标，构建面板数据模型：

$$DEA_{(crste)} = C + \alpha_1 \ln Fir_{it} + \alpha_2 \ln Fin_{it} + \alpha_3 \ln Ser_{it} + \alpha_4 \ln Open_{it} + \alpha_5 \ln GDP_{it} + \alpha_6 \ln Gov_{it} + \varepsilon_{it}$$

$$DEA_{(vrste)} = C + \alpha_1 \ln Fir_{it} + \alpha_2 \ln Fin_{it} + \alpha_3 \ln Ser_{it} + \alpha_4 \ln Open_{it} + \alpha_5 \ln GDP_{it} + \alpha_6 \ln Gov_{it} + \varepsilon_{it}$$

$$DEA_{(scale)} = C + \alpha_1 \ln Fir_{it} + \alpha_2 \ln Fin_{it} + \alpha_3 \ln Ser_{it} + \alpha_4 \ln Open_{it} + \alpha_5 \ln GDP_{it} + \alpha_6 \ln Gov_{it} + \varepsilon_{it}$$

其中，*crste* 代表综合技术效率，*vrste* 代表纯技术效率，*scale* 代表规模效率。*i* 表示样本中第 *i* 个城市，*t* 表示时间，ε 表示随机误差项，*C* 表示截距项。运用 Stata11.0 对上述 DEA – Tobit 模型进行回归，回归结果见表 5 - 10。

表5-10   DEA - Tobit 模型回归结果

变量	综合技术效率	纯技术效率	规模效率
$\ln Fir$	0.248 **	-0.077	0.377 ***
	(2.11)	(-0.60)	(2.93)
$\ln Gdp$	0.205 **	-0.121	0.344 ***
	(2.05)	(-0.97)	(2.8)
$\ln Ser$	-0.027	-0.204	-0.057
	(-0.19)	(-1.43)	(-0.39)
$\ln Gov$	0.146 *	0.200 **	-0.022
	(1.65)	(2.02)	(-0.22)
$\ln Open$	0.038	0.060 **	-0.026
	(1.6)	(2.43)	(-1.00)
$\ln Tra$	-0.034	-0.108	0.089
	(-0.64)	(-1.20)	-1.03
C	-0.399	1.255 ***	-1.010 ***
	(-1.29)	(4.00)	(-3.14)

注：括号中为 z 值，*** 、** 、* 分别表示在 1% 、5% 、10% 水平下显著。

根据表 5-10 的 Tobit 回归结果，金融相关比率在 5% 的水平下通过了显著性检验，同金融业技术效率呈现显著正相关关系，且回归系数最大，即金融相关比率对京津冀金融效率产生的作用最大（DEA 测度出的技术效率可分解为纯技术效率和规模效率，因此在分析影响金融业技术效率的时候主要关注影响因素对技术效率的影响）。金融相关比率越高，意味着相应的存贷款额越高，金融业越发达。金融发展快，将促进金融业技术水平的提升，从而促进相应的技术效率水平。

经济发展水平在 5% 的水平下通过了显著性检验，同金融业技术效率呈现显著正相关关系，且其正向促进作用仅次于金融相关比率，说明经济发展水平的提高将会显著地提高京津冀金融技术效率的提高。经济发展促进金融业发展，金融发展会带动金融技术效率的提升。

产出外溢效应对金融业技术效率的作用为负，并且没有通过显著性检验，说明京津冀地区的第三产业发展没有带动金融技术效率的提升。

政府行为在 5% 的水平下通过了显著性检验，同金融业技术效率呈现显著正相关关系，说明政府财政支出的增加将会显著地提高京津冀金融技术效率水平。

对外开放程度在对金融效率的提高起到正向作用，但效果不显著，说明对外开放程度的提高没有对京津冀金融技术效率起到显著的促进作用。这主要是由于近年来进出口总额的增长要低于地区生产总值的增长，使得结果不显著。

交通运输便利对金融技术效率产生负向作用，但作用效果不显著。这可能是由于现代金融的发展更多地依靠于高新技术，而曾经对区域经济发展起到重要作用的交通运输等，其现阶段的影响效应正在逐渐降低。

从纯技术效率来看，仅有政府干预和经济开放程度起到了显著正向促进作用，其他因素没有起到正向影响；从规模效率角度看，金融相关比率和经济基础起到显著正向促进作用。

5.4　本 章 小 结

本章首先利用 Malmquist 指数从动态的角度分析了京津冀区域金融效率及其变动趋势，然后利用 DEA 方法从静态的角度分析了金融效率，并构建 Tobit 回归模型检验了不同因素对金融效率的影响。主要得出以下结论：

从动态的 Malmquist 指数来看，2005～2013 年京津冀 13 城市的全要素生产率提高了 13.2%，其中技术进步指数提高了 7.5%，技术效率指数提高了 5.2%，全要素生产率的提高主要来源于技术进步的作用；从三大区域来看，北京金融开放性强，注重金融效率的长远发展，更愿去接受高技术，天津和河北引入技术的条件受到限制，技术进步不足；从 13 个生产决策单元来看，所有城市全要素生产率都得到了提升，其中河北省的邯郸和张家口提升较快，北京相对提升较慢，各城市之间同时表现出了"追赶效应"和"增长效应"。

从静态效率来看，北京的综合技术效率、纯技术效率和规模效率都达到了生产的前沿面；天津在开始时金融效率没有达到前沿面，但随后几年都达到了生产的前沿面；相比较来看，河北省各城市的金融效率较低，与北京和天津存在着较大的差距。

从 Tobit 回归模型结果来看，金融相关比率对金融效率的影响最大，其次是经济基础，政府的财政支出同样起到显著的正向作用；经济开放程度起到正向作用，但效果不显著。同时结合本书在第 3 章中对金融非均衡影响因素分析时得出的结论，发现经济基础和政府的财政支出对金融发展和金融效率都起到了显著的正向促进作用，而经济开放程度和产出外溢程度均没有起到显著的正向促进作用。因此在京津冀区域金融发展时，政府更应该提高区域经济综合实力和加强适当的政府干预，以此来促进金融发展，进而也会明显地促进区域金融效率的提高，达到事半功倍的效果。

第6章

京津冀区域金融集聚及影响
因素的空间计量分析

通过对现有文献的分析，可以看出产业集聚存在着各种各样的形式，金融集聚是产业集聚在金融业的一种表现形式，其可以有效地推动集聚区内金融资产合理发展。目前来看，金融产业发展已经成为促进经济增长的关键要点，而在一个地区金融集聚的发展是推进地区金融业发展的持续动力，金融集聚带来的不仅仅是金融服务和创新功能的深化，而且在很大方面它可以推动区域经济迅速崛起。根据著名经济学家波特对产业集聚的定义阐述，金融集聚不仅仅是相应产业进化发展并不断融合的结果，同时这种现象通常叫做一种过程或状态；金融集聚既是金融资源、金融机构这些物质基础在空间和时间层面上进一步聚集的过程，又可以理解为金融资源和其他一些相关企业在外部地理位置因素和经济因素共同作用下形成的一种互相影响、互相成长的一种经济形态。

本章在系统回顾空间计量经济学理论和方法的基础上，利用 2005～2014 年京津冀区域 13 个城市的金融集聚区位熵指数计算 Moran's I，分析区域金融集聚空间相关性，并进一步对京津冀区域金融集聚的影响因素进行空间计量经济学分析。

6.1 空间计量方法

6.1.1 空间权重矩阵的确定

在构建模型进行空间研究的首要前提是建立空间权重矩阵。空间权重矩阵是建立在区域经济空间自相关分析的基础上，是区别空间计量经济学和传统计量经济学的关键点。空间权重矩阵 W 是与被解释变量的空间自回归过程有十分密切关系的矩阵，设立的空间权重矩阵 W 在一般条件下假设为 $n \times n$ 维方阵，通常情况下这个设定过程是外生的，这主要是考虑到 W 中区域 i 与区域 j 之间的空间相关信息是人为假定的，不需要通过建立具体模型进行估计，仅仅依靠进行假设计算就可以设定。

根据空间计量经济学原理，通常情况下确定空间权重矩阵将模型中蕴含的地理关联和经济联系考虑进去，通常采用基于邻近指标和距离指标两种方法来测度区域间地理位置上的相关性。一般情况下空间权重矩阵 W 表示为一个对称的二元矩阵，其意义是指这存在临近关系的 n 个区域位置信息。[①] 空间权重矩阵被定义的一般表示形式为：

$$W = \begin{bmatrix} w_{11} & w_{12} & \cdots & w_{1n} \\ w_{21} & w_{22} & \cdots & w_{2n} \\ \cdots & \cdots & \cdots & \cdots \\ w_{n1} & w_{n2} & \cdots & w_{nn} \end{bmatrix}$$

本书定义空间权重矩阵运用以邻近指标为基础的空间权重矩阵设立方法，其中基于邻近指标的空间权重矩阵 w_{ij} 通常情况下定义为：

$$w_{ij} = \begin{cases} 1, & \text{当区域 } i \text{ 和 } j \text{ 相邻} \\ 0, & \text{其他} \end{cases}$$

而在实际操作中，通常情况下第一步是将空间权重矩阵标准化，通过这样的方法来消除或者减少区域间外生因素对模型的干扰作用，空间权重矩阵进行标准化的公式被定义为 $W_{ij}^* = \dfrac{w_{ij}}{\sum\limits_{j=1}^{n} w_{ij}}$ 标准化的权重矩阵被表示为行元素相加为 1 的矩阵。

6.1.2 基于 Moran's I 的金融集聚全局空间自相关检验

近几年来空间计量经济学迅速发展，Moran's I 研究方法作为一种新型的空间分析技术，为研究区域经济发展不均衡提供了新的视角。在进行计算 Moran's I 统计量前，第一步是建立适合模型本身的空间权重矩阵 w，一般情况下选择下面的构造方法：

$$w_{ij} = \begin{cases} 1, & \text{当区域 } i \text{ 和 } j \text{ 相邻} \\ 0, & \text{其他} \end{cases}$$

---

① 安瑟兰和格蒂斯（Anselin and Getis, 1992）认为，空间效应的度量一般遵循着一条基本原则——距离衰减原则，空间权重矩阵中分为基于空间邻接关系的空间邻接矩阵和基于地理距离的空间核函数权重矩阵，本书主要采用的是基于 Rook 衔接的空间邻接矩阵。

Moran's I 的计算公式为：

$$I = \frac{n \sum\limits_{i=1}^{n} \sum\limits_{j=1}^{n} w_{ij}(X_i - \bar{X})(X_j - \bar{X})}{\sum\limits_{i=1}^{n} \sum\limits_{j=1}^{n} w_{ij} \sum\limits_{i=1}^{n} w_{ij}(X_i - \bar{X})^2} = \frac{n \sum\limits_{i=1}^{n} \sum\limits_{i \neq j}^{n} w_{ij}(X_i - \bar{X})(X_j - \bar{X})}{S^2 \sum\limits_{i=1}^{n} \sum\limits_{i \neq j}^{n} w_{ij}}$$

其中，X_i 是观测值，$S^2 = \frac{1}{2} \sum\limits_{i}(X_i - \bar{X})^2$，$\bar{X} = \frac{1}{n} \sum\limits_{i=1}^{n} X_i$。

Moran's I 取值范围是（-1, 1）：当 Moran's I 取值为 0 时，表示区域之间呈现不相关；当 Moran's I 取值小于 0 时，表示区域之间呈现空间负相关，即不同属性值趋于在一个区域集聚；当 Moran's I 取值大于 0 时，表示区域之间呈现正相关，即相同属性值趋于在一个区域集聚。对 n 个区域的空间自相关性进行检验一般利用 Z 统计量，原假设为观测区域之间不存在空间自相关。

Z 统计量的计算公式为：

$$Z = \frac{I - E(I)}{\sqrt{VAR(I)}}$$

其中，$w_0 = \sum\limits_{i=1}^{n} \sum\limits_{j=1}^{n} w_{ij}$，$w_1 = \frac{1}{2} \sum\limits_{i=1}^{n} \sum\limits_{j=1}^{n}(w_{ij} + w_{ji})^2$，$w_2 = \sum\limits_{i=1}^{n}(w_i + w_j)^2$。

w_i 定义为空间权重矩阵的第 i 行相加得到的和，w_j 定义为空间权重矩阵的第 j 列相加之和，当 Z 值在一定的置信水平下通过显著性检验且为正数时，则说明各个区域之间存在显著地正相关，观测值在空间呈聚集分布；如果 Z 值等于 0，则说明各个区域之间不存在显著的空间自相关；当 Z 值小于 0 且在一定的置信水平下通过显著性检验，则说明各个区域之间存在显著地负相关，观测值在空间趋向分散。

6.1.3 基于 Moran's I 散点图的局域空间自相关性检验

在上一节对全局空间自相关检验进行详细阐述，发现全局空间自相关检验假设空间要素分布同质，但是事实上区域要素分布呈现出空间异质性特点，所以这是因为局域空间自相关检验能够准确分析空间要素这一特性，所以利用局域 Moran's I 进行进一步分析，其定义的计算公式为：

$$I_i = \frac{Y_i - \bar{Y}}{S_1} \sum\limits_{j=1}^{n} W_{ij}(Y_i - \bar{Y})$$

其中，n 为区域总数，Y_i 表示 i 区域金融集聚度的观测值，$\bar{Y} = \frac{1}{n} \sum\limits_{i=1}^{n} Y_i$，$W_{ij}$ 指的是基于二进制的邻近空间权值矩阵，采用的方法是当区域 i 和区域 j 相邻时，其值被定义为 1；当区域 i 和区域 j 不相邻时，其值被定义为 0。其中，$S_1 =$

$\dfrac{1}{n-1}\sum\limits_{j=1,\,i\neq j}^{n}Y_j^2-\overline{Y^2}$，其检验为 $z(I_i)=\dfrac{I_i-E(I_i)}{S(I_i)}$，其中，$S(I_i)=\sqrt{\mathrm{var}(I_i)}$。

通过"热点"判断标准化局部指标的方式可以得出关于区域性空间集聚特性以及全局空间相关性的局部空间背离特征。在此基础上，本书采用散点图和集聚图将各地区金融业分为四种情况进行研究，即 High – High 型、High – Low 型、Low – High 型以及 Low – Low 型，如表6 – 1所示。

表6 – 1　　　　　　　　　　　　金融业集聚模式

类型	定义	相关性
High – High 型	集聚度观测值大于均值的地区被包围在集聚度观测值大于均值的地区所形成的区域范围	空间相关性表现为正相关，即观测值和集聚特征相似的地区相邻
High – Low 型	集聚度观测值小于均值的地区被包围在集聚度观测值大于均值的地区所形成的区域范围	空间相关性表现为负相关，即观测值和集聚特征相异的地区相邻
Low – High 型	集聚度观测值小于均值的地区被包围在集聚度观测值大于均值的地区所形成的区域范围	空间相关性表现为负相关，即观测值和集聚特征相异的地区相邻
Low – Low 型	集聚度观测值小于均值的地区被包围在集聚度观测值小于均值的地区所形成的区域范围	空间相关性表现为正相关，即观测值和集聚特征相似的地区相邻

6.1.4　空间计量模型的基本形式

空间计量经济学空间效应的研究是基于空间异质性和空间依赖性这两方面。其中空间异质性指的是考虑到区位等经济地理位置因素的不同空间观测单元所引起的空间效应存在显著的差异性；空间依赖性指的是由于考虑到空间交互作用在空间观测单元之间的存在的相互影响，通常也称为空间相关性，在关于空间相关性的研究中相关性强度及模式由绝对位置（格局）和相对位置（距离）两方面综合决定。在模型的设定中空间相关性采用下面两种模型来解释：一是空间滞后模型（SAR）描述了模型的被解释变量在空间上相关；二是空间误差模型（SEM）描述了模型的误差项在空间上相关。结合前文研究，考虑到空间相关性形式的差异性，空间模型包含空间滞后模型和空间误差模型两种基本模型，除这两个基本模型形式以外，还存在空间杜宾模型，它是同时包含被解释变量和解释变量空间滞后项。[①]

空间滞后模型的基本形式为

$$y_{ij}=\alpha+\delta\sum_{j=1}^{N}w_{ij}y_{jt}+X_{it}\beta+\mu_i+\varepsilon_{it}$$

---

① 空间滞后模型又被称为"空间自相关模型"或者"空间自回归模型"。本书统一用作"空间滞后模型"。

其中 y_{it} 表示横截面 i 在 t 时刻的被解释变量，δ 表示被解释变量之间的空间交互作用的参数，即空间自相关系数，用来反映不同地区观测值之间的空间依赖程度，即周围地区的观测值对本地区观测值的影响程度。w_{ij} 表示标准化空间权重矩阵 W 中的对应元素，$\sum_{j=1}^{N} w_{ij}y_{jt}$ 表示与地区 i 相邻的地区 j 的解释变量 y_{jt} 对被解释变量 y_{it} 的空间交互影响，即被解释变量之间存在的内生交互作用。X_{it} 表示一个 $1 \times K$ 维的解释变量向量，β 为对应的 $K \times 1$ 维的系数向量。μ_i 表示空间特定效应，ε_{it} 表示服从均值为 0，方差为 δ^2 的独立同分布的残差项。空间滞后模型的主要目的是检验所考察地区的被解释变量与周围地区的被解释变量之间的关系。

空间误差模型的基本形式为：

$$y_{ij} = \alpha + X_{it}\beta + \mu_i + \varphi_{it}, \ \varphi_{it} = \rho \sum_{j=1}^{N} W_{ij}\varphi_{jt} + \varepsilon_{it}$$

其中，φ_{it} 表示空间自相关误差项，$\sum_{j=1}^{N} W_{ij}\varphi_{jt}$ 反映了相邻地区 j 的误差项对地区 i 的交互影响，ρ 表示残差项之间的空间自相关作用参数，即空间误差相关系数，体现周围地区的观测值对本地区的观测值的影响程度。空间误差模型的主要目的是检验所考察地区的残差与周围地区的残差之间的关系。

空间杜宾模型的基本形式为：

$$y_{ij} = \alpha + \delta \sum_{j=1}^{N} w_{ij}y_{jt} + X_{it}\beta + \sum_{j=1}^{N} w_{ij}X_{jt}\gamma + \mu_i + \lambda_i + \varepsilon_{it}$$

其中，X_{jt} 为 $1 \times K$ 维空间滞后解释变量，$\sum_{j=1}^{N} w_{ij}X_{jt}$ 表示解释变量之间存在的外生交互作用，γ 表示对应的 $K \times 1$ 维的固定未知参数向量，表示周围地区解释变量的观测值对所考察地区的解释变量观测值的影响程度。空间杜宾模型是空间滞后模型和空间误差模型的一般形式，既体现在被解释变量之间的空间相关性，又体现了解释变量之间的空间相关性，在一定条件下可以简化为以上两种基本空间模型。

6.2　京津冀区域金融集聚度分析

本书将区位商系数（LQ）作为测算京津冀区域金融集聚程度的指标，来反映北京市、天津市和河北省地级市金融业的专业化水平。[①] 通常情况下，测算区位商系数公式如下所示：

---

① 测算集聚程度的指标有很多种，行业集中度、赫芬达尔指数、熵指数、空间基尼系数、E－G 指数都在其中，本书以大多数学者采用的区位商系数为研究的切入点展开研究。

$$LQ = \frac{E_{aj}/E_a}{E_{bj}/E_b}$$

E_{aj} 指地区 a 内产业 j 的产值，E_a 是指地区 a 的地区生产总值，E_{bj} 是指地区 b 产业 j 的产值，E_b 是指地区 b 的地区生产总值。在研究中，运用京津冀区域各城市金融产业产值占该城市地区生产总值的比／京津冀区域金融产业产值占京津冀区域生产总值的比来测算京津冀区域城市金融产业的区位商，作为测算京津冀区域金融产业的集聚水平的指标。区位商值越大，表明该城市的金融产业集聚程度越高，也即该城市金融产业的发展程度越高。当一个城市区位商大于 1 时，说明在该城市经济发展的过程中，金融业所占的地位比较重要。

通过对 2005～2014 年京津冀区域金融业区位商进行比较，如表 6－2 所示，总体上可以发现：从空间角度来看，近年来京津冀区域城市间金融发展存在着明显的差异；从时间角度来看，随着时间的推移，13 城市金融业区位商均呈现出上升趋势，即金融业在各个城市经济的发展中占据越来越重要的地位。

表 6－2　　　　　　　　　2005～2014 年京津冀区域金融业区位商

城市	2005 年	2006 年	2007 年	2008 年	2009 年	2010 年	2011 年	2012 年	2013 年	2014 年
北京	2.08	2.05	2.01	2.00	1.88	1.89	1.91	1.83	1.77	1.73
天津	0.74	0.71	0.83	0.80	0.87	0.89	0.94	1.00	1.03	0.98
石家庄	0.54	0.49	0.53	0.53	0.59	0.60	0.58	0.58	0.57	0.56
唐山	0.26	0.32	0.30	0.30	0.34	0.34	0.33	0.34	0.35	0.44
秦皇岛	0.47	0.54	0.49	0.48	0.55	0.56	0.57	0.60	0.61	0.64
邯郸	0.33	0.36	0.30	0.29	0.32	0.32	0.33	0.35	0.38	0.40
邢台	0.35	0.40	0.36	0.38	0.42	0.43	0.44	0.47	0.49	0.51
保定	0.36	0.45	0.40	0.41	0.43	0.43	0.43	0.44	0.45	0.53
张家口	0.43	0.51	0.47	0.44	0.52	0.50	0.51	0.52	0.52	0.53
承德	0.37	0.44	0.38	0.35	0.43	0.45	0.42	0.44	0.45	0.46
沧州	0.28	0.30	0.27	0.27	0.30	0.30	0.30	0.31	0.33	0.34
廊坊	0.38	0.46	0.43	0.44	0.51	0.53	0.54	0.56	0.59	0.64
衡水	0.34	0.43	0.42	0.42	0.45	0.45	0.47	0.50	0.54	0.56

从各个地区分别来看：首先，北京市 2005～2014 年，区位商一直保持在 1.75 以上，其中 2005～2008 年一度超过 2，这说明北京金融业在北京经济的发展过程中所占的地位比较重要，金融产业集聚现象显著，金融产业发达。一方面，这是因为北京作为中国的首都，正处在工业化城市化快速发展的新阶段，无论是 GDP 的增长速度还是产业结构优化，都十分明显；另一方面，北京市相对于其他城市，其经济主体具有强烈的资金需求且由于其较为领先的区域经济，带

动较高的规模收益，对金融资源的吸引力较强。这一切为北京金融业的发展创造了良好的条件，促进金融产业在北京市集聚；其次，天津市的金融业区位商稳步增加，尤其是最近两年，区位商超过1，金融产业十分活跃，这说明天津市金融行业在国民经济中的地位日益重要。在"十二五"建设期间，天津努力打造全国金融改革创新基地，积极构建与滨海新区和北方金融中心开放协调发展的现代服务创新基地和改革体系，这些措施的实施显著地促进了金融产业在天津的集聚；最后，河北省大多数城市区位商均小于1，表明这些城市金融集聚现象不显著，金融产业发展在经济的发展过程中较为薄弱。对于河北省城市而言，一方面考虑到河北省这些城市较少的实际利用的外商投资额度、有限的对外开放程度，并且在经济发展程度、社会总投资、人民生活水平等方面与北京市、天津市相比存在较大的差距，投资环境弱是决定河北省金融资源的重要因素；另一方面，天津市、北京市金融产业发展历史悠久，金融市场、金融机构表现相对成熟，同时金融产业基础服务和基础设施建设相对河北省而言是比较完整的，所以北京市、天津市投资项目获得的投资机会更多，相比河北省而言其金融业资本收益率较高，受到这种具有明显差异特征的资本收益率影响带来具有明显差异性的区域资本流动方向。正是在这种情况抑制了河北省的资金投资需求，进而带来金融资源向天津市和北京市流动。综合上述研究可以看出，这些因素的共同作用使得河北省金融产业发展程度较低。

接下来，根据京津冀区域城市区位商计算结果可看出：京津冀区域金融集聚程度的空间分布层次进行从高到低排序，分为以下几个层次：第一个层次是北京市、天津市和石家庄市。其中北京市区位商最高，天津市位列第二，说明北京市和天津市是京津冀区域的金融活动中心，金融产业占据重要的地位。身为第一层次的石家庄市，区位商为0.587，区位商小于1，金融产业集聚程度相对较低，但是作为河北省省会，2010年以来金融产业发展迅速。第二层次是张家口市、廊坊市、衡水市、秦皇岛市、保定市，这些城市工业在国民经济中的比重相对较小，第三产业占比较高，金融业发展速度较快。第三、第四层次的城市主要是承德市、唐山市、沧州市、邢台市和邯郸市，这些城市多是工业发展较快的地区，经济总量在河北省也位于前列，但是金融业在国民经济中比重较低，是河北省金融产业发展中应该要加强的地方。在这些城市区位商的结果中均小于1，说明这些城市的金融集聚现象不显著，金融业发展不具备规模经济发展优势，城市的金融资源距离满足经济发展还存在着较大的差距。

整体来看，北京市、天津市和河北省各个地级市金融业发展存在着明显的差异性，资源要素分布不均衡。一方面，天津市和北京市由于经济基础较好、地理位置优越、对外开放程度较高、交易成本较低和交通便利等因素，其金融机构较为容易形成规模优势；另一方面，自改革开放以来，国家的经济政策大力发展金融产业，使得不同的区域产业呈现出较大的差距，经济发达的地区，投资项目和投资机会较多，城市间也制定了相应的政策，来促进金融业的发展。通过上述研究可以看出北京市和天津市金融产业发展确实对河北省金融产业发展存在着辐射效应，并且高效带动河北省周边城市的发展，这为京津冀区域协同发展创造了条件。

6.3　京津冀区域金融集聚的影响因素

6.3.1　京津冀区域金融集聚的空间自相关性

利用 2005 ~ 2014 年京津冀区域 13 个城市金融集聚指标区位商来求得 Moran's I，在模型中空间权数矩阵采用地理空间权数矩阵，结果如表 6 - 3 所示。

表 6 - 3　　　　京津冀区域城市金融集聚 Moran's I 及 z 检验值

年份	Moran's I 指数	Moran's I 期望值	标准差（Sd）	正态统计量 Z	P 值
2005	0. 1662	0. 0833	1. 0965	1. 9910	0. 035
2006	0. 1251	0. 0833	1. 1067	1. 7452	0. 087
2007	0. 1740	0. 0833	2. 0993	2. 7867	0. 016
2008	0. 1925	0. 0833	1. 1085	2. 0076	0. 026
2009	0. 17395	0. 0833	2. 1218	1. 6759	0. 096
2010	0. 2045	0. 0833	2. 1180	1. 7698	0. 043
2011	0. 1897	0. 0833	1. 1172	1. 8400	0. 038
2012	0. 1679	0. 0833	1. 1348	2. 7327	0. 019
2013	0. 1965	0. 0833	2. 1109	2. 1264	0. 023
2014	0. 21459	0. 0833	2. 1403	2. 7316	0. 022

从表 6 - 3 可以看出：一方面，2005 ~ 2014 年京津冀区域金融业 Moran's I 的正态统计量 Z 值均通过 10% 的显著性水平检验，阐明京津冀区域城市之间存在显著的地理空间依赖性，即存在相似特征的空间集聚状态，同时，正的相关性说明京津冀区域城市金融产业具有明显的正向空间集聚效应；另一方面，Moran's I 统计量呈现出逐年增加趋势，这为京津冀区域协同发展建设提供了一个良好的思路走向，即现阶段京津冀区域金融呈现出集聚状态，但是随着京津冀区域协同发展的建设，在未来一段时间内，京津冀区域将会出现资源更加集聚的状态，金融产业产值高的城市相互接近，有利于金融业的发展。

　　参照局域空间 Morans'I 散点图，可以将京津冀区域金融集聚程度及特征表示为四种模式，当观测对象处在 1 象限、3 象限时表示区域的集聚特征相似且空间关系为正相关。当观测对象处在 2 象限、4 象限时表示区域集聚特征相异且空间关系为负。当观测值在 4 个象限表现为均匀分布时表示区域之间不存在空间自相关性。根据 2005 年、2009 年和 2014 年京津冀区域城市金融集聚程度的局部 Moran'I 散点图[①]，可以得到京津冀区域城市金融产业的空间相关模式，如表 6-4、表 6-5 和表 6-6 所示。

表 6-4　　　　　　　　　2005 年京津冀区域金融产业集聚的空间划分

象限	空间模式	地区
第 1 象限	High – High	天津
第 2 象限	Low – High	廊坊、张家口、承德、保定、唐山
第 3 象限	Low – Low	沧州、衡水、石家庄、邯郸、邢台、秦皇岛
第 4 象限	High – Low	北京

表 6-5　　　　　　　　　2009 年京津冀区域金融产业集聚的空间划分

象限	空间模式	地区
第 1 象限	High – High	天津
第 2 象限	Low – High	廊坊、张家口、承德、保定、唐山
第 3 象限	Low – Low	沧州、衡水、石家庄、邯郸、邢台、秦皇岛
第 4 象限	High – Low	北京

表 6-6　　　　　　　　　2014 年京津冀区域金融产业集聚的空间划分

象限	空间模式	地区
第 1 象限	High – High	天津、北京
第 2 象限	Low – High	廊坊、张家口、承德、保定、唐山、沧州
第 3 象限	Low – Low	衡水、石家庄、邯郸、邢台、秦皇岛
第 4 象限	High – Low	无

　　上述空间划分结果表明：（1）河北省地级市全部分布在第二象限和第三象限；（2）围绕在北京市和天津市的城市主要分布在第二象限；（3）远离北京市

---

　　① 考虑到本书的整体简洁性，未放置局部 Moran'I 散点图，直接将京津冀城市金融产业的空间相关模式列出。

天津市的城市主要分布在第三象限；（4）天津市一直分布在第一象限，其中天津市一直分布在第一象限这主要归功于天津市自身金融机构的快速发展和北京市金融机构的带动。空间划分结果说明：在地理分布上京津冀区域金融集聚程度所呈现出的依赖性和异质性特征明显，京津冀区域金融集聚主要体现在北京市和天津市的带动作用，河北省各个城市的金融发展处在较低的水平；廊坊、张家口、承德、保定、唐山本身金融水平发展不高但是因为毗邻北京天津故处在第二象限，在某种程度上反映了金融的扩散效应；衡水、石家庄、邯郸、邢台、秦皇岛等城市本身金融基础设施存在着不足，而且距离大城市金融中心较远，从某种程度来说，制约着金融本身的发展。

下面进一步对京津冀区域城市金融发展趋势的特征进行清楚阐述。2005 年具有显著特征的城市主要有三个：天津市、邢台市和廊坊市。其中天津市属于 High – High 类型，这是因为天津市自身的集聚程度较高，与其相邻的北京市也属于金融集聚程度较高的城市，天津市由于临近北京市这一金融集聚程度较高的城市，受其影响，天津市 High – High 类型比较明显；邢台市属于 Low – Low 类型，处在这种类型位置的城市一方面自身金融业集聚整体水平偏低，另一方面在其周围的城市集聚水平也不高，邢台市本身金融发展水平低而其周围的石家庄市、衡水市和邯郸市发展水平也不高，这种环境的作用同样使得邢台 Low – Low 类型特征显著；廊坊市属于 Low – High 类型，廊坊市周围是北京市和天津市，两个城市的金融发展水平较高，金融集聚能力强，在这样的外部环境作用下使得廊坊 Low – High 类型显著。

综上可以看出，京津冀区域金融业发展的空间特征明显，区域城市金融业发展具有明显的差异性和不均衡性，所以研究充分考虑到地理位置关系对金融业发展的影响，在空间相关性和异质性的基础上，构建空间计量模型分析京津冀区域金融业空间集聚的影响因素。

6.3.2 京津冀区域金融集聚影响因素的实证分析

1. 变量的选取

在参考任英华（2010），李正辉（2012），丁艺（2011）研究成果的基础上，本书选取以下指标作为研究的解释变量（如表6-7所示）。①

---

① 变量进行选择时，在参考众多学者研究成果的基础上，剔除部分不显著的变量，最终确定以上变量。

表 6 – 7   金融集聚影响因素的衡量指标

变量名称	计算方法	经济意义
Opening	各城市外商直接投资占城市 GDP 百分比	衡量各个城市对外开放程度
Industry	各城市第二产业产值占城市 GDP 百分比	衡量各个城市工业基础支撑水平
Pgdp	各城市 GDP 占京津冀区域 GDP 百分比	衡量各个城市经济发展水平
Hc	各城市金融业就业人数占京津冀区域金融业就业人数百分比	衡量各个城市人力资本水平
Organ	各城市存贷款之和与京津冀区域存贷款之和百分比	衡量各个城市金融机构业务水平
Government	各城市财政支出占京津冀区域 GDP 百分比	衡量各个城市政府行为水平

注：样本期间为 2005 ~ 2014 年，数据主要来自《万得资讯》数据终端。

2. 模型的选择

关于如何确定 SLM、SEM 两种模型形式，应该运用拉格朗日乘数 LM（lag）与 LM（error）以及稳健的（Robust）R – LM（lag）与稳健的（Robust）R – LM（error）等检验统计量进行实证。（Florax、Anselin，1995）提出进行构建 SLM 和 SEM 模型的基本准则：当统计量 LM（lag）比 LM（error）显著性水平高的时候，而 R – LM（lag）估计量显著高于 R – LM（error）估计量，那么选择构建空间滞后模型（SLM）；否则，则构建空间误差模型（SEM）进行实证研究。因此，本书基于"地理"空间临近权重矩阵建立空间计量模型，选择检验京津冀区域金融集聚程度的空间依赖性的空间模型，其检验结果如表 6 – 8、表 6 – 9 和表 6 – 10 所示。

表 6 – 8   京津冀区域空间自相关诊断（2005 年）

检验	MI/DF	统计值	P 值
Moran's I（error）	0. 3176	1. 5949	0. 11073
Lagrange Multiplier（lag）	1	1. 8498	0. 17381
Robust LM（lag）	1	1. 7495	0. 18594
Lagrange Multiplier（error）	1	2. 1400	0. 14351
Robust LM（error）	1	3. 0397	0. 07324

表 6 – 9   京津冀区域空间自相关诊断（2009 年）

检验	MI/DF	统计值	P 值
Moran's I（error）	− 0. 2202	− 0. 8154	0. 41484
Lagrange Multiplier（lag）	1	0. 3422	0. 55854
Robust LM（lag）	1	0. 1081	0. 74231
Lagrange Multiplier（error）	1	1. 0283	0. 11055
Robust LM（error）	1	3. 7942	0. 06728
Lagrange Multiplier（SARMA）	2	1. 1364	0. 56654

表 6 – 10   京津冀区域空间自相关诊断（2014 年）

检验	MI/DF	统计值	P 值
Moran's I（error）	0.0407	0.2662	0.79007
Lagrange Multiplier（lag）	1	0.3816	0.53677
Robust LM（lag）	1	0.3665	0.54493
Lagrange Multiplier（error）	1	1.0350	0.15149
Robust LM（error）	1	4.0200	0.05763
Lagrange Multiplier（SARMA）	2	0.4015	0.81811

从表 6 – 8、表 6 – 9 和表 6 – 10 可以看出，Moran's I（error）、Lagrange Multiplier（lag）、Robust LM（lag）、Lagrange Multiplier（error）、Lagrange Multiplier（SARMA）都没有通过显著性检验，只有 Robust LM（error）通过了显著性检验，同时相对上面三组数据的空间自相关性来判断，Lagrange Multiplier（lag）、Robust LM（lag）要劣于 Lagrange Multiplier（error）、Robust LM（error），根据拉格朗日乘数检验结果初步决定选择 SEM 模型进行分析。

为了提高模型的拟合效果，除了考虑到拟合优度 R^2 之外，还可以使用自然对数似然函数值（Log Likelihood，LogL）、似然比率（Likelihood Ratio，LR）、施瓦茨准则（Schwartz Criterion，SC）、赤池信息准则（Akaike Information Criterion，AIC）。如果对数似然值越大，AIC 和 SC 值越小，则说明构建的模型拟合效果越好。[①] 在此基础上本书中选用之间介绍的统计量先后对 OLS 经典线性回归模型、SLM 模型和 SEM 模型进行分析（如表 6 – 11、表 6 – 12 和表 6 – 13 所示），进一步从中找出模拟效果最好的模型。

表 6 – 11   三种模型统计变量的对比（2005 年）

分类	Class	SLM	SEM
R^2	0.94983	0.929854	0.9329
LogL	8.4473	5.4218	8.0088
LR	—	0.9489	1.2467
AIC	– 5.8947	76.8436	53.0299
SC	72.94	72.324	65.9867

① 参考陈俊，胡宗义. 金融集聚的区域差异及影响因素的空间计量分析 [J]. 财经理论与实践. 2013 (11)：21 – 24. 成春林，华桂宏. 金融集聚影响因素的县域分析——基于 2002 ~ 2011 年江苏 64 个县市的实证研究 [J]. 江苏社会科学. 2013 (6)：238 – 243.

表 6 – 12　　　　　　　三种模型统计变量的对比（2009 年）

分类	Class	SLM	SEM
R^2	0.98973	0.95988	0.9543
LogL	45.4473	6.4218	8.8753
LR	—	1.9489	3.2367
AIC	66.8947	46.8436	33.7854
SC	52.94	42.324	44.8763

表 6 – 13　　　　　　　三种模型统计变量的对比（2014 年）

分类	Class	SLM	SEM
R^2	0.89983	0.899854	0.91243
LogL	7.4473	8.4218	12.1138
LR	—	1.9489	2.6740
AIC	34.8947	45.8436	– 8.2267
SC	16.9674	31.3241	32.3345

从表 6 – 11、表 6 – 12 和表 6 – 13 可以看出，在 2005 年、2009 年和 2014 年的三个模型中，SEM 模型的拟合优度 R^2 都是比较显著且达到 90% 以上，SEM 模型的自然对数似然函数值（Log Likelihood，LogL）、似然比率（Likelihood Ratio，LR）、赤池信息准则（Akaike Information Criterion，AIC）、施瓦茨准则（Schwartz Criterion，SC）在三个模型中拟合效果也是最好的。所以结合前文拉格朗日乘数检验结果，构建 SEM 模型的拟合效果是最优的，所以确定 SEM 模型进行回归结果估计。

3. 回归结果分析

确定使用 SEM 模型进行估计后，本书对京津冀区域金融产业集聚的程度及其影响因素进行分析，估计结果如表 6 – 14 所示。

表 6 – 14　　　　　　　2005 ~ 2014 年 SEM 模型的估计结果

年份	常数项	Opening	Indus	Pgdp	Hc	Organ	Gover	空间误差项
2005	0.7598 *** (– 12.6443)	0.7127 ** (– 2.0972)	– 0.7128 *** (– 6.7042)	– 1.1730 *** (– 2.1565)	0.2608 *** (2.5572)	4.0010 *** (28.3035)	– 14.4344 *** (– 19.0373)	– 0.4911 (– 1.4019)
2006	0.2770 (– 0.8009)	10.2895 *** (0.8001)	– 0.7618 (– 1.4397)	– 3.1535 (– 0.5293)	– 3.5716 (– 0.6946)	– 31.8300 *** (– 4.1312)	369.8014 *** (3.9426)	0.5633 *** (2.4597)
2007	– 0.1297 (– 0.2501)	1.2681 (0.5729)	0.1.81 (0.1221)	– 9.0949 (– 1.2527)	10.4591 * (1.7427)	– 18.8459 *** (– 3.0020)	201.1812 *** (2.8397)	– 0.9331 *** (– 3.7139)

续表

年份	常数项	Opening	Indus	Pgdp	Hc	Organ	Gover	空间误差项
2008	-0.1368	0.0697	0.2321	-12.6626 **	12.9237 ***	-15.8984 ***	179.9225 ***	-0.8521 ***
	(-0.3642)	(0.0350)	(0.3483)	(-2.1137)	(2.6141)	(-4.2031)	(3.8741)	(-3.0724)
2009	0.1871	2.9966 **	-0.2553	-9.1639 ***	9.1565 ***	-13.0569 ***	131.0616 ***	-0.9451 ***
	(0.9275)	(2.2694)	(-0.6651)	(-3.0551)	(3.6988)	(-7.3755)	(6.7694)	(-3.8289)
2010	0.4308	3.7311 **	0.7952	-6.1798 *	6.9515 **	-11.1329 ***	110.0799 ***	-0.8282 ***
	(1.5716)	(2.0912)	(-1.4490)	(-1.8175)	(2.3457)	(-5.5383)	(4.9971)	(-2.9132)
2011	0.3822	3.3889 **	-0.6208	-7.0892 **	6.4139 **	-10.4621 ***	109.0707 ***	-0.9254 ***
	(1.4157)	(2.0168)	(-1.1728)	(-2.1648)	(2.1722)	(-5.7881)	(5.4213)	(-3.6449)
2012	0.4050 **	2.7307 *	-0.5095	-9.0765 ***	9.3852 ***	-6.3279 ***	68.9589 ***	-0.9611 ***
	(2.0350)	(1.7403)	(-1.3612)	(-3.4993)	(4.0871)	(-7.3313)	(6.8739)	(-3.9843)
2013	0.2609	4.2181 ***	-0.1859	-6.2383 **	5.8484 **	-6.8837 ***	68.2111 ***	-0.9464 ***
	(1.4542)	(2.7371)	(-0.5459)	(-2.4720)	(-2.5459)	(-5.9726)	(5.6968)	(-3.8387)
2014	0.1514 **	3.0934 ***	0.3168 **	-12.1963 ***	10.5539 ***	-2.3448 ***	40.8535 ***	-0.3368
	(1.9831)	(4.5908)	(2.2755)	(-7.0323)	(7.0886)	(-10.0479)	(10.4003)	(-0.0934)

注：***，**，* 分别表示在 1%、5%、10% 水平下显著。

估计结果表明：整体来看，京津冀区域金融集聚的空间相关性基本可以由模型设定的解释变量进行解释。但是，空间相关系数 lambda 在大多数年份通过了显著性检验，这说明也存在一些不确定因素会影响京津冀区域金融集聚，同时这种相关性呈现出负相关，意味着随机性误差冲击能够给京津冀区域金融集聚带来很强的负外部溢出效应。

下面重点分析 2005 年、2009 年和 2014 年京津冀区域金融集聚影响因素的模型估计结果：

在 2005 年的实证结果中，开放程度、工业支撑、经济基础、人力资本、金融机构业务水平、政府行为这六个因素都通过了显著性检验，也即现阶段开放程度、工业支撑、经济基础、人力资本、金融机构业务水平、政府行为这六个因素都对京津冀区域金融业的发展起着重要的作用。在影响京津冀区域金融业发展的因素中工业支撑、经济基础、政府行为对金融业发展表现为负相关，一方面是由于京津冀一体化的提出虽然京津冀区域扩大了金融业的相关业务范围，同时国外先进的科学技术、有效的管理方式引进京津冀区域，但是京津冀区域金融产业基层设施建设薄弱，对资金和科学技术的吸收不足。另一方面，在国家资本账户慢慢走向开放的进程中，各级政府为了金融业整体发展进而开始大范围的干预，且2005 年国内外经济环境恶劣：美元疲软，美国财政账户赤字居高不下；日本经济因为能源价格波动和国需乏力经济下滑一个百分点；欧洲经济乏善可陈，继续低迷。而且为了兑现入世承诺，全面放开金融服务业，国家适度控制货币供应防止经济过热，这些环境的影响导致 2005 年政府对金融业存在负影响。在影响因素中开放程度、人力资本、金融机构业务水平对金融业发展存在着显著的正相关。这主要是因为经济基础决定上层建筑，国家的经济快速发展，金融业从业人员很多，金融机构的存贷款充足，这一切都有利于金融产业的发展，使金融业发展呈现出规模效应和集聚效应，所以对金融产业的发展具有正向的促进作用。

在 2009 年的实证结果中，开放程度、经济基础、金融机构业务水平、人力资本、政府行为这五个因素都通过了显著性检验，而工业支撑这个因素未通过 5% 显著性检验。在 2003 年的实证结果中工业支撑因素对京津冀区域产业集聚产生显著影响，这可能是因为 2008 年国际金融危机的冲击导致这一因素显著性消失。特别是在 2009 年金融机构业务对京津冀区域金融集聚产生负的影响，可能是因为伴随着世界范围上的金融危机，全世界经济增长停滞不前，带来很多公司企业财务账务问题，甚至相当一部分企业破产。在这一时期债务问题的出现带来更大范围上的金融产业发展风险，人们更加愿意将存款留在手里增加流动性，因此这时候的金融机构业务水平对京津冀区域金融集聚产生负面影响。在这一阶段比较明显的是政府财政对金融产业产生较大的影响，这主要是因为金融危机过后引发全球性金融动荡，国家为了扩大内需保持稳定采取了一系列的措施，以此来增加金融发展经济增长的驱动力，比如对商业银行的信贷规模要求取消限制，使商业银行合法增加信贷规模，同时增加对重点工程"三农"培养力度、加大对中心企业兼并改造重组的信贷资金支持，使其对消费信贷增长点进行有针对性的培养和巩固，这些措施使得在这一段时间内政府财政和金融业存在着较为密切的正相关。

在 2014 年的实证结果中开放程度、工业支撑、经济基础、人力资本、金融机构业务水平、政府行为都通过显著性检验。对外开放程度对金融集聚具有显著的正向影响，可能是因为随着中国加入世贸组织时间的推移，现在中国已经成功融入世贸组织当中，对外出口在京津冀经济发展过程中占据重要的地位，伴随京津冀区域经济发展开放程度的扩大，金融产业现阶段已经可以充分吸收和利用国际资金、先进技术和管理经验，同时金融业高速的发展已经可以逐步实现与国际接轨，因此在现阶段经济开放程度的增加，有效提高京津冀区域产业的集聚。经济基础、金融机构业务水平与产业集聚之间呈现负相关，主要是因为现在处在中国经济的结构的改革期，服务业加快发展二、三产业良性互动，电子商务带起来的互联网＋广泛发展，这使得目前京津冀区域的实体经济增长弱于虚拟经济，使得经济基础支撑、金融机构业务水平对金融集聚产生负的影响。

综上所述，各个影响因素的具体影响可以总结为：（1）经济开放程度对京津冀区域金融集聚一直呈现出显著的正向影响，且通过历年数据比较发现影响程度在逐年增加，这说明在京津冀区域金融集聚的过程中对外开放程度起着重要的推动作用；（2）工业基础支撑对京津冀区域金融集聚的影响在大多数时候呈现出不显著特征，说明在京津冀协同发展的进程中工业支撑对京津冀区域金融集聚不存在着显著的相关关系；（3）一般来说，经济基础决定上层建筑，但是通过对京津冀区域金融集聚影响因素的实证结果研究，经济基础对京津冀区域金融集聚存在着显著的负向影响，这可能是京津冀区域 13 个城市经济基础起点不同，这造成在现阶段京津冀协同发展的进程中不能够显著的促进金融集聚，反而对金融集聚形成了显著地抑制作用，阻碍了金融集聚的形成；（4）人力资本对京津冀区域金融集聚产生显著的促进作用且影响程度很大，说明该城市人力资本越强，城市的金融集聚程度越高，其实人力资本直接作用于金融产业本身的发展，推动金融业集聚的深化，故在未来京津冀区域应加强人才建设，合理地促进金融资源在京津冀区域集聚；（5）金融机构业务水平对京津冀区域金融集聚存在显著的负向影响，即金融机构业务水平阻碍京津冀区域金融资源集聚；（6）政府行为存在着显著的正向影响，即政府这些年采取措施例如增加财政支出对京津冀区域金融资源集聚存在着显著的正向关系，其能够显著地促进京津冀区域金融资源集聚，这说明加强政府主导作用有利于京津冀协同发展的顺利进行。

6.4 本 章 小 结

在本章里面，首先运用京津冀区域区位商分析现阶段京津冀区域金融发展的现状，并运用 Moran's I 分析方法以及空间模型对京津冀区域金融集聚的空间效应及其影响因素进行分析。从实证结果中我们可以看出 2005～2014 年京津冀区域金融业集聚具有明显的差异性，北京市、天津市呈现出很强的集聚现象，并且可以辐射带动周围的城市发展，而河北省多数城市集聚现象不明显。所以北京市、天津市金融产业发展在京津冀区域协同发展中处在重要的地位。根据局部 Moran's I 散点图，发现京津冀区域城市之间金融集聚程度表现出相似值之间的空间集聚，而不是表现出完全随机的状态。同时在地理空间的分布上京津冀区域金融集聚程度的依赖性和异质性呈现出明显特征，一方面京津冀区域金融业的发展确实具有明显的空间集聚特点，另一方面京津冀区域城市间也表现出十分明显的差异性。在构建空间误差模型进行分析的基础上可以得出：经济开放程度对京津冀区域金融集聚一直呈现显著的正向影响，而这种正向影响比较历史数据可以发现其逐年提高；工业基础支撑对京津冀区域金融集聚的影响在大多数时候呈现出不显著的负相关；经济基础对京津冀区域金融集聚存在着显著的负向影响；人力资本发展水平对京津冀区域金融集聚产生了显著的促进作用；近些年来金融机构业务水平对京津冀区域金融集聚存在着显著的负向影响；政府行为存在着显著的正向影响，即政府这些年采取的措施增加财政支出对京津冀金融资源集聚存在着显著的正向关系，能够显著地促进京津冀区域金融资源集聚，有利于京津冀经济协同发展的顺利进行。所以在未来京津冀区域金融集聚的发展过程中，应该充分利用各种因素，积极引导金融资源使其合理流向。

第7章

基于空间面板模型的京津冀区域城市金融收敛性分析

改革开放 30 多年来，京津冀区域经济发展表现为十分鲜明的阶段性，走过平衡发展—不平衡发展—非均衡协调发展的动态发展过程。在这一段时间内，京津冀经济发展方向随着国家的改革实现由计划经济体制向市场经济体制转变，经济性质实现发展同质性向发展异质性转型。而京津冀区域经济发展的差异性也造成京津冀区域金融发展的显著的非均衡性，京津冀区域金融发展的非均衡性特点对京津冀区域金融业整体发展有着重要的影响。所以，目前京津冀区域经济非均衡状态是伴随着经济发展到一定程度带来的必然现象，是京津冀区域经济增长和京津冀区域经济发展不平衡的共同作用结果。根据新古典经济学增长理论，国家经济发展理论在过程中呈现出倒"U"形的形态，在区域发展的开始阶段区域间差距表现出扩大趋势，非均衡性逐渐变大，而在发展后期区域间的非均衡趋势随着时间推移逐步表现减小。京津冀区域作为目前处在世界发展中等水平的地区，虽然现阶段京津冀区域经济发展效率不高，但是它整体上处在高速增长阶段，也就是处在新古典经济学理论中倒"U"形曲线的上升阶段，所以可以得出今后京津冀区域经济发展非均衡性会逐步增加。尤其是提出京津冀区域金融协同发展后，京津冀三地快速发展，北京市、天津市由于资源丰富、交通便利、人文历史条件等因素，发展较为迅速，和河北地区存在的差异性十分显著。京津冀区域经济发展表现出非均衡性扩大态势，进一步导致在不同城市间京津冀三地金融业显示出非均衡发展趋势。金融是经济的核心，在此基础上我们应该充分理解现阶段京津冀区域经济的非均衡差异性。

近年来，区域金融发展的差异引起国内外众多学者开始对其进行分析。戈登史密斯（Goldsmith，1969）经过实证研究分析得出：在关于经济发展的各个指标选择中，最终选择金融相关比率进行研究，其中金融相关比率代表区域金融业发展水平，其变动趋势在一定水平下表现为向上增长趋势，在一定情形下上升是有限制条件的，即当金融相关比率增长到某一数值后就会趋于平稳，这表明区域金融业发展具有收敛性特征。同时，他还提出，金融相关比率的变化也描述了在规模变化基础上金融业结构体系与经济发展体系之间存在的交互作用影响。随着经济向前发展金融结构也会随之进行相应改变，金融交易分为直接金融交易和间接金融交易，如果间接金融交易所占的比例减少，那么直接金融交易所占的比重将逐步增加，这是在这样一个复杂的过程中金融相关比率最终表现为在一定范围内的平稳。希拉·C·道（Sheila C. Dow，1997）指出区域金融机构是地方投资者重要的依靠对象，区域金融机构之间存在的显著差异是由于区域资金配置效率与规模造成的。玛格达·比安科（Magda Bianco，1997）分析得出带来区域金融业发展不均衡在一定程度上是因为金融体制的差异，这一点明确补充了经济非金融特征，并强调现阶段金融体制的收敛是在一定范围内的收敛。希拉（1998）研究指出现阶段银行金融机构发展特征，深入探讨基于金融体系金融机构空间演化机理，发现在区域金融发展差异中存在着动态的演化特征。维克多·穆林德（Victor Murinde，2004）在对欧盟七国进行分析的基础上得出条件收敛在欧盟七国金融业发展显著中存在。利茨和沃纳（H. Lzl and Werner，2006）在欧洲金融发展敛散性问题的基础上进行实证分析，发现在金融发展过程中，一方面，应该将制度因素纳入到金融结构变化中；另一方面，路径依赖性特征十分明显的根植于金融业结构发展。

当前时期，众多学者开展了有关我国区域金融业发展非均衡问题的研究，种韵、吴蒙（2015）基于经济增长收敛理论，从区域合作的视角，开展对金融服务发展收敛性检验。包括阐述服务业发展收敛的内涵、与经济增长收敛的关联、服务业发展收敛的机制以及分析服务业发展收敛的模型与指标选择，并最终运用所构建的方法，对 CEPA 实施后大珠三角金融业收敛性进行实证研究，结果显示：2004~2008 年该地区区域金融业呈现出发散趋势，大珠三角未出现由于区域合作而收敛的现象，得出在政策支撑的背景下，落后地区的产业发展要赶上发达地区需要进一步从制度、基础设施、技术引进等方面为金融业发展提供良好的环境。胡宗义、陈俊和唐李伟（2014）构建空间计量模型，从现实出发研究 2003~2010 年我国农村非正规金融发展的收敛性，实证结果显示，现阶段十分显著的空间相关性存在于我国农村非正规金融发展进程中，但是受到客观条件的限制不存在 β 绝对收敛趋势，β 条件收敛显著存在。我国农村非正规金融空间相关性对农村非正规金融发展收敛方向没有发生改变，但是从某种程度来看这使得农村非正规金融的收敛速度降低了。蒲勇健、黄骞（2015）文中使用 2003~2012 年 31 个省份的面板数据，将保险业纳入测算金融排斥指数的指标体系，采用 δ 收敛和空间 β 收敛两种方法对我国金融排斥收敛性进行研究，发现我国各省份金融排斥存在着明显的空间溢出效应，各地区金融排斥程度较严重且差距较大；与 2003 年相比较，2012 年金融排斥指数仍为 0.69，说明我国各地区经济发展差距明显，得出应该重点关注金融排斥较重的城市，在机构设立、人才配备、资金投入等方面给予大力支持，逐步实现互利共赢；张涛、顾晓安、杜凤娇（2013）利用上海市、浙江省和江苏省 1978~2011 年的数据，研究长三角地区金融发展差异状况，研究结果表明，三省市的金融相关比率都超过 1.5 的稳定水平，FIR 的泰尔指数在 2000 年前有大幅度的波动，之后波动较小；对 FIR 进行收敛性检验发现金融发展绝对收敛不存在于长三角地区，长三角地区金融发展差异表现出显著的增长趋势；黄砚玲、龙志和和林光平（2010）运用空间计量方法对浙江 67 个县市区金融发展收敛性进行实证检验，结果表明 1997~2008 年浙江 67 个县市区金融发展存在显著的收敛与绝对收敛。

　　结合上述研究，本书以京津冀区域作为一个研究范围，通过利用金融相关比率和变异系数分别用做测算金融发展程度和均衡程度的指标，运用空间面板模型构建区域金融业收敛模型，试图探讨京津冀区域金融发展的收敛性问题，从而揭示京津冀区域金融的敛散性，并在后期为政府部门制定适合的京津冀金融整体发展布局提供科学参考依据。

7.1　区域金融收敛模型的设定

　　空间面板模型的具体建立步骤如下所示：开始，对没有将空间位置关系作用纳入到考虑中的非空间面板数据进行传统计量方法的普通最小二乘估计（OLS），进一步根据拉格朗日乘数（Lagrange Multiplier，LM）检验对空间相关性是否显著进行分析。在输出的结果中根据 LM - lag、（Robust）LM - lag 和 LM - err、（Robust）LM - err 统计量的研究分析，一方面考虑判定模型的整体的空间相关性，另一方面参考输出结果给出判定选择空间滞后模型或者空间误差模型的依据。当检验结果支持空间自相关性存在，而 LM 检验结果没有支持空间滞后模型或者空间误差模型，这时候需要在模型检验的基础上建立空间杜宾模型，并运用 LR 和 Wald 统计量进行检验。鉴于空间杜宾模型的复杂形式，所以在进行构造时可以简化为空间滞后模型和空间误差模型，两个简化模型形式的原假设分别设为：$H_0^1: \gamma = 0$ 和 $H_0^2: \gamma + \delta\beta = 0$。当得出的结果既拒绝假设 H_0^1 又拒绝假设 H_0^2 时，此时考虑构建空间杜宾模型来进行建模；当接受假设条件 H_0^1 的时候，同时拉格朗日乘数检验结果倾向于空间滞后模型，则首先考虑建立空间滞后模型；当接受假设条件 H_0^2 时的时候，同时拉格朗日乘数检验结果倾向于空间误差模型，则首先考虑建立空间滞后模型；当 LR 和 Wald 统计量检验与拉格朗日乘数检验倾向的模型冲突时，则首先考虑建立空间杜宾模型。

　　考虑到模型特定空间效应 μ_i 存在的差异性，在此基础上空间特定效应模型分成两个类别：空间随机效应模型和空间固定效应模型。在对空间随机效应模型进行的研究中，首先 μ_i 定义为一个服从均值为 0，方差为 σ_μ^2 的正态分布统计量，同时事先假设随机变量 μ_i 和误差项 ε_{it} 之间是互相独立的，而在对空间固定效应模型进行假设研究中，设定每个空间单元包含一个固定的变量 μ_i。通过运用 Hausman 检验方法检查个体效应 μ_i 与模型设定的解释变量是否存在着相关性，来判断是选择空间随机效应模型还是空间固定效应模型。Hausman 检验的原假设条件为 $H_0: h = 0$。

$$h = (\gamma_{fe} - \gamma_{re}), \left[\mathrm{var}(\gamma_{fe} - \gamma_{re}) \right]^{-1} (\gamma_{fe} - \gamma_{re})$$

γ_{re}、γ_{fe} 分别代表空间随机效应模型和空间固定效应模型涉及的参数估计量，我们假设这一统计量服从 x^2 分布，如果得出的研究结果拒绝原假设，则首先应构建空间固定效应模型，反之选择构建空间随机效应模型。

研究区域金融发展收敛性分析主要是基于三种收敛类型：σ 收敛、β 收敛和俱乐部收敛。本书采用 β 收敛对京津冀区域城市金融业收敛情况进行分析。[①]

区域金融业的收敛非空间面板模型形式为：

$$\frac{1}{k}\ln\left(\frac{Y_{i,t+k}}{Y_{i,t}}\right) = \alpha + \beta\ln Y_{i,t} + \mu_i + \varepsilon_{i,t+k}$$

其中 $\ln\left(\dfrac{Y_{i,t+k}}{Y_{i,t}}\right)$ 表示 i 地区第 t 年的金融业发展的增长率，$\dfrac{1}{k}\ln\left(\dfrac{Y_{i,t+k}}{Y_{i,t}}\right)$ 表示 i 地区在时间间隔 k 内金融业发展增长率的平均值，在本书中 $k=1$。若收敛系数 β 估计值小于 0，这说明京津冀区域城市金融业发展现阶段存在收敛趋势，否则京津冀区域城市金融业发展不收敛。

非空间面板模型的估计未考虑京津冀区域城市之间金融业发展的空间自相关性，进而带来存在误差的实证的结果，所以在研究中应该将非空间面板模型发展为空间面板模型形式，分别构建空间误差模型、空间滞后模型和空间杜宾模型来研究京津冀区域金融业收敛。其中具体模型形式如下所示：

京津冀区域金融业发展 β 收敛的空间误差模型（SEM）形式为：

$$\ln\left(\frac{Y_{i,t+k}}{Y_{i,t}}\right) = \alpha + \beta\ln(Y_{i,t}) + \mu_i + \varphi_{i,t+K}, \quad \varphi_{i,t+K} = \rho \sum_{j=1}^{N} w_{ij}\varphi_{j,t+k} + \varepsilon_{i,t+k}$$

京津冀区域金融业发展 β 收敛的空间滞后模型（SAR）形式为：

$$\frac{1}{k}\ln\left(\frac{Y_{i,t+k}}{Y_{i,t}}\right) = \alpha + \delta \sum_{j=1}^{N} \frac{w_{ij}}{k}\ln\left(\frac{Y_{i,t+k}}{Y_{i,t}}\right) + \beta\ln(Y_{i,t}) + \mu_i + \varepsilon_{i,t+k}$$

京津冀区域金融业发展 β 收敛的空间杜宾模型（SDM）形式为：

---

① 金融发展 β 收敛分为条件收敛和绝对收敛，绝对收敛是指各区域之间金融发展增长仅仅取决于初始资本水平的不同；条件收敛则认为除了初始资本水平外，还有其他的因素制约经济增长，如制度因素、地理条件和资源禀赋等。

$$\frac{1}{k}\ln\left(\frac{Y_{i,t+k}}{Y_{i,t}}\right) = \alpha + \beta\ln(Y_{i,t}) + \delta\sum_{j=1}^{N}\frac{w_{ij}}{k}\ln\left(\frac{Y_{j,t+k}}{Y_{j,t}}\right) + \beta\sum_{j=1}^{N}w_{ij}\ln(Y_{j,t+k}) + \mu_i + \varepsilon_{i,t+k}$$

若 $\beta < 0$ 表明如果将空间相关性考虑到模型中则京津冀金融业呈现出收敛发展形态；若 $\beta > 0$，表明如果将空间相关性考虑到模型中则京津冀金融业没有呈现出收敛发展形态。

7.2　京津冀区域城市金融非均衡发展趋势分析

7.2.1　数据的选取

在衡量金融业发展规模的指标体系构建中，本书采用戈德史密斯（1969）在研究中运用的金融相关比率（Financial International Ratio，FIR）指标，金融相关比率定义为在某一具体时点上现存金融资产的总额和国民财富之商，国民财富被定义为对外净资产和实物资产总额的加总。一般在实际问题研究中，金融相关比率指金融资产总量与国内生产总值（GDP）之商，采用这一指标来测算经济发展进程中金融业的发展水平。通常来说，在经济发展的进程中如果一个区域金融业发展水平越高，那么这一区域金融相关比率的值也会相应增加，表明区域金融相关比率会伴随经济发展水平改变而改变。在实际研究中考虑到数据资料获取的局限性，一般情况下很难得到完备的金融数据资料，所以，通常的做法为采用金融资产价值用各城市金融机构存贷款余额替代。因此本书中，京津冀区域 13 个城市金融资产价值用金融机构存贷款余额来表示，各城市国民财富总额选取 13 个地区城市生产总值（GDP）表示，进一步利用金融相关比率计算方法测算出京津冀区域金融相关比率。其中本书数据来源自 Wind 数据库。

7.2.2　京津冀区域城市金融发展趋势

一直以来，京津冀区域金融业的发展问题是困扰京津冀区域经济协同发展的关键点。所以大多数学术界开始着手以区域金融非均衡发展趋势为研究的切入点，并进一步构建分析区域金融业发展的恰当实证模型。但是对目前发布的学术研究成果而言，规范的分析体系还没有形成。但是主要的理论体系指出，区域金融发展收敛性的本质为随着时间的推移区域金融发展非均衡性慢慢减小。即金融发展水平的差异伴随着时间的改变而逐渐减弱。目前大多数对区域金融发展的差异及其变动进行分析和测度的研究采用泰勒指数和变异系数等统计指标，所以在本书中对京津冀区域城市金融业差异化变动形态进行检验和研究运用变异系数这一指标。[①]

变异系数（Coefficient of Variation）通常也被叫做标准差率，定义为样本标准差和样本均值的商，用其来反映在观测的样本中各个观测值的差异。变异系数受到大家广泛运用的一个重要原因是因为它可以减少观测值单位和平均数差异对多个样本数据差异的影响。变异系数计算公式如下所示：

$$C.V = \frac{S}{\bar{x}} \times 100\% = \frac{\sqrt{\dfrac{\sum (X_i - \bar{x})^2}{N}}}{\bar{x}} \times 100\%$$

其中 $C.V$ 代表通常研究中定义的变异系数，N 代表所研究样本中地区个数，$\bar{x}$ 代表 n 个地区样本观测值的平均值，S 代表观测值的标准差，X_i 代表第 i 个地区变量的观测值，其中 $i = 1, 2, 3, \cdots, n$。变异系数随着时间变化增加，意味着变量观测值之间的变异程度越大，即不同区域之间的差异程度呈现出递增趋势；而变异系数随着时间变化减少，意味着变量观测值之间的变异程度或者是偏离程度越小，指不同区域之间的差异程度呈现出递减趋势（如图 7 - 1 所示）。

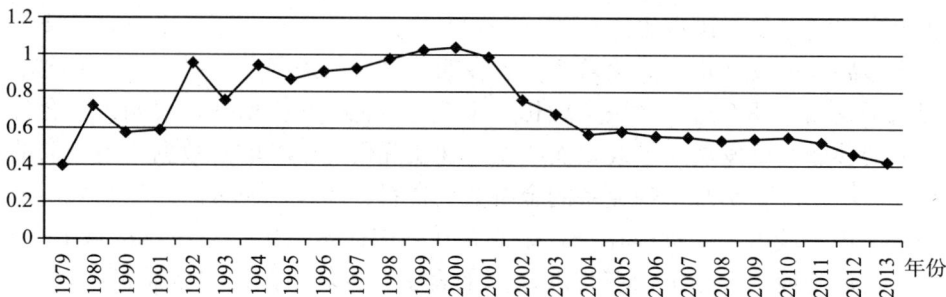

图 7 - 1　京津冀区域金融相关比率的变异系数

结合图 7 - 1 研究发现，总的来说，1990 ~ 2014 年京津冀区域城市间金融相关比率的变异系数整体呈现下降趋势，说明自 1990 年以来京津冀区域城市间金融业发展的差异程度呈现出减少趋势，说明京津冀区域城市金融业发展的非均衡性逐年减小。且 1990 ~ 2014 年京津冀区域城市间金融相关比率的变异系数的变动趋势呈现出两个阶段：1990 ~ 2002 年京津冀区域城市间金融业发展差异性逐渐加大，京津冀区域城市间呈现出明显的非均衡性，2002 年京津冀区域城市间金融业差异性达到最大；2003 ~ 2014 年份京津冀区域不同城市金融业发展的差异性

---

① 参考黄砚玲、龙志和和林光平．中国区域金融发展收敛性的空间计量研究——来自浙江省 67 个县市区 1997 ~ 2008 年的实证分析 [J]．上海经济研究，2010（4）：65 - 71。

有所降低：2003～2011 年京津冀区域城市间金融业发展的差异程度维持在 0.54 特定的比率范围内，非均衡性发展程度稳定发展；2011～2014 年京津冀区域城市之间金融业的非均衡性程度有所降低，呈现出下降态势。从图 7-1 中可以判断，京津冀区域城市之间金融业存在比较明显的非均衡性特征，但是随着京津冀协同发展的推进，京津冀区域城市间金融业发展的差异性逐年减小。

通过图 7-1 的结论我们发现，京津冀区域城市间经济发展呈现出非均衡特征，但是京津冀区域城市金融业的发展差距逐年减少。与目前京津冀区域城市金融业发展的现状结合研究，北京市、天津市近些年金融业呈现出迅速发展和大规模发展，同时随着北京市和天津市金融发展的辐射带动作用，河北省城市金融业发展取得较大的进步，金融业快速发展。但是由于京津冀区域各个城市在地区开放程度、社会文化环境、人力资本、生态环境、资源禀赋、国家政策支持等因素方面存在显著的不同之处，导致近几年来京津冀区域金融业呈现出明显的非均衡发展水平。京津冀区域是我国迅速发展的城市带，深入研究京津冀区域城市金融业非均衡性发展的特征对促进地区经济显得十分重要，在之前理论研究的基础上我们将进一步分析京津冀区域城市金融业发展的敛散性。

一般情况下区域金融发展的收敛性被定义为在不同的区域或者国家之中，金融业初始状态与其金融系统的增长速度两者之间呈现为负相关关系。现有文献关于区域金融发展收敛性大多数以新古典经济学中经济收敛性理论为切入点，内容涵盖金融业发展的俱乐部收敛、金融业发展的 δ 收敛以及金融业发展的 β 收敛。金融业发展 β 收敛又可以划分为条件收敛和绝对收敛，其中条件收敛定义为不考虑经济发展的初始资本积累水平，进一步分析制度、地理、资源等要素对金融业发展 β 收敛的影响和制约；而绝对收敛定义为区域金融业发展增长率的变化主要是由不同区域初始资本累积的高低决定。[①] 综合上述研究可以得出金融业发展 β 收敛的方程，如下所示：

$$\ln\left(\frac{y_{i,T+t}}{y_{it}}\right) = \alpha + \beta\ln y_{it}$$

其中 $y_{i,T+t}$ 代表期末的金融相关比率，y_{it} 代表期初的金融相关比率。当 $\beta < 0$ 时，表明在 T 年间区域金融业发展表现为绝对收敛形态，当 $\beta > 0$ 时，表明在 T 年间区域金融业发展表现为发散形态。

本书以金融业发展 β 收敛理论为研究的切入点，在考虑到在变量研究中地理位置因素对研究分析的影响，故进一步构建空间面板计量模型对京津冀区域城市金融业发展的收敛性进行实证研究。

---

① 吕勇斌，张琳，王正．中国农村金融发展的区域差异性分析 [J]．统计与决策，2012（19）：111-115.

7.3 京津冀区域城市金融发展敛散性的实证分析

为了对比京津冀区域金融业的收敛情况在空间视角和份空间视角下的差距，首先本书运用 1990～2014 年京津冀区域 13 个城市金融业发展相关数据做非空间面板估计，为空间面板模型的建立提供依据，并进一步检验在模型中是否存在空间自相关，非空间面板下四种估计结果见表 7-1。

表 7-1   京津冀区域 13 个城市金融业发展 β 收敛的非空间面板模型估计结果

分类	混合回归模型	空间固定效应模型	时间固定效应模型	时间和空间固定效应模型
c	0.5467 ***			
	(39.4780)			
β	0.7312 ***	-0.8421 ***	-0.3938 ***	-0.5310 ***
	(-5.3412)	(-6.9843)	(-3.6353)	(-9.4866)
R^2	0.26	0.45	0.12	0.27
σ^2	0.1853	0.1214	0.0706	0.0145
log-likelihood	-472.4791	-312.3653	-16.7502	663.4203
LM - lag	847.1176 **	1 737.8856 ***	49.9657 ***	8.8564 ***
RobustLM - lag	3.9435 *	2.075	0.0279	2.9474
LM - err	844.1935 ***	1 400.7533 ***	50.4620 **	11.6491 ***
RobustLM - err	4.8582 **	29.1750 ***	0.5755	5.2511 **

注：***，**，* 分别表示在 1%、5%、10% 水平下显著。

通过对表 7-1 的实证结果进行分析可以得出，空间固定效应模型、混合回归模型、空间和时间固定效应模型以及时间固定效应模型的检验估计结果均表明在模型中收敛参数 β 是一个负数，同时通过 1% 的显著水平检验，这意味着没有将空间地理位置关系考虑的范围时，空间效应和时间效应无论是否存在着，1990～2014 年京津冀区域 13 个城市之间存在 β 绝对收敛趋势。通过对表 7-1 的观察，我们可以发现在模型的估计结果中混合回归模型估计出收敛参数 β 的绝对值要大于时间固定效应模型收敛参数值，这意味着京津冀区域 13 个城市金融业发展考虑时间效应的时候金融业的收敛速度将变慢；混合回归模型收敛参数 β 的绝对值要小于空间固定效应模型，意味着将空间效应纳入模型分析中时，京津冀 13 个城市金融业收敛更加迅速。混合回归模型和空间固定效应模型估计出收敛参数 β 的绝对值要大于空间和时间固定效应模型，但是空间和时间固定效应模型大于时间固定效应模型，这意味着当同时考虑到时间效应和空间效应显著存在情形中，京津冀 13 个城市金融业收敛的速度会变慢，结合前面的研究可以发现导致净溶液收敛速度变缓的主要原因是存在着时间固定效应。通过对实证结果中 log-likelihood 估计值进行观察，发现当同时考虑到时间和空间双固定效应时，进一步构建的模型对京津冀区域 13 个城市金融业收敛性进行研究，所得到的估计结果最佳。对所建立的模型进行拉格朗日乘数检验，估计结果显示在时间和空间固定效应模型、空间固定效应模型和时间固定效应模型中其中稳健的 LM - lag 没有通过显著性检验，同时存在着时间固定效应模型检验中稳健的 LM - err 没有通过显著性检验，剩下模型中关于拉格朗日乘数检验了显著性检验均显著，这意味着京津冀区域 13 个城市金融业发展空间滞后残差项形式的存在显著空间自相关性以及存在显著的滞后被解释变量形式的空间自相关性。

在构建模型进行分析时，如何确定空间固定效应和时间固定效应一个需要深入思考的问题，本书运用 LR 统计量对模型中的空间固定效应和时间固定效应进行联合显著性（如表 7 - 2 所示）检验。表 7 - 2 列出的检验结果阐明，空间固定效应和时间固定效应都通过了 1% 的水平下的显著性检验。根据上述结果，在构建模型进行研究时首先建立时间和空间固定效应都存在的空间面板模型。

表 7 - 2　京津冀区域 13 城市空间固定效应和时间固定效应联合显著性检验

分类	LR 统计量	自由度	P 值
时间固定效应	971.0967	25	0.0000
空间固定效应	459.7658	13	0.0000

传统的非空间面板数据研究没有考虑到京津冀区域 13 个城市金融业发展在空间地理位置上的相关性，这一点可能带来求得的结果估计存在偏差，同时在关于非空间面板的拉格朗日乘数检验也说明了京津冀区域 13 个城市之间存在着空间相关性，所以在这种情况下将空间因素纳入到京津冀区域金融业收敛性的影响中十分必要的。首先我们建立空间杜宾模型，其次通过构造 LR 和 Wald 统计量检验，进一步确定适宜的估计模型。接下来列出了京津冀区域城市金融业 LR 和 Wald 统计量检验结果和 β 收敛的空间杜宾模型估计结果如表 7 - 3 所示。

表 7 - 3　京津冀 13 个城市金融业发展 β 收敛的空间杜宾模型的估计结果

分类	空间杜宾模型（SDM 模型）		
β	- 0.5674 *** （ - 9.7968）	$\beta1$	0.2453 ** （2.3924）
δ	0.1439 *** （3.4142）		
R^2	0.9267	$Corr^2$	0.0977
σ^2	0.0078	log-likelihood	889.65
Wald （SAR）	4.2879 **	LR （SAR）	4.4323 **
Wald （SEM）	2.1809	LR （SEM）	2.1649
Hausman		344.78 *** P = 0.0000	

注：*** 、** 分别表示在 1% 、5% 水平下显著。

由表 7 – 3 可以看出，对于空间杜宾模型（SDM）与空间滞后模型（SAR）进行原假设检验 $H_0^1: \beta_1 = 0$，结果显示 LR 检验和 Wald 检验都通过了显著性检验，这意味着在空间滞后模型和空间杜宾模型的选择中，优先考虑空间杜宾模型；对于空间杜宾模型（SDM）与空间误差模型（SEM）的模型进行原假设检验为 $H_0^2: \beta_1 + \delta\beta = 0$，结果显示 LR 检验和 Wald 检验均没有通过显著性检验，在两个模型中选择构建空间误差模型。在前文关于非空间面板模型进行拉格朗日乘数检验时，估计结果显示空间误差模型比空间滞后模型更准确，综合这两个检验结果构建空间误差模型对京津冀区域金融业 β 收敛情况进行分析。Hausman 检验通过了显著性水平为 1% 的检验，统计量的值为 344.78，这说明空间面板模型应当选择固定效应的模式，即存在拒绝随机效应的原假设。综合考虑到空间固定效应和时间固定效应的联合显著性检验结果，最终确立的模型形式为：时间固定效应和空间固定效应同时显著存在的空间误差模型。考虑到空间滞后被解释变量对模型的影响，所以在研究中同时对 SAR 模型和 SEM 模型进行估计，关于京津冀区域金融业 β 收敛情况的 SAR 模型和 SEM 模型实证结果如表 7 – 4 所示。

表 7 – 4　京津冀区域 13 城市金融业发展 β 收敛的空间面板模型估计结果

分类	SAR	SEM
β	– 0. 5234 *** （ – 9. 3987）	– 0. 5763 *** （ – 9. 5215）
δ	0. 1139 *** （2. 7134）	
δ/σ		0. 1297 *** （2. 9807）
R^2	0. 8976	0. 9067
$Corr^2$	0. 0879	0. 0845
σ^2	0. 0187	0. 0187
log-likelihood	666. 2978	668. 8712

注：*** 表示在 1% 水平下显著。

对比表 7 – 1 中四种模型的估计结果，我们发现 SAR 模型和 SEM 模型的 R^2 分别增加为 0. 8976 和 0. 9067，这表明 SAR 模型和 SEM 模型的解释能力要好于表 7 – 1 的四种模型形式，空间数据模型可以更加准确的刻画京津冀区域金融业 β 收敛情况。SEM 模型的 R^2 统计量十分接近 SAR 模型的 R^2 统计量，这一现象表明 SEM 模型和 SAR 模型十分相近的解释了京津冀区域金融业 β 收敛情况；关于统计量 LogL，对比表中数据得出将空间交互作用纳入到空间面板模型后模型估计值要大于空间固定效应模型、混合回归模型和时间固定效应模型，同时其小于空间和时间固定效应模型，SAR 模型估计出的 LogL 统计量参数值小于 SEM 模型估计出的参数值。所以，通过比较各种形式的模型，得出刻画京津冀区域金融业 β 收敛情况构建空间面板模型更加恰当，虽然表 7 – 3 显示构建 SEM 模型（空间误差模型）和 SAR 模型（构建空间滞后模型）最后得到的估计结果十分接近，但是考虑到拉格朗日乘数检验和 Wald 检验，得出构建 SEM 模型（空间误差模型）的参数估计要好于构建 SAR 模型（空间滞后模型）。

　　通过对表 7 - 4 进行分析得出，SEM 模型和 SAR 模型收敛参数 β 的估计值都显示为负数，同时在 1% 的显著性水平下均通过检验，说明如果将空间相关性纳入考虑的范围，1990 ~ 2014 年京津冀区域城市金融业存在显著 β 绝对收敛趋势。SEM 模型收敛参数 β 的值要大于 SAR 模型收敛参数 β 的值，说明构建空间误差模型估计分析京津冀区域金融收敛性，β 收敛速度明显快于构建空间滞后模型估计 β 收敛速度。SEM 模型的空间误差项系数 σ 为 0.1297，为正数且在 1% 的显著性水平下通过了显著性检验，意味着周围城市金融业增长的误差冲击对本城市的金融业增长造成明显的正向影响，说明周围城市金融业增长的变动情况对本城市金融业的发展具有显著的影响，一个城市金融业的发展状态和其周围城市金融业发展的状态显著正相关。而构建的 SAR 模型进行估计得到的空间滞后相关系数 δ 为 0.1139，为正数且在 1% 的显著性水平下通过了显著性检验，说明一个城市金融业的发展形态与其相邻城市的金融业发展形态相关，也即一个城市的金融增长与周围城市间及整个系统内的金融增长呈现出正相关，考虑到不同城市金融业收敛关系存在着相互作用，所以各城市金融业发展表现出示范效应。

　　从上述分析结果可以看出，新古典增长机制在京津冀区域城市金融业发展中可能处于主导地位，各城市金融业发展的收敛性主要由各城市初始金融资本积累决定，按照新古典经济增长理论，如果京津冀区域金融业具有相同的发展现状的话，区域内金融业发展水平相对缓慢的城市在未来一段时间内会渐渐跟上区域内金融业发展相对发达的城市的步伐，进而完成京津冀区域整体金融业向前发展。然而，存在着很多影响区域金融发展的因素，同时这些影响之间的关系也并不是我们理解的简单关系，其中知识溢出、技术扩散、地区经济发展水平、人力资本等因素目前来说对区域城市金融业的发展带来很大的影响，特别是知识溢出、技术扩散等新经济发展模式下衍生出来的增长因素对区域金融业成长造成逐步扩大的影响。如果不将空间地理位置带来的空间自相关性考虑进来，而是运用传统OLS 参数估计方法对京津冀区域金融业收敛形态进行实证分析，得到的估计结果不准确的，是存在误差的，因为它没有将内生经济增长因素考虑到模型估计方程中，即人力资本、知识溢出、技术扩散等因素无法运用到模型估计中，如果将空间地理位置带来的空间自相关性考虑进来，空间误差模型和空间滞后模型研究分析知识溢出、人力资本以及技术进步等影响因素，那么可以使得估计结果更加准确。[①] 在表 7 - 4 的模型估计结果中发现，京津冀区域金融业发展与其周围城市金

---

　　① 刘华军，鲍振. 中国金融发展的空间非均衡与极化研究 [J]. 当代财经，2012 (9)：45 - 53.

融业增长率的误差冲击或者滞后项存在密切的关系，在金融业的发展历程中，区域间金融业发展水平的误差项对相邻城市的金融业发展水平存在显著的正向冲击，而区域间金融发展水平滞后项对相邻城市的金融业发展水平表现出强烈的扩散效应。

结合图 7 – 1 实证分析结果看出，1990 ~ 2002 年、2003 ~ 2014 这两个阶段京津冀区域金融变化趋势不同，因此本书针对 1990 ~ 2002 年、2003 ~ 2014 这两个阶段进行京津冀区域金融业发展 β 收敛的模型估计。

由表 7 – 5 可以看出，在不考虑空间因素的情况下，1990 ~ 2002 年京津冀区域金融业发展混合回归模型以及时间固定效应模型估计 β 收敛系数分别为 1.0987、1.2441，大于 0，并且通过 1% 的显著性检验，这表明这两个模型测量的京津冀区域金融业发展是发散的；空间固定效应模型得到的 β 收敛参数估计值显著性检验没有通过，意味着当只把空间因素纳入到模型中对 1990 ~ 2002 年京津冀区域金融业发展的 β 收敛情况进行刻画是不准确；空间固定效应模型和空间和时间固定效应模型实证分析结果中 β 收敛系数都是负数：空间和时间固定效应同时存在的情况下 β 收敛系数通过了 5% 的显著性检验，表明在空间固定效应和时间固定效应同时存在的情况下，1990 ~ 2002 年京津冀区域金融业发展的 β 收敛存在。同时通过 LM 检验的结果我们可以得出：只有空间固定效应模型通过了拉格朗日乘数检验，剩下的模型都没有通过显著性检验。但是构建空间固定效应和时间固定效应包含的 SEM 模型和 SAR 模型得到的实证结果表明：1990 ~ 2002 年京津冀区域金融业发展 β 系数通过了 5% 的显著性检验，说明：1990 ~ 2002 年京津冀区域金融业发展 β 存在收敛趋势；但是空间交互项的系数没有通过显著性检验，这表明周围城市的发展状况对本城市的发展状况存在不显著的影响。在比较非空间面板数据模型和空间面板数据模型的过程中，得到 1990 ~ 2002 年京津冀区域金融业发展空间交互效应不存在。当没有把空间固定效应和时间固定效应纳入考虑的范围时，1990 ~ 2002 年京津冀区域金融业发展 β 收敛大于 0，呈现出发散趋势，而在考虑到历史文化、经济发展、政府政策等空间固定效应和时间固定效应以后，1990 ~ 2002 年京津冀区域金融业发展呈现出 β 收敛趋势。

表 7 – 5   1990 ~ 2002 年京津冀区域金融业发展 β 收敛的模型估计结果

变量	混合回归模型	空间固定效应模型	时间固定效应模型	时间和空间固定效应模型	SAR 模型	SEM 模型
C	0.6825 ***					
	(24.523)					
β	1.0987 ***	– 0.0528	1.2441 ***	– 0.1457 ***	– 0.1368 *	– 0.1369 ***
	(4.2567)	(– 0.5445)	(4.3769)	(– 2.1516)	(– 1.7966)	(– 1.1981)

变量	混合回归模型	空间固定效应模型	时间固定效应模型	时间和空间固定效应模型	SAR 模型	SEM 模型
δ/σ					- 0.0356 (- 0.455)	- 0.0466 (- 0.4777)
R^2	0.0655	0.0023	0.0924	0.0147	0.9314	0.9216
σ^2	0.2832	0.0321	0.2422	0.0277	0.0191	0.0158
Log-likelihood	- 261.5021	97.8645	- 208.7434	188.0964	189.0805	179.0255
LM - lag	0.0412	104.5763	1.0112	0.2180		
RobustLM - lag	0.4561	3.1872	0.2641	0.0422		
LM - err	0.1787	106.6177	1.0864	0.2457		
RobustLM - lag	0.5546	4 3659	0.0932	0.0453		

注：***、*分别表示在1%、10%水平下显著。

1990～2002 年我国市场处在改革开放中期，随着外国先进科学技术的引进京津冀区域快速发展。同时在这一时期京津冀区域金融资产实现转型，由单一的银行资产市场向多元化、多方向的资本市场发展，进而实现经济发展进程中资金来源慢慢由财政拨款发展为银行贷款，完成对原来不适当的经济体改革，逐渐发展为政府从宏观层面对市场进行调控、主要依靠市场自身发挥作用的市场经济体制，带来生产力的解放，使农业和第三产业在经济中的比重不断上升。1994 年，在市场经济的带动下全国开展了金融全面深化改革，逐步设立了现阶段经济社会发展目标，金融市场逐步走向成熟，京津冀地区迅速发展。尤其是 20 世纪 90 年代，一方面我国相继成立了上海、深圳证券交易所，正式开始运营股票市场，这进一步带来了国家调整金融政策，京津冀区域财务公司、信托投资、股份制银行等非国有金融机构在这一时期迅速组织建立，在金融发展开始的时期金融业实行分业管理、分业经营的体制，这一时期京津冀区域为了对金融业进行合理的整顿和规范，依法设立证监会来明确执行金融监管规则，在某种程度上促进商业银行从政府资源配置工具向现代商业银行进行转变，到此时京津冀区域金融市场逐渐呈现出多元化发展的形态，同时伴随着金融市场化调控，地方政府可以灵活处理区域金融政策，这样的情况带来京津冀区域不同城市制定的金融业政策产生较大差距，因此带来区域金融业差异化发展水平。另一方面在这一时期，京津冀区域进行了大范围的产业结构调整，来不断加快发展工业化、城市化进程，使得轻重工业和第二产业的迅速发展且在经济发展中的比重逐步加大，京津冀区域各个城市经济都表现为高速发展形态。然而，国有企业存在的许多不足和弊端随着市场化的改革的逐步进行开始显现，对各城市经济的发展形成显著的不利影响。但是在这一时期政策已经明确设定市场体系发挥经济的主导作用机制，金融资源流动形成以市场发展为切入点在不同区域间的自由分配的配置，政府在其中发挥了越来越不显著的作用。在这一背景下京津冀区域间经济差异化发展越来越明显，由于市场化发展程度较高北京市和天津市不断加快金融资源流动速度、扩大金融资源的需求，带来这些金融资源向北京市、天津市这些发达地区聚集，由于河北省拥有的金融资源较少，导致 1990 ~ 2002 年京津冀区域金融业发展表现为 β 不收敛形态，京津冀区域金融差异化发展程度日益提升。

由表 7 - 6 可以看出，在非空间面板模型中，混合回归模型的 β 收敛系数为 5.0987，时间固定效应模型 β 收敛系数 8.2441 并且都通过了 1% 的显著性检验，表明 2003 ~ 2014 年京津冀区域金融业发展表现为不收敛趋势，即现阶段京津冀区域城市金融业整体来说表现为差异化发展；空间固定和时间固定效应模型、空间固定效应模型进行 β 估计得到的收敛参数为 - 0.7457 和 - 0.3528，同时这两个模型参数在 5% 的置信水平下都通过了显著性检验，表明当存在空间固定效应和空间固定效应和时间固定效应都存在的情况下，2003 ~ 2014 年京津冀区域金融业发展表现出 β 收敛形态。空间和时间固定效应模型和混合回归模型 LM 检验参数估计结果阐明：2003 ~ 2014 年京津冀区域金融业发展存在着空间交互作用。所以，在研究 2003 ~ 2014 年京津冀区域金融业发展 β 收敛模型的时候，我们考虑空间固定效应和时间固定效应都存在的空间面板模型进行分析。SAR 模型和 SEM 模型 β 收敛的系数估计结果分别为 - 0.8368 和 - 0.7369，并且都通过了 5% 的显著性检验，这意味着如果将空间地理位置因素纳入到模型中时，2003 ~ 2014 年京津冀区域金融业发展水平表现为 β 收敛形态。在构建 SEM 模型进行估计的空间误差项的估计结果为 - 0.1935，在 5% 的置信水平下通过了显著性检验，表明周围城市金融业发展水平的误差冲击对区域内某一城市金融业发展发生负向相互作用；在构建 SAR 模型进行估计得到的空间滞后项估计值为 - 0.1346，在 5% 的置信水平下通过了显著性检验，这意味着区域某一城市的金融业发展与周围城市的金融业发展表现为负相关关系，即周围城市的金融业发展情况将会对本城市的金融业发展产生负向影响。

表 7 - 6   2003 ~ 2014 年京津冀区域金融业发展 β 收敛的模型估计结果

变量	混合回归模型	时间固定效应模型	空间固定效应模型	时间和空间固定效应模型	SAR 模型	SEM 模型
C	0.8925 *** (18.523)					
β	5.0987 *** (14.2157)	8.2441 *** (24.3769)	- 0.3528 ** (- 2.5345)	- 0.7457 ** (- 2.1516)	- 0.8368 ** (- 2.0966)	- 0.7369 ** (- 2.498)
δ/σ					- 0.1346 ** (- 2.263)	- 0.1935 ** (- 2.24)

续表

变量	混合回归模型	时间固定效应模型	空间固定效应模型	时间和空间固定效应模型	SAR 模型	SEM 模型
R^2	0.4165	0.2324	0.0034	0.2447	0.9476	0.9456
σ^2	0.6862	0.4452	0.0627	0.0674	0.0693	0.0451
Log-likelihood	−362.5321	−278.3412	−14.4523	2.0964	9.0832	9.0809
LM – lag	0.0356	0.0544	0.0435	6.1244 **		
RobustLM – lag	50.4516 ***	0.2741	2.2372	0.7421		
LM – err	27.7872 ***	0.0864	0.1177	4.5797 **		
RobustLM – lag	78.4576 ***	0.2132	2.9645	0.2453		

注：***，** 分别表示在1%、5%水平下显著。

在走向 21 世纪的过程中，一方面国有经济随着国企改革能量的注入表现出勃勃生机，脱离了之前国企亏损的怪圈，在此基础上京津冀区域城市发展进入了一个快车道；另一方面国际形势也发生了重大变化，我国加入 WTO 后市场逐渐开放，特别是逐渐开放的资本账户，这广阔的市场前景吸收引入大量外资，给国内的经济发展带来了新机遇。其中在国内金融市场上，一方面在完成股权分置改革后，使得大量国有股份可以自由流动，导致流通股数量大量增长，增强了股票市场活力；另一方面我国建立创业板和中小企业板市场，进一步完整了证券业相关法律法规，在这样的历史背景下京津冀区域股票市场逐步进行提升。在发展的 21 世纪，京津冀区域各大银行开始进行重组和上市，借助于资产管理公司减少自身不良资产，实现以优质资产上市来不断提高银行的经营管理能力。虽然现阶段京津冀区域经济发展表现出特征十分明显的非均衡性，其中北京市、天津市凭借其国家的扶持政策、坚实的经济文化内涵以及通畅的交通运输条件，不仅吸收了大量的国内外资本对其进行投资，而且吸引聚集了许多国内外高素质人才，城市达到更高层次的发展水平；而河北省各城市由于其起点低经济发展水平相对滞后，但是随着北京市、天津市经济辐射带动作用，河北省经济社会发展迅速。受京津冀区域不断加大的市场开放程度影响，即使当前国际形势比较严峻，特别是像 2008 年这种世界性的金融危机，但是京津冀区域经济仍然维持着较快发展，经济体制日渐完善，资本市场逐步成熟，经济实力逐年提升，区域金融业发展呈现出收敛特征。

7.4　本章小结

从 1990 年开始，京津冀区域逐渐构建金融市场，并随着经济发展水平的提升金融市场逐步走向成熟，金融市场的体制政策不断趋于健全，各项政策法规逐渐走向完备，各城市金融业日益深化合作，城市间金融业发展差异趋势整体表现为减小。深入分析变异系数可以得出，京津冀区域金融业发展水平表现出鲜明的阶段性特征，其中1990~2002年京津冀区域城市之间金融业发展差异性逐渐加剧，城市之间呈现出明显的非均衡性，2002年京津冀区域城市金融业差异性发展差异性达到最大；2003~2014年京津冀区域城市金融业发展的差异性有所降低，2003~2011金融业发展的差异程度维持在一个特定的比率范围内；2011~2014年京津冀区域城市之间金融业的非均衡性程度呈现出下降态势。

总体来看，在运用空间计量经济模型对1990~2014年京津冀区域城市金融业发展的收敛形态拟合模型来研究，结果说明：（1）排除空间地理位置的相关性影响，运用混合回归模型、时间固定效应模型、空间固定效应模型、空间和时间固定效应模型对京津冀区域城市金融业的收敛进行估计，1990~2014年京津冀区域城市金融业呈现出β收敛趋势，同时存在着显著地空间相关性。（2）在考虑空间位置关系的前提下，运用SAR模型和SEM模型对1990~2014年京津冀区域城市金融业β收敛进行空间估计，将空间和时间固定效应均纳入到模型考虑范围内时，京津冀区域城市金融业发展β绝对收敛趋势表现为显著存在，各城市金融业发展趋势显著受到邻近城市金融业发展水平的限制，城市金融业的发展趋势显著的受到空间差异和地理邻近性影响。

接下来分阶段来看：（1）将空间固定效应和时间固定效应纳入模型考虑范围时，1990~2002年、2003~2014年京津冀区域城市金融业发展呈现出绝对收敛形态，同时根据模型的估计结果显示1990~2002年京津冀区域城市金融业发展的收敛速度要慢于2003~2014年京津冀区域城市金融业发展的收敛速度，这得到的结果和前文对变异系数进行研究所得出的京津冀区域金融业发展表现出鲜明的阶段性特征结论相吻合。（2）将时间固定效应纳入到模型估计时，京津冀区域城市1990~2002年、2003~2014年金融业发展均呈现出发散趋势，并且均通过了显著性检验，表明京津冀区域城市之间金融业差异化发展。同时发现空间面板模型（SAR）的空间滞后项系数由不显著（1990~2002年）的转变为显著负相关（2003~2014年），表明周围金融业发展情况对本城市的影响由不存在显著地影响变为存在着显著地负影响，而在考虑1990~2002年和2003~2014年空间面板模型（SEM）的空间误差项系数时，由不显著到显著地负相关，表明周围金融业发展的误差冲击对本城市的影响由不存在显著地影响变为存在着显著地负影响。这表明在京津冀区域城市的发展过程中周围城市的影响起着重要的作用，同时这也造成了1990~2002年、2003~2014年京津冀区域城市金融业的收敛速度不同。

第8章

京津冀区域金融集聚的经济效应分析

随着全球范围内经济的快速发展，金融资源在区域内的流动范围越来越大，进而形成了全球化的金融活动网络。在这一背景下，国际资本流动加速，优质的金融资源、大量的金融机构在一些有利条件的驱动下，逐渐的集聚在一些重要的金融中心并且集聚程度不断加深。金融是当今社会经济发展的重要因素，随着金融业在经济发展中的地位不断提高，金融业集聚效应对区域经济的发展也表现出了越来越明显的扩散影响作用。金融业的不断集聚使国际大都市和区域中心城市的功能也在逐步向商贸、金融、信息中心等综合型城市区域转变，这些综合服务功能能够加速当地的经济实力快速提高，也极大地带动了周边区域经济的快速发展。[①]

金融业的集聚现象在我国也有越来越明显的趋势，出现了一些极具代表性的金融产业集聚的区域例如目前在北京的金融街、上海的浦东金融区，这些集聚区域中汇聚了全国大量优质的金融资源和各类金融机构，为当地经济的发展提供了优质的金融服务，并与周边地区经济的发展形成了良好的互动关系，逐渐成为促进经济增长的重要动力，因此各地政府也越来越关注当地金融业的发展。金融行业区域性集聚可以促进当地金融机构之间的合作，为相互间的资源共享提供便利，为当地经济发展创造良好的金融环境，并且优质的金融资源在区域间的流动能够为周边区域带来交易增长、投资繁荣等一系列的良好的经济影响。[②] 因此，越来越多的学者把注意力转向金融产业集聚领域的研究上来，在不同的学科背景下，运用不同的理论知识体系和不同的实证论证方法，探究金融集聚的现象和本质，并研究金融集聚对区域经济的影响。

对金融集聚的扩散效应，学者们也纷纷进行了深入的实证研究。刘军、黄解宇等（2007）认为，金融集聚区域通过大量优质金融资源的集聚，形成规模效应，逐渐形成区域内良好的互动合作关系使金融原有的五大功能得到强化，导致

---

① 梁琦．产业集聚论．［M］．北京：商务印书馆，2004.

② 韩廷春．金融发展与经济增长——理论实证与政策［M］．北京：清华大学出版社，2002.

集聚区拥有更强的吸收存款功能、信息揭示功能、公司管理功能等，进而使集聚区内拥有更好的发展环境，节约成本，便捷交易，对周边区域经济发展产生扩散辐射作用。并运用京津冀金融业的相关数据进行实证分析，论证金融集聚对京津冀区域经济的促进作用。张世晓（2011）先从宏观的角度论证了金融发展对整体经济发展的影响，然后把研究主要地区锁定在长三角和珠三角地区，对两地区的金融集聚现象的发展做了概述，接着主要研究了长三角地区金融集聚现象的发展与经济发展之间的协同关系。余秀荣（2011）通过研究国际典型的金融集聚中心如伦敦、纽约等的发展历程，总结出它们演变的一般规律，并与中国的北京、上海、广州的金融集聚现象进行对比分析，参照国外的发展经验，为三地区金融集聚的发展提出一些可行性意见。

8.1　金融集聚与京津冀区域金融中心筛选

京津冀地区由北京市、天津市和河北省三个地区组成，三个地区金融业的发展情况不尽相同。北京不但是全国经济的中心，也是京津冀地区经济发展的中心。北京聚集了我国众多金融机构的总部，如五大行的总部、三大政策性银行的总部、三大保险公司的总部、两大证券公司的总部，也是银监会、证监会、保监会三大监管部门总部的所在地，在中国具有明显的总部资源优势。金融机构总部聚集的北京意味着它拥有其他地方无可比拟的金融行业的影响力。北京是全国的金融中心，也是京津冀地区金融集聚的中心。近年来北京的金融产业继续保持平稳较快增长，已初步形成了与首都地位相匹配的金融业发展格局。2015 年，北京金融业实现增加值 3 357.71 亿元，占 GDP 的比重为 15.74%。且在银行、证券、保险三个方面，其发展状况良好，均处在全国的领先地位。同时北京也是高校的聚集地，每年为北京的金融市场输送大量的高素质的经济管理人才，这也是北京金融市场较京津冀其他地区发达的关键性因素。其中一部分高素质的经济管理人才也向周边地区扩散，也为周边的金融行业的发展注入了鲜活的生命力，促进金融行业的发展。[①]

天津也是京津冀经济区域重要的城市之一，是推动北方经济快速发展的重要驱动力量，也是我国重要的经济改革试验、金融改革试验区域。2015 年在天津滨海新区建立的滨海自由贸易区尤为天津金融业的快速发展创造了契机。天津是典型的港口城市拥有便利的交通，先进的通信技术，也有着良好的经济基础，拥有一些外资银行、投资公司，金融交易结算较为活跃。尤其是天津空港自由贸易

---

① 数据来源：http://www.gov.cn/xinwen/2015 – 07/05/content_2890468.htm.

区、天津滨海新区改革试验基地的建立都为天津金融业的发展创造了良好的政策环境，投资环境也得到进一步的改善，逐渐吸引着一系列的金融资源在该地聚集。天津金融业的发展前景是很广阔的。

河北省一直是农业大省，金融业的发展起步较晚，近几年总体来看发展迅速，政府也相继出台了一系列优惠政策鼓励金融行业的发展。但是相比而言，河北省金融行业的发展现状较北京、天津来说还存在一定的差距。

1. 指标选取和数据来源

本节主要度量京津冀区域各城市的金融集聚程度，进而分析京津冀地区潜在的金融中心城市，从而为后文分析京津冀地区的金融中心是否对周边其他城市起到了金融辐射作用。将京津冀 13 城市的地区生产总值作为研究对象，利用 SPSS16.0 进行主成分分析，用金融业增加值、金融机构存贷款余额、居民储蓄余额、金融业从业人员数和原保费收入等指标来计算衡量"金融集聚"程度，进而确立金融中心。

本书在分析时，为避免一年数据存在的偶然性，通过 2011～2014 年四年数据进行主成分，从而使得计算衡量出的"金融集聚"指标也更有说服力。数据来源于 2012～2014 年各年份《北京统计年鉴》、《天津统计年鉴》、《河北经济年鉴》、京津冀各城市统计公报和 Wind 数据库。

2. 过程分析

以 2014 年为例，对京津冀 13 个城市进行主成分分析。表 8 - 1 显示的是 2014 年京津冀 13 城市金融集聚相关性分析结果。从表中可以看出所有变量之间的相关度都较高，均在 0.98 以上，说明选择这些高度相关的数据进行主成分分析具有很高的实用性。

表 8 - 1　　　　2014 年京津冀 13 城市金融集聚相关性分析

分类	金融机构存贷款	金融机构从业人员	金融业增加值	居民储蓄余额	原保费收入
金融机构存贷款	1.000	0.990	0.994	0.997	0.995
金融机构从业人员	0.990	1.000	0.972	0.997	0.997
金融业增加值	0.994	0.972	1.000	0.985	0.983
居民储蓄余额	0.997	0.997	0.985	1.000	0.998
原保费收入	0.995	0.997	0.983	0.998	1.000

表 8 - 2 显示的是 KMO 和 Bartlett 球形检验结果。KMO 和 Bartlett 球形检验是检验效度的方法，可以用来分析所选数据是否适用于做主成分分析。对于 KMO

和 Bartlett 球形检验，0.9 以上表示非常好；0.8 以上表示好；0.7 以上表示较好；0.6 以上，表示较差；0.5 以上，表示很差；0.5 以下，则不能接受。对于 KMO 检验方法，只要 KMO 值处于 0.5 以上，则表示可以接受。

表 8 – 2   KMO 和 Bartlett's Test

取样足够度的 Kaiser – Meyer – Olkin 度量		0.735
Bartlett 的球形检验	Approx. Chi – Square	178.494
	df	10
	Sig.	0.000

从表 8 – 2 可以看出，2014 年京津冀经济圈 13 城市的 KMO 检验值为 0.735，检验值落在较好的范围；同时数据也通过了 1% 水平下的 Bartlett 球形检验。这说明可以进行主成分分析。

选取首项为主成分，并定义其为"金融集聚总量"因子，其解释的总方差高达 99.283%，这说明提取的因子可以较高的代表原有指标的大部分信息。根据上述步骤，本书对 2011 年、2012 年和 2013 年的统计数据分别进行主成分分析，基本得出了类似的结论。各年金融集聚总量因子得分如表 8 – 3 所示。

表 8 – 3   京津冀 13 城市金融集总量因子得分

城市	2011 年		2012 年		2013 年		2014 年	
	得分	排名	得分	排名	得分	排名	得分	排名
北京	14.49	1	14.45	1	14.39	1	14.41	1
天津	1.95	2	2.11	2	2.32	2	2.25	2
石家庄	– 0.49	3	– 0.55	3	– 0.56	3	– 0.64	3
唐山	– 1.18	4	– 1.27	4	– 1.26	4	– 1.18	4
秦皇岛	– 2.20	8	– 2.20	9	– 2.24	10	– 2.24	9
邯郸	– 1.75	6	– 1.91	7	– 1.91	6	– 1.92	6
廊坊	– 1.93	7	– 1.90	6	– 1.95	7	– 1.92	7
保定	– 1.57	5	– 1.58	5	– 1.61	5	– 1.61	5
沧州	– 2.22	9	– 2.23	10	– 2.20	8	– 2.25	10
邢台	– 2.23	10	– 2.19	8	– 2.21	9	– 2.20	8
张家口	– 2.29	11	– 2.25	11	– 2.29	12	– 2.29	12
承德	– 2.31	12	– 2.27	12	– 2.28	11	– 2.26	11
衡水	– 2.38	13	– 2.34	13	– 2.35	13	– 2.32	13

根据表 8 – 3 可以看出京津冀地区的城市的金融行业发展极不平衡，河北省

各城市和北京之间呈现出较大的差距：

第一，在京津冀地区，北京是绝对意义上的金融中心，金融集聚指标得分远远高于京津冀其他城市得分；天津作为京津冀地区另一个直辖市城市，指标得分为正，近年来经济金融快速发展，其金融集聚度得分较河北省各城市较高，但与北京的差距比较明显；石家庄作为河北省的省会城市，金融集聚指标得分相对靠前，这是因为省内存在的金融资源、人才以及相关政策内部倾斜所致，但是从得分来看，综合得分处在负的水平；其他城市金融集聚度更低。

第二，从 2011 年到 2014 年，京津冀各城市的金融集聚程度排名基本不变，北京、天津、石家庄和唐山均保持在前四位，张家口、承德和衡水得分排名始终处在最后几名。这说明近年来京津冀地区内部的金融活动相对较稳定，没有发生剧烈变动。

8.2 北京市金融集聚程度分析

8.2.1 方法与指标

本书采用区位熵指标分析京津冀区域金融集聚中心城市的对外扩散效应。区位熵（Location Quotient，LQ）经常用于衡量一个地区某一产业集聚程度，根据它的数值来判断该地区这一行业的专业化程度的高低以及其对周边地区是否具有辐射效应。其计算公式如下：

$$P_{ij} = \frac{l_{ij}/q_j}{L_i/Q}$$

式中，P_{ij} 为区位熵，l_{ij} 是 j 地 i 行业的从业人数或产值，L_i 是全国或特定区域 i 行业从人员总数或产值，q_j 是 j 地区所有行业从业人员数或产值，Q 是全国或特定区域全行业所有从业人员总数或产值。以上这些数据在国家或者地区的统计年鉴及相关网站都可以获得。当 $P_{ij} > 1$ 时，则表示所研究的区域该行业的集聚程度较高，专业化水平较高。由于其数值大于 1，因此该行业的发展对周边区域具有较强的外向扩散功能。反之，$P_{ij} < 1$ 时说明该区域的某产业专业化程度不高，没有较高的聚集度和外向扩散功能。

接下来，首先重点分析北京市金融集聚程度与外向扩散能力，并对京津冀三地的金融集聚程度及扩散效应进行对比；然后分析长三角区域中上海金融集聚状况；最后通过北京和上海的对比，发现北京金融发展与集聚过程中存在的问题。

8.2.2 结果分析

根据前面的分析，采用区位熵测度京津冀区域金融集聚程度与外向扩散能力，表8-4给出了2004~2014年京津冀金融业区位熵测度值。

表8-4　　　　　　　　　2004~2014年京津冀金融业区位熵

年份	北京		天津		河北	
	金融人员区位熵	金融产值区位熵	金融人员区位熵	金融产值区位熵	金融人员区位熵	金融产值区位熵
2004	1.6452	1.5960	0.8744	0.5939	0.4575	0.3355
2005	1.6212	1.6488	0.8488	0.5452	0.4553	0.2950
2006	1.6901	1.5578	0.7698	0.5518	0.4418	0.3197
2007	1.7790	1.5742	0.7264	0.6528	0.4278	0.3064
2008	1.7300	1.6517	0.7134	0.6620	0.4404	0.3139
2009	1.8558	1.5348	0.7204	0.7132	0.4235	0.3478
2010	1.8932	1.5262	0.6841	0.7180	0.4212	0.3450
2011	2.0440	1.5397	0.6733	0.7557	0.3902	0.3424
2012	2.1802	1.4784	0.6259	0.8094	0.3813	0.3551
2013	2.2070	1.4132	0.6142	0.8053	0.3779	0.3759
2014	1.9498	1.3816	0.5384	0.7867	0.3265	0.3875

根据表8-4可以看出，北京金融人员区位熵基本呈现出递增的变化趋势，由2004年的1.6452增加到2013年的2.2070，增幅较明显，2014年略有下降。总体来看，金融人员区位熵数值远大于1，到2011年突破2，这说明北京的金融业以从业人员为测算标准时呈现出较强金融集聚和外向扩散特征；北京的金融业以产值为测算标准的区位熵在2004年为1.5960，随后呈现出波动的变化趋势，在波动中略有下降，但其数值仍然大于1，这表明北京金融业以金融产值为测算标准的区位熵同样具有较强金融集聚和外向扩散特征。综合发现，北京的金融业金融集聚和外向扩散特征显著，对周边城市有着较强的集聚和扩散效应。对比天津和河北发现，无论是金融人员区位熵还是金融产值区位熵，其数值均小于1，这说明天津和河北的金融业专业化程度不高，没有较高的集聚度和外向扩散效应。但是天津和河北相比较而言，天津的金融人员区位熵和金融产值区位熵均高于河北，说明天津金融集聚和外向扩散特征较高于河北。

前面分析得到河北和天津的优质金融资源不断地向北京流动，尤其是河北省，这使得北京聚集着大量的金融资源，使其呈现出较强的金融集聚和外向扩散特征；而河北和天津金融资源相对匮乏，没有呈现出金融集聚和外向扩散特征。

北京金融集聚对周边城市起到了一定的集聚和扩散作用，但是仅仅从京津冀的角度无法判断这种辐射作用的强弱。北京吸收了来自河北和天津的优质金融资源，但是北京的金融集聚和外向扩散效应是否足够强？鉴于此，本书接下来分析长三角地区上海金融集聚和外向扩散效应，将北京同上海进行对比，从而分析京津冀地区金融发展中北京作为金融中心存在的问题。

8.2.3　北京与上海金融集聚比较

长江三角洲是带动我国经济快速发展的重要引擎，是我国经济发展最具活力的地区之一。在地域上长三角由上海市、江苏省和浙江省组成，其中上海是我国最大的城市，也是长三角经济区的中心。上海是我国金融行业发展最早的城市，也是最早出现金融集聚现象的城市。早在 1990 年 4 月浦东地区开始建设之时，政府就明确把浦东区的发展定位在大力发展金融业，并积极建成了陆家嘴金融贸易区，同年 11 月在上海正式成立了上海证券交易税，这也是我国第一个证券交易所，一系列的金融方面的建设标志着上海金融体系的初步建成。此后随着央行上海总部的落成，为上海市金融体系增加了监管部门，保证了其更加快速健康的发展。近年来，我国政府也积极颁布一系列政策措施来支持上海金融业的发展，对上海金融业的发展做了规划，目标是到 2020 年上海基本建成国际性的金融中心，这为上海金融业的发展创造了良好的契机，能够更好地发挥上海这一金融集聚中心对周边区域的经济发展的辐射带动作用。

江苏省的金融业近年来发展迅速，金融体系越来越完善，金融业正在成为江苏省服务业发展的重点。2014 年，江苏省金融机构数量高达 156 家，金融业从业人员达 22.9 万人；全省沪深上市公司数量达 254 家，总市值高达 1.96 万亿元；全年实现保费收入 1 638.8 亿元。在上海这一长三角金融集聚中心的带动作用下，江苏省金融业会更加充满活力。

浙江省也正在全力发展金融行业，政府不断出台一系列的优惠的增长来帮助金融业的快速发展。浙江省的投资活动非常活跃，金融理财机构、风险管理公司也非常常见，其金融行业的快速发展为当地实体经济的融资提供了诸多的便利，尤其是对当地中小企业的发展提供了大量的资金支持。2014 年，杭州省金融机构数量高达 189 家，全省沪深上市公司数量达 266 家，全年实现保费收入 1 258 亿元。表 8 - 5 显示的是 2004 ~ 2014 年上海金融业外向功能指标。①

---

① 数据来源：http://www.gov.cn/xinwen/2015 - 07/05/content_2890468.htm.

表 8 – 5   2004 ~ 2014 年上海金融业区位熵

年份	2004	2005	2006	2007	2008	2009	2010	2011	2012	2013	2014
区位熵	1.6711	1.625	1.5721	1.5767	1.5312	1.64	1.5368	1.5692	1.5837	1.6125	1.6024

从表 8 – 5 可以看出上海市的金融产值区位熵在近 11 年间处在一种波动的状态，但基本维持在 1.6 的水平，远大于 1。这表明上海的金融行业对周边区域具有较强的集聚和外向扩散功能。同时将北京和上海的金融产值区位熵进行对比，上海的金融产值区位熵在大部分年份要高于北京，尤其是最近 6 年来，其差距在不断加大，这表明北京虽然起到了一定的金融集聚和扩散效应，但是同上海相比，这种效应较弱，尤其是最近几年差距在加大。

8.3 北京市金融集聚的经济效应分析

8.3.1 指标的选取

本书运用计量经济模型进一步分析北京金融集聚的经济效应及其对京津冀区域发展的影响。选择金融业的银行、证券、保险三大方面的相关数据作为研究变量，以北京金融机构人民币存款总额（X_1）、北京证券交易总额（X_2）、北京原保费收入总额（X_3）为解释变量，以北京市 GDP（Y_1）、天津市 GDP（Y_2）、河北省 GDP（Y_3）为被解释变量。为确保计量模型的可行性，避免相关数据变动而造成的不稳定，因此对数据进行规范性处理，得到一组新变量 $\ln X_1$、$\ln X_2$、$\ln X_3$、$\ln Y_1$、$\ln Y_2$、$\ln Y_3$。

8.3.2 过程分析

1. 单位根检验

利用 STATA12.0 对上述六个变量进行单位根检验，检验结果表明 $\ln X_1$、$\ln X_2$、$\ln X_3$、$\ln Y_1$、$\ln Y_2$、$\ln Y_3$ 的原序列与一阶差分序列不平稳，检验其二阶差分序列，结果是平稳的。具体的检验结果如表 8 – 6 所示。

表 8 - 6　　　　　　　　　　　　　　　　单位根检验结果

变量	计算结果	临界值			是否平稳
		1%	5%	10%	
$\Delta^2 \ln (X_1)$	- 3. 870	- 3. 750	- 3 000	- 2. 630	平稳
$\Delta^2 \ln (X_2)$	- 6. 436	- 3. 750	- 3 000	- 2. 630	平稳
$\Delta^2 \ln (X_3)$	- 10. 149	- 3. 750	- 3 000	- 2. 630	平稳
$\Delta^2 \ln (Y_1)$	- 5. 597	- 3. 750	- 3 000	- 2. 630	平稳
$\Delta^2 \ln (Y_2)$	- 5. 846	- 3. 750	- 3 000	- 2. 630	平稳
$\Delta^2 \ln (Y_3)$	- 3. 748	- 3. 750	- 3 000	- 2. 630	平稳

2. 参数估计

通过最小二乘估计，对京津冀地区的北京、天津和河北的地区生产总值同北京的金融业各项指标进行回归分析，回归结果如表 8 - 7 所示。

表 8 - 7　　　　　　　　　　　　　　　　　回归结果

变量	$\ln Y_1$	$\ln Y_2$	$\ln Y_3$
$\ln X_1$	0. 837 ***	1. 303 ***	1. 087 ***
	(5. 61)	(6. 82)	(5. 91)
$\ln X_2$	0. 031	0. 017	- 0. 0001
	(0. 84)	(0. 36)	(- 0. 00)
$\ln X_3$	- 0. 006	- 0. 254 *	- 0. 208
	(- 0. 06)	(- 2. 02)	(- 1. 71)
C	- 0. 316	- 4. 222 ***	- 1. 088
	(- 0. 43)	(- 4. 52)	(- 1. 21)
R^2	0. 9954	0. 9948	0. 9928
F	785. 92	702. 51	503. 94

注：t statistics in parentheses * $p < 0.1$, ** $p < 0.05$, *** $p < 0.01$.

（1）北京银行业对京津冀三省市经济的影响。北京的银行业与北京的经济增长之间存在着正向的关系，并且这种正向关系是极其显著的，二者之间的弹性系数较大，达到 0. 837，这说明银行业存贷款增加 1 个百分点，将使得经济增长0. 837 个百分点；同时，北京的银行业发展同天津和河北的经济增长之间也存在着显著的正向关系，并且这种正向关系要强于北京对自身的影响；对于天津和河北来看，北京银行业对天津经济增长的影响要强于河北，这与天津的地理位置有关，天津紧邻北京，而河北省仅有承德、张家口、廊坊和保定等城市环绕在北京周边，并且这些城市经济发展水平较差，天津近年来经济快速发展，经济总量占比不断提升，经济发展的同时金融发展速度不断提高，金融环境不断优化，因此更加容易受到来自北京的金融辐射作用。

（2）北京证券业对京津冀三省市经济的影响。北京证券业的发展对自身经济发展具有正向作用，但是这种作用效果不显著；同样北京的证券业对天津的经济发展产生不显著的正向作用；但是北京的证券业对河北的经济增长产生负向的作用，作用不显著。

（3）北京保险业对京津冀三省市经济的影响。北京的保险业发展对自身的经济发展产生不显著的负向作用；对天津的经济增长产生显著的负向作用，这说明北京的保险业发展对天津的经济增长产生抑制作用；北京的保险业发展对河北的经济发展同样产生不显著的负向作用。一直以来证券和保险行业在金融总量中所占的地位较小，虽然近年来证券保险行业得到了一定的发展，但是相比银行业来说仍然受到经营环境、历史等因素的影响，这使得北京证券保险业的发展对自身以及周边城市没有起到显著的正向影响，甚至产生负向影响。

考虑到前面的回归分析只是说明了变量之间存在的相关关系，并不能说明变量之间的因果关系，因此本书接下来进一步检验这些变量之间的因果关系。

3. 格兰杰因果关系检验

（1）北京经济增长和北京金融集聚的格兰杰因果检验结果（见表8-8）。

表 8 - 8 　　　　　$\ln X_1$、$\ln X_2$、$\ln X_3$ 和 $\ln Y_1$ 的格兰杰检验结果

H_0 原假设	F 统计量	P 值
$\ln Y_1$ 不是 $\ln X_1$ 的格兰杰原因	6.89439	0.0182
$\ln X_1$ 不是 $\ln Y_1$ 的格兰杰原因	1.52301	0.2751
$\ln Y_1$ 不是 $\ln X_2$ 的格兰杰原因	7.77412	0.0133
$\ln X_2$ 不是 $\ln Y_1$ 的格兰杰原因	1.84832	0.2188
$\ln Y_1$ 不是 $\ln X_3$ 的格兰杰原因	3.72010	0.0721
$\ln X_3$ 不是 $\ln Y_1$ 的格兰杰原因	4.63615	0.0460

（2）天津经济增长和北京金融集聚的格兰杰因果检验结果（见表8-9）。

表 8 - 9 　　　　　$\ln X_1$、$\ln X_2$、$\ln X_3$ 和 $\ln Y_2$ 的格兰杰检验结果

H_0 原假设	F 统计量	P 值
$\ln Y_2$ 不是 $\ln X_1$ 的格兰杰原因	7.30334	0.0157
$\ln X_1$ 不是 $\ln Y_2$ 的格兰杰原因	5.53560	0.0310

H_0 原假设	F 统计量	P 值
$\ln Y_2$ 不是 $\ln X_2$ 的格兰杰原因	4.91729	0.0405
$\ln X_2$ 不是 $\ln Y_2$ 的格兰杰原因	2.33183	0.1593
$\ln Y_2$ 不是 $\ln X_3$ 的格兰杰原因	2.6119	0.1339
$\ln X_3$ 不是 $\ln Y_2$ 的格兰杰原因	2.4674	0.1463

（3）河北经济增长和北京金融集聚的格兰杰因果检验结果（见表 8－10）。

表 8－10　　　　　$\ln X_1$、$\ln X_2$、$\ln X_3$ 和 $\ln Y_3$ 的格兰杰检验结果

H_0 原假设	F 统计量	P 值
$\ln Y_3$ 不是 $\ln X_1$ 的格兰杰原因	6.97001	0.0177
$\ln X_1$ 不是 $\ln Y_3$ 的格兰杰原因	5.76397	0.0282
$\ln Y_3$ 不是 $\ln X_2$ 的格兰杰原因	7.55067	0.0144
$\ln X_2$ 不是 $\ln Y_3$ 的格兰杰原因	1.06774	0.3881
$\ln Y_3$ 不是 $\ln X_3$ 的格兰杰原因	0.66288	0.6096
$\ln X_3$ 不是 $\ln Y_3$ 的格兰杰原因	1.27388	0.3959

通过对北京金融集聚与京、津和冀经济增长的格兰杰因果检验发现：北京的银行业发展是天津和河北经济增长的格兰杰原因。北京银行业不断发展，规模不断壮大，为周边城市的发展提供充足资金支持，且带来相应便利，促进周边城市的金融发展，实现北京金融集聚外向扩散效应。

京津冀三地的经济发展均是北京银行业和证券业的格兰杰原因，这说明天津和河北的经济增长将会带动北京银行和证券行业的发展。这是因为天津和河北的经济增长将会促进本地的金融发展，形成资本积累，而北京在京津冀地区银行业和证券业表现出的金融集聚效应将会吸收来自天津和河北的优质金融资源，这必将带动北京银行业和证券业的发展。

从北京的保险行业来看，北京的保险行业不是天津和河北经济增长的格兰杰原因，同样天津和河北的经济增长也不是北京保险行业发展的格兰杰原因，这说明北京的保险行业还并未对周边城市表现出金融集聚和金融辐射效应，但是从北京自身来看，北京的保险业发展是北京经济发展的格兰杰原因，同样北京的经济增长也是北京保险行业发展的格兰杰原因。这可能是因为保险行业相对银行和证券行业来说发展较晚，行业规范性有待提高，并且受到历史因素的影响，使得北京的保险行业只对自身起到金融集聚和辐射效应。随着保险行业的进一步发展和完善，北京的保险行业将会呈现出对周边城市的金融集聚和辐射效应。

8.3.3　北京与上海金融集聚效应的比较

同上节类似，选择上海金融机构人民币存款总额（X_1）、上海证券交易总额（X_2）、上海原保费收入总额（X_3）为解释变量，同时选取上海市 GDP（Y_1）、江苏省 GDP（Y_2）、浙江省 GDP（Y_3）为被解释变量。对数据进行对数化处理，得到一组新变量 $\ln X_1$、$\ln X_2$、$\ln X_3$、$\ln Y_1$、$\ln Y_2$、$\ln Y_3$。通过计量经济模型分析上海的金融集聚效应。

利用 Stata12.0 对上述六个变量进行单位根检验，检验结果表明 $\ln X_1$、$\ln X_2$、$\ln X_3$、$\ln Y_1$、$\ln Y_2$、$\ln Y_3$ 的原序列与一阶差分序列不平稳，检验其二阶差分序列，结果是平稳的。具体的检验结果如表 8 - 11 所示。

表 8 - 11　　　　　　　　　单位根检验结果

变量	计算结果	临界值			是否平稳
		1%	5%	10%	
$\Delta^2 \ln (X_1)$	- 3.780	- 3.750	- 3 000	- 2.630	平稳
$\Delta^2 \ln (X_2)$	- 7.187	- 3.750	- 3 000	- 2.630	平稳
$\Delta^2 \ln (X_3)$	- 6.964	- 3.750	- 3 000	- 2.630	平稳
$\Delta^2 \ln (Y_1)$	- 4.147	- 3.750	- 3 000	- 2.630	平稳
$\Delta^2 \ln (Y_2)$	- 4.232	- 3.750	- 3 000	- 2.630	平稳
$\Delta^2 \ln (Y_3)$	- 5.097	- 3.750	- 3 000	- 2.630	平稳

通过最小二乘估计，对长三角地区的上海、江苏和浙江的地区生产总值同上海的金融业各项指标进行回归分析，具体的回归结果如表 8 - 12 所示。

表 8 - 12　　　　　　　　　回归结果

变量	$\ln Y_1$	$\ln Y_2$	$\ln Y_3$
$\ln X_1$	0.809 ***	1.225 ***	1.012 ***
	(4.80)	(6.75)	(6.77)
$\ln X_2$	0.028	0.056	0.022
	(0.75)	(1.41)	(0.68)
$\ln X_3$	- 0.046	- 0.294	- 0.108
	(- 0.30)	(- 1.80)	(- 0.80)
C	0.599	- 1.913 *	- 0.718
	(0.84)	(- 2.48)	(- 1.13)
R^2	0.9921	0.9944	0.9954
F	460.10	655.10	798.17

注：t statistics in parentheses * p < 0.1 ，** p < 0.05 ，*** p < 0.01.

上海的银行业发展对上海、江苏和浙江的经济发展产生显著的正向影响，其弹性系数分别为0.809、1.225和1.012，即上海的金融业对江苏的经济发展影响最大，其次是浙江，最后是对自身的影响；从证券业角度来看，上海的证券业发展对上海、江苏和浙江的经济发展均起到正向的作用，但是作用效果不显著；从保险业角度来看，上海的保险业发展对上海、江苏和浙江的经济法均起到负向的作用，但是作用效果不显著。

接下来，进一步检验这些变量之间的因果关系：

（1）上海经济增长和上海金融集聚的格兰杰因果检验结果（见表8-13）。

表8-13　　　　　　$\ln X_1$、$\ln X_2$、$\ln X_3$和$\ln Y_1$的格兰杰检验结果

H_0 原假设	F统计量	P值
$\ln Y_1$ 不是 $\ln X_1$ 的格兰杰原因	9.73483	0.0953
$\ln X_1$ 不是 $\ln Y_1$ 的格兰杰原因	31.3881	0.0311
$\ln Y_1$ 不是 $\ln X_2$ 的格兰杰原因	7.25374	0.0160
$\ln X_2$ 不是 $\ln Y_1$ 的格兰杰原因	1.82792	0.2219
$\ln Y_1$ 不是 $\ln X_3$ 的格兰杰原因	3.89187	0.0888
$\ln X_3$ 不是 $\ln Y_1$ 的格兰杰原因	0.37585	0.7749

（2）江苏经济增长和上海金融集聚的格兰杰因果检验结果（见表8-14）。

表8-14　　　　　　$\ln X_1$、$\ln X_2$、$\ln X_3$和$\ln Y_2$的格兰杰检验结果

H_0 原假设	F统计量	P值
$\ln Y_2$ 不是 $\ln X_1$ 的格兰杰原因	5.06894	0.0378
$\ln X_1$ 不是 $\ln Y_2$ 的格兰杰原因	3.55783	0.0785
$\ln Y_2$ 不是 $\ln X_2$ 的格兰杰原因	6.40578	0.0218
$\ln X_2$ 不是 $\ln Y_2$ 的格兰杰原因	3.51054	0.0855
$\ln Y_2$ 不是 $\ln X_3$ 的格兰杰原因	9.24020	0.1000
$\ln X_3$ 不是 $\ln Y_2$ 的格兰杰原因	1.51054	0.4355

（3）浙江经济增长和上海金融集聚的格兰杰因果检验结果（见表8-15）。

表8-15　　　　　　$\ln X_1$、$\ln X_2$、$\ln X_3$和$\ln Y_3$的格兰杰检验结果

H_0 原假设	F统计量	P值
$\ln Y_3$ 不是 $\ln X_1$ 的格兰杰原因	7.40223	0.0151
$\ln X_1$ 不是 $\ln Y_3$ 的格兰杰原因	3.54585	0.0790
$\ln Y_3$ 不是 $\ln X_2$ 的格兰杰原因	4.11202	0.0591

续表

H₀ 原假设	F 统计量	P 值
$\ln X_2$ 不是 $\ln Y_3$ 的格兰杰原因	0.66796	0.5392
$\ln Y_3$ 不是 $\ln X_3$ 的格兰杰原因	3.2189	0.2508
$\ln X_3$ 不是 $\ln Y_3$ 的格兰杰原因	0.5804	0.7114

从表 8-13 可以看出，上海的经济发展是上海银行业、证券业和保险业发展的格兰杰原因；上海的银行业发展是上海经济发展的格兰杰原因。从表 8-14 可以看出，江苏的经济发展是上海银行业、证券业和保险业发展的格兰杰原因；同时上海的银行业和证券业发展是江苏经济发展的格兰杰原因。从表 8-15 可以看出，浙江的经济发展是上海银行业和证券业发展的格兰杰原因；同时上海的银行业和证券业发展是浙江经济发展的格兰杰原因。

8.4 本 章 小 结

本章首先筛选京津冀 13 城市潜在的金融中心，确定北京为京津冀区域金融集聚中心，然后通过区位熵对北京的金融集聚程度及外向扩散效应进行分析，最后分析北京市金融集聚的经济效应，并同时将北京市的金融集聚极其经济效应同长三角地区的上海市进行对比，结果发现：

北京市作为京津冀区域经济的金融中心，对周边城市起到了金融集聚效应和扩散效应，但是这种效应要低于长三角地区的上海。

同时，从金融集聚的经济效应来看主要有以下三点：（1）北京的银行业发展同长三角一样，对周边城市表现出明显的金融集聚和金融辐射效应。这主要是因为银行业作为我国重要的金融部门，对国家的经济建设起到重要的支持作用，因此各地政府都很关注银行行业的发展，行业发展环境相对完善，这为银行业健康发展创造了条件。因此北京的银行业发展对周边城市表现出明显的金融集聚和金融辐射效应。（2）北京的证券行业同上海一样，对周边城市产生了金融集聚效应，但没有产生金融辐射效应。这与北京的证券行业发展程度有关，2014 年上海沪深交易额高达 1 167 882.76 亿元，而同期的北京为 232 318.6 亿元，上海的交易额为北京的 5 倍多；同时上海金融发展程度远高于北京，金融发展环境较好，这使得北京的证券行业仅仅对周边城市产生金融集聚效应，但是由于证券行业发展规模有限，没有表现出金融辐射效应。（3）北京的保险行业对周边城市没有表现金融集聚效应，而上海对周边城市集聚效果较为明显，北京和上海均没有表现出金融辐射效应。上海凭借其独特的金融发展优势，不断吸收来自长三角地区的金融资源，使得上海的保险行业表现出集聚效应，但是在保险行业上，上海对长三角城市的金融辐射效应不明显。而北京受到金融发展水平的影响，保险行业发展较慢，同时保险业起步较晚，且受到历史因素的影响发展受阻，使得北京的保险行业对周边城市没有表现出明显的金融集聚和金融辐射效应。

第9章

京津冀区域金融发展对经济增长的影响

对金融发展与经济增长关系的研究一直是学者关注的领域。戈德·史密斯（1969）的《金融结构与金融发展》，研究了不同国家的金融发展与经济增长，他认为经济发展与金融增长的步伐基本趋于一致。并且他提出了"金融相关比率"（FIR）这一概念，即一国现存的全部金融资产的市场价值除以本国的经济总量。[①] 基于发展中国家的金融状况；曹啸、吴军（2002）认为现实中我国的直接市场融资占比较小，因此他选择商业银行的资产运用指标（间接金融）研究金融发展与经济增长的相互关系，通过格兰杰检验，得出金融资产的扩张使得金融发展，最终作用到经济增长；陈柳钦、曾庆久（2003）得出金融发展对经济增长有推动作用，但是效果有限，因此目前亟须对现存的金融体制进行相应的改革。赵勇（2010）发现金融发展会促进经济增长，并促进经济增长方式的转变，但是这种转变效果存在一定的区域性差异。陆静（2012）得出金融发展是经济增长的Grange 原因，金融发展能够显著的推动经济增长。

本书基于 Panel – VAR 模型，利用面板数据对京津冀区域金融发展与经济增长的关系进行实证研究。Panel – VAR 模型最早是由霍尔茨（Holtz）提出，近年来 Panel – VAR 模型在分析经济问题时得到了较为广泛的应用。巴利亚夫里加（Ballabriga）运用 Panel – VAR 模型分析了经济冲击的扩散问题；科诺瓦（Conova）通过 Panel – VAR 模型分析了区域政策效应的收敛问题；车维汉、王茜（2009）运用 Panel – VAR 模型分析了六种冲击对东亚经济产生的影响；金春雨、韩哲（2013）运用 Panel – VAR 模型分析我国金融发展与经济增长之间的关系。本书运用 1989 ~ 2014 年京津冀 13 城市的数据，采用 Panel – VAR 模型分析京津冀区域金融业发展经济效应的差异性，并通过与长三角区域金融发展经济效应进行对比，探讨京津冀区域金融发展存在的问题。

---

① Raymond W. Goldsmith. Financial Structure and Economic Development ［J］. New Haven：Yale University Press. 1969，155 – 213.

9.1　Panel – VAR 模型原理及协整检验

9.1.1　模型原理

假设样本中有 N 个可以观测的个体，样本的时间序列数据长度为 T，i 表示样本中的第 i 个个体，t 表示时刻，则 Panel – VAR 模型形式为：

$$y_{it} = \alpha_{0t} + \sum_{l=1}^{m} \alpha_{lt} y_{it-l} + \sum_{l=1}^{m} \delta_{lt} x_{it-l} + \varphi_t f_i + u_{it}$$
$$(i = 1, 2, \cdots, N; \ t = 1, 2, \cdots, T)$$

其中 y_{it} 表示个体 i 在 t 时刻 m 个可观测随机变量的 $m \times 1$ 向量，x_{it} 表示个体 i 在 t 时刻 m 个可观测的确定性严格外生变量的 $m \times 1$ 向量，f_i 表示个体 i 不可观测的个体效应向量，α_{0t}，α_{lt}，δ_{lt}，φ_t 分别表示方程回归的系数向量，u_{it} 为模型误差项，它是期望为 0、协方差为 Ω 的独立同分布的随机变量，并且模型的误差项与 y_{is}、x_{is} 和 f_i 正交，其中 s 表示 t 时刻之前的时点，即当 $s < t$ 时，y_{is}、x_{is} 和 f_i 与 u_{it} 正交，即 $E[y_{is}u_{it}] = E[x_{is}u_{it}] = E[f_i u_{it}] = 0$。

本书利用面板向量自回归形式的面板格兰杰因果关系检验方法来分析金融发展与经济增长、固定资产投资和政府财政支出之间的因果关系。对于两个经济变量 x 和 y，格兰杰因果检验的原理为：过去的 x 可以在多大程度上解释现在的 y，如果加入过去的 x 滞后项能否提高过去的 x 对现在的 y 的解释程度，x 怎样才可以显著的提高对于 y 的预测精度，那么就可以认为 x 为引起 y 的格兰杰原因。数学公式表示为：

$$\sigma^2(y_{t+s} \mid y_t, y_{t-1}, \cdots) < \sigma^2(y_{t+s} \mid y_t, y_{t-1}, \cdots, x_t, x_{t-1}, \cdots)$$

所以，格兰杰因果检验的重点在于一个变量的滞后项能否引入到其他变量的方程中。鉴于此，在进行格兰杰因果检验时，需要建立下面的模型：

$$y_t = \alpha + \sum_{i=1}^{l} \alpha_i y_{t-i} + \sum_{j=1}^{m} \beta_j x_{t-j} + \varepsilon$$

其中 l 和 m 分别为 y 和 x 的滞后阶数。格兰杰因果检验的原假设为 x 不是 y 的格兰杰原因，即 $H_0 : \beta_1 = \beta_2 = \cdots = \beta_m = 0$。因此如果接受原假设，那么说明 x 不是引起 y 的格兰杰原因；反之，若拒绝原假设，则说明 x 是引起 y 的格兰杰原因。

9.1.2　变量选取和数据来源

分析经济增长与金融发展之间的关系，本书选择国内生产总值（GDP）作为经济发展的指标，金融相关比率（FIR）作为反映金融发展水平的指标，同时为了有效考察金融发展与经济增长之间关系，我们引入全社会固定资产投资（INV）和政府财政支出（GOV）作为控制变量。其中金融相关比率为金融资产价值与全部实物资产价值的比值。根据内生金融经济增长理论，建立 Panel – VAR 模型，模型形式表示为：

$$y_{it} = \alpha_{0t} + \alpha_{lt} y_{it-1} + f_i + u_{it}$$

其中

$$y_{it} = \{ \ln GDP_{it}, \ln FIR_{it}, \ln INV_{it}, \ln GOV_{it} \}$$

$$y_{it-1} = \{ \ln GDP_{it-1}, \ln FIR_{it-1}, \ln INV_{it-1}, \ln GOV_{it-1} \}$$

采用 1989 ~ 2014 年京津冀 13 个城市的面板数据，数据来源于各城市历年统计年鉴、统计公报以及 WIND 数据库。

9.1.3　数据的平稳性检验和协整检验

在对京津冀 13 个城市的面板数据进行 Panel_VAR 模型检验之前，需要先对数据进行平稳性检验。本书从京津冀整体和区域的角度分别考虑，首先对京津冀 13 城市面板数据进行分析，然后分区域对河北省 11 个城市的面板数据，北京和天津的时间序列数据进行分析，从而得出京津冀 13 城市金融发展的经济效应以及北京、天津与河北金融发展的经济效应。

表 9 – 1 表示的是京津冀 13 城市和河北省 11 城市相关数据的单位根检验结果。从表中可以看出固定资产投资的对数序列是平稳的，国内生产总值、金融发展和政府财政支出的对数均为非平稳序列，因此需要对其差分变量进行单位根检验，检验结果显示其一阶差分为平稳的（结果未列出）。这表明各变量之间存在着长期稳定的关系，因此可以对其进行协整检验。

表 9 – 1　　　　　　　　　　京津冀与河北省面板单位根检验

变量名称	京津冀 13 城市（IPS 检验）		河北省 11 城市（IPS 检验）	
	T 统计量	P 值	T 统计量	P 值
lnGDP	– 2. 049	0. 524	– 1. 743	0. 875
lnFIR	– 1. 957	0. 663	– 1. 947	0. 664
lnINV	– 3. 142	0. 000	– 3. 537	0. 000
lnGOV	– 1. 600	0. 965	– 1. 817	0. 812

表 9 – 2 显示的是北京和天津的单位根检验结果，北京的固定资产投资的对数序列是平稳的，而其他变量均为非平稳序列，天津各变量的对数序列都为非平

稳序列，因此需要对其差分变量进行单位根检验，检验结果显示其一阶差分为平稳的（结果未列出）。这表明北京和天津各变量之间均存在着长期稳定的关系，因此可以对其进行协整检验。

表 9 - 2　　　　　　　　　　北京和天津单位根检验

变量名称	北京		天津	
	T 统计量	P 值	T 统计量	P 值
lnGDP	- 1. 887	0. 6614	- 2. 519	0. 3184
lnFIR	- 1. 669	0. 7643	- 2. 279	0. 4457
lnINV	- 4. 477	0. 0016	- 1. 507	0. 8266
lnGOV	- 0. 198	0. 9916	- 1. 625	0. 7823

表 9 - 3 为京津冀 13 城市和河北省 11 城市的协整检验结果，结果显示应该拒绝原假设，即这表明这两个区域的经济增长、金融业发展水平、固定资产投资和政府财政支出之间存在着长期稳定的关系，也就是说四个变量之间存在着显著的协整关系。

表 9 - 3　　　　　　　　京津冀与河北省面板协整检验结果

京津冀 13 城市		河北 11 城市	
T 统计值	概率值	T 统计值	概率值
- 3. 5337	0. 0002	- 4. 0151	0. 0000

根据表 9 - 4 显示北京四个变量之间存在着长期稳定的关系，也就是说四个变量之间存在着显著的协整关系。

表 9 - 4　　　　　　　　　　北京协整检验结果

maximum rank	parms	LL	eigenvalue	trace statistic	5% critical value
0	36	154. 83	—	105. 31	47. 21
1	43	175. 98	0. 87	63. 02	29. 68
2	48	192. 25	0. 80	30. 47	15. 41
3	51	203. 71	0. 68	4. 57	5. 76
4	52	207. 49	0. 31		

根据表 9 - 5 显示天津四个变量之间存在着长期稳定的关系，也就是说四个变量之间存在着显著的协整关系。

表 9 - 5 天津协整检验结果

maximum rank	parms	LL	eigenvalue	trace statistic	5% critical value
0	36	145. 40	—	92. 27	47. 21
1	43	166. 08	0. 87	50. 92	29. 68
2	48	186. 26	0. 86	10. 56 *	15. 41
3	51	190. 59	0. 351	1. 90	3. 76
4	52	191. 54	0. 090		

9.2 基于脉冲响应函数的区域金融发展与经济变量关联性分析

9.2.1 区域金融发展与经济增长的 VAR 估计

本节利用 Stata11.0 对前面分析的四个变量的 PVAR 模型和时间序列 VAR 模型进行估计，估计结果如表 9 - 6 所示。

表 9 - 6 京津冀 PVAR 模型估计结果

变量	$\ln GDP$	$\ln FIR$	$\ln INV$	$\ln GOV$
$\ln GDP(-1)$	0. 400 ** (2. 22)	2. 678 *** (2. 60)	- 0. 920 *** (- 2. 59) *	0. 400 ** (2. 22)
$\ln FIR(-1)$	0. 088 *** (3. 75)	0. 876 *** (8. 83)	0. 108 ** (3. 03)	0. 0879 *** (3. 75)
$\ln INV(-1)$	0. 188 *** (2. 76)	0. 866 ** (2. 57)	0. 902 *** (7. 13)	0. 188 *** (2. 76)
$\ln GOV(-1)$	0. 0622 (0. 97)	1. 084 ** (2. 41)	0. 556 *** (2. 95)	0. 0622 (0. 97)

注：***、**、*分别表示在1%、5%、10%水平下显著。

表 9 - 6 为京津冀 PVAR 模型估计结果，可以看出经济增长对金融发展水平的系数为正，并且通过了显著性检验，说明经济增长对金融业发展起到明显的促进作用；金融发展对经济增长的系数为正，并且通过显著性检验，说明金融发展对经济增长起到明显正向促进作用。

从表 9 - 7 中可以看出，经济增长对金融发展水平的系数为正，并且通过了显著性检验，说明经济增长对金融业发展起到明显的促进作用；金融发展对经济增长的系数为正，并且通过显著性检验，说明金融发展对经济增长起到明显正向促进作用。

表 9 - 7   河北 PVAR 模型估计结果

变量	lnGDP	lnFIR	lnINV	lnGOV
lnGDP(-1)	-0.347 (-0.79)	7.332 * (1.88)	-1.609 (-1.35)	-1.300 (-1.29)
lnFIR(-1)	0.192 *** (4.46)	1.376 *** (3.52)	0.196 * (1.67)	0.103 (0.94)
lnINV(-1)	0.358 *** (3.17)	1.899 * (1.70)	1.057 *** (3.26)	0.403 (1.62)
lnGOV(-1)	0.267 (1.55)	2.619 * (1.94)	0.758 * (1.73)	1.277 *** (3.47)

注：***、*分别表示在 1%、10% 水平下显著。

从表 9 - 8 中可以看出，滞后一阶的经济增长对金融发展的系数为正，但不显著，表明经济增长促进金融发展，但效果不显著，滞后二阶的经济增长对金融发展具有负向作用；滞后一阶的金融发展对经济增长的系数为正，且显著，表明滞后一阶的金融发展对经济增长具有显著的正向促进作用，同样滞后二阶的金融发展对经济增长的系数显著为正，表明滞后二阶的金融发展对经济增长同样具有显著的正向促进作用。

表 9 - 8   北京 VAR 模型估计结果

变量	lnGDP	lnFIR	lnINV	lnGOV
lnGDP(-1)	0.727 *** (4.26)	3.067 (0.91)	-1.139 (-0.82)	0.242 (0.97)
lnFIR(-1)	0.024 *** (3.11)	0.436 ** (2.90)	0.028 (0.45)	-0.001 (-0.04)
lnINV(-1)	0.063 (1.85)	0.922 (1.38)	0.752 (2.73)	0.163 (3.30)
lnGOV(-1)	0.215 ** (2.91)	7.629 *** (5.25)	0.412 (0.69)	0.524 *** (4.88)
lnGDP(-2)	-0.127 (-1.11)	-0.687 (-0.30)	0.697 (0.75)	0.105 (0.63)

续表

变量	ln*GDP*	ln*FIR*	ln*INV*	ln*GOV*
ln*FIR*(-2)	0.016*	0.081	-0.005	-0.043***
	(1.99)	(0.51)	(-0.08)	(-3.69)
ln*INV*(-2)	0.092**	-1.924**	0.206	0.049
	(2.43)	(-2.60)	(0.67)	(0.90)
ln*GOV*(-2)	-0.187*	-7.607***	-0.098	-0.006
	(-2.11)	(-4.36)	(-0.14)	(-0.04)
C	0.697***	-3.889	0.957	-0.505*
	(4.26)	(-1.21)	(0.72)	(-2.12)

注：***、**、*分别表示在1%、5%、10%水平下显著。

从表9-9中看出滞后一阶的经济增长对金融发展的系数为正，但不显著，表明滞后一阶的经济增长对金融发展具有正向作用，但效果不显著；滞后一阶的金融发展对经济增长的系数为正，且效果显著，表明滞后一阶的金融发展对经济增长具有显著的促进作用。

表9-9   天津 VAR 模型估计结果

变量	ln*GDP*	ln*FIR*	ln*INV*	ln*GOV*
ln*GDP*(-1)	0.538***	0.054	0.543	-0.047
	(5.24)	(0.04)	(1.37)	(-0.21)
ln*FIR*(-1)	0.061***	0.625**	-0.097	0.023
	(3.78)	(2.73)	(-1.56)	(0.65)
ln*INV*(-1)	0.008	-0.180	0.473**	0.097
	(0.17)	(-0.25)	(2.45)	(0.89)
ln*GOV*(-1)	0.269***	0.739	0.281	0.877***
	(3.05)	(0.59)	(0.83)	(4.64)
C	0.793***	0.488	-0.492	0.135
	(5.29)	(0.23)	(-0.85)	(0.42)

注：***、**分别表示在1%、5%水平下显著。

9.2.2 区域金融发展与经济增长的脉冲响应函数分析

对于面板 VAR 模型来说，解释单个变量参数估计值有一定困难，因此，经常不用来分析一个变量会对另一个变量产生的影响。脉冲相应函数反映了内生变量对误差变化的冲击反应，在保持其他变量的冲击为 0 时，通过对扰动项实施一个标准差的冲击，观察内生变量当期值和未来值的反应状况。所以，本书接下来作出相应的脉冲响应函数图，通过脉冲响应函数图，分析各变量之间的相互影响关系。

图9-1表示的是京津冀经济增长对金融业发展的冲击响应函数图。其中横轴代表脉冲响应分析的期数，纵轴代表相应的响应强度，两侧的实线表示脉冲相应函数的置信区间，中间实线表示脉冲响应函数的冲击轨迹。从图中看出，京津冀经济增长对金融业发展的冲击反应在初期为0，第一期产生正向反应，并且达到最大值，第二期略有下降，到第三期下降为0，随后基本稳定在0的水平，并且此时京津冀金融发展对经济增长的冲击作用效果不显著。这表明在初始时期，金融业发展对经济增长的作用较强，但随后作用逐渐减弱，即京津冀金融发展促进了经济的增长，后期该促进作用下降为0，效果不明显。

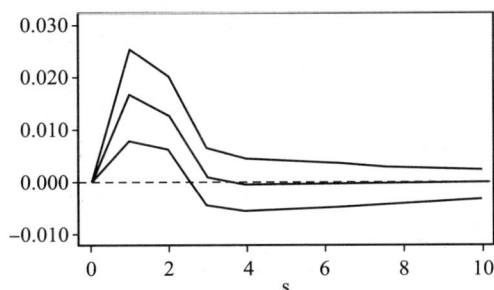

图9-1 京津冀 GDP 对 FIR 冲击的脉冲响应函数

图9-2为京津冀金融业发展对经济增长冲击的反应。图中显示经济增长对金融业发展起到正向的促进作用，这种作用在初期最大，第一期有所下降，第二期有明显增加，随后呈现不断降低的变化状态，并且这种冲击作用效果显著。这表明经济增长对金融发展具有极大的促进作用，并且这种促进作用极为显著。

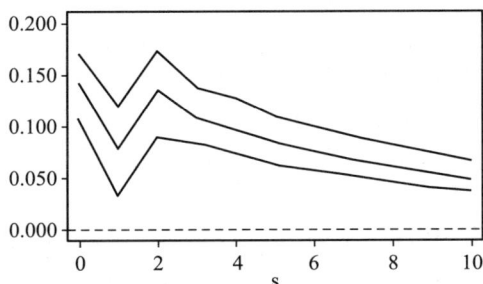

图9-2 京津冀 FIR 对 GDP 冲击的脉冲响应函数

图 9-3 显示的是河北省 11 城市经济增长对金融发展冲击的脉冲响应图。在初期，经济增长对金融发展的冲击反应为 0，随后开始增加，到第 4 期达到最大值，然后开始减小。

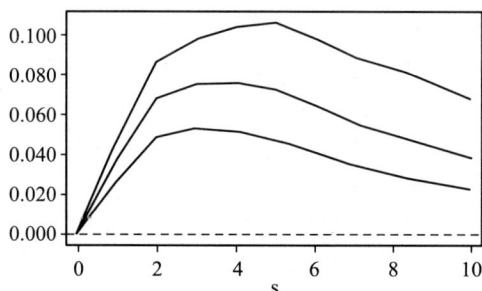

图 9-3　河北 GDP 对 FIR 冲击的脉冲响应函数

图 9-4 显示的是河北省 11 城市金融发展对经济增长冲击的脉冲响应图。受到经济增长冲击后，金融发展初期反应较大，随后开始减小，到第 3 期该反应接近 0，最后保持在 0 的水平。

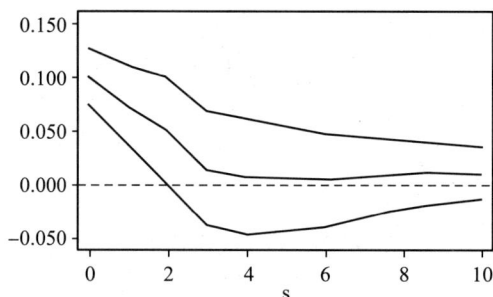

图 9-4　河北 FIR 对 GDP 冲击的脉冲响应函数

图 9-5 为北京经济增长对金融发展冲击的脉冲响应图。图中可以看出经济增长受到金融发展的冲击后在初期反应为 0，第二期产生正向反应，但随后正向反应消失，反应逐渐减小成为负值。这表明在初期北京的金融发展对经济增长具有正向促进作用，但这种促进作用持续时间较短，随后转变为负向的影响。

图 9-6 显示北京的经济增长对金融发展的冲击作用是正向的，在初期为 0，随后增加，在第四期开始下降，到第五期冲击反映基本接近 0。表明北京的经济增长对金融发展具有正向的促进作用。

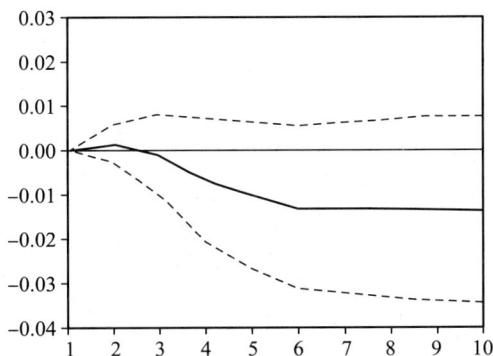

图9-5 北京 GDP 对 FIR 冲击的脉冲响应函数

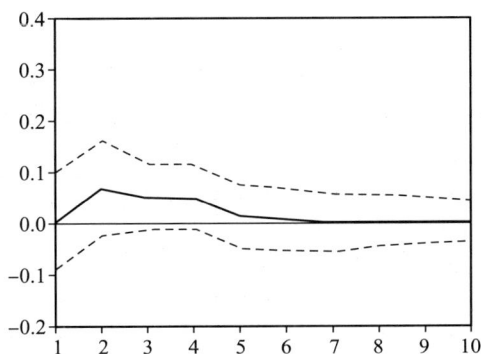

图9-6 北京 FIR 对 GDP 冲击的脉冲响应函数

图9-7显示天津的金融发展对经济增长在初期为0,随后开始增加,到第三期开始下降,直到第七期下降为0,随后呈现负向反映。表明天津的金融发展在初期对经济增长具有正向促进作用,随后开始下降,最终呈现出负向的反应。

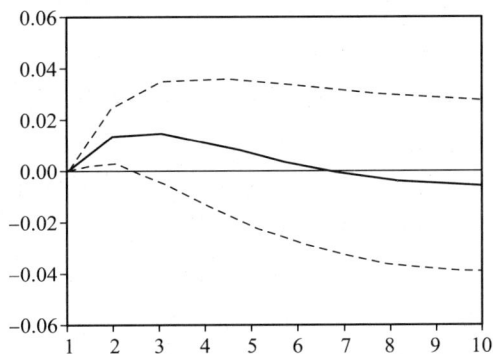

图9-7 天津 GDP 对 FIR 冲击的脉冲响应函数

图 9 - 8 显示天津经济增长对金融发展的冲击在初期为正，且初期达到最大值，随后开始下降，在第六期下降速度趋于平缓，最终到第十期仍然对金融发展起到正向促进作用。

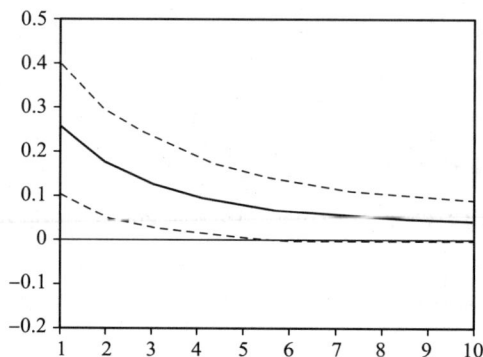

图 9 - 8　天津 FIR 对 GDP 冲击的脉冲响应函数

通过脉冲响应函数图我们发现，京津冀区域金融业发展和经济发展之间存在着显著的非均衡的特点。京津冀金融发展对经济增长的作用在前期作用较大，但随后作用效果减弱；河北的金融发展对经济增长的作用效果较大，后期效果减弱但仍处在较高的水平；北京金融发展对经济增长在初期起到了微小的作用，随后降到 0 以下，呈现出一种负向作用；天津金融发展对经济增长在前期有一个正向的作用，但这种正向作用持续时间要长于北京，后期作用也下降到 0。京津冀和三省市的经济增长对金融发展的作用在初期基本均大于 0，随后统一的表现出下降的趋势。其中京津冀和天津的经济增长对金融发展的促进作用较大，并且这种促进作用持续时间较长；河北省和北京经济增长对金融发展的促进作用影响时间较短，后期促进作用趋近于零。整体而言，京津冀和三省市的金融业发展对区域经济增长冲击的作用效果在初期就以显现，而经济增长对金融发展冲击的作用效果存在一个时滞。

随着经济发展，居民的财富不断增加，居民相对富有，且储蓄意愿较高，这将导致金融业存款总量增加；同时，随着经济的增长，企业扩张速度较快，这将导致企业对资金的需求增加，而我国企业资金的来源主要是通过银行贷款获得，这将导致金融业贷款数量的增加。存款和贷款的增加将意味着我国金融规模的扩张，因此经济增长将促进金融业发展。当金融业发展时，这说明银行的存贷款之和增加，根据两部门经济，储蓄增加意味着投资增加，投资增加势必促进经济的发展；同时贷款水平增加意味着企业获得了更多的资金用于扩张，微观层面的企业发展将促进中观产业的发展，产业发展势必导致经济增长。因此金融发展与经济增长之间存在着相互促进的作用机制。

通过对京津冀以及三省市的分析，金融发展与经济增长确实存在着相互促进的作用机制，同时我们也发现北京的金融发展对经济增长的促进效果较小，且后期京津两城市的金融发展对经济增长的促进作用转为负向。因此有必要对京津冀区域经济发展与金融发展进行更深层的分析。

9.3　基于方差分解的区域金融发展的经济效应分析

为了分析比较不同变量对经济增长与金融发展的贡献程度大小，本书接下来分析可能的各种冲击对经济增长与金融发展的重要性。

表 9 - 10 显示的是京津冀 13 城市第 1 期至第 10 期 lnGDP 和 lnFIR 的方差分解结果。在前 10 期内，经济增长对自身的贡献呈现出一种减小的趋势，由 100 下降到 8.2，下降较为明显，且这种下降作用在第三期较为明显，直接由前一期的 73 下降到 38.3，下降幅度较大；固定资产投资对经济增长的贡献呈现先增加后减小的变化趋势，由第一期的 0 开始增加到第八期的 91.5，然后略有下降，基本保持在 85 左右，对经济增长的促进作用也比较明显；政府财政支出的贡献率同样呈现出先增加后减小的变化趋势，由初期的 0 增加到最大值 4.8，然后下降到 1.7，但是贡献率始终处在较低的水平；金融业发展对经济增长的贡献一直出处在较低的水平，基本维持在 0.3 的水平，对经济增长的贡献率较低；整体来看，京津冀经济增长在起初主要受自身因素的影响，但随后经济增长的贡献逐渐减弱，固定资产投资作用增强并取代经济增长因素，政府财政支出和金融发展对经济增长的作用较弱。

表 9 - 10　　　　　　　京津冀 PVAR 方差分解结果

变量	S	lnGDP	lnINV	lnGOV	lnFIR
lnGDP	1	100.00	0.00	0.00	0.00
lnGDP	2	73.00	23.80	3.00	0.30
lnGDP	3	38.30	56.60	4.80	0.30
lnGDP	4	22.10	74.30	3.40	0.20
lnGDP	5	13.10	84.70	2.00	0.20
lnGDP	6	8.50	90.00	1.30	0.30
lnGDP	7	7.00	91.60	1.20	0.30
lnGDP	8	6.90	91.50	1.30	0.30
lnGDP	9	7.40	90.80	1.50	0.30
lnGDP	10	8.20	89.80	1.70	0.30

续表

变量	S	lnGDP	lnINV	lnGOV	lnFIR
lnFIR	1	6.50	58.40	9.10	26.00
lnFIR	2	4.90	70.60	6.50	18.10
lnFIR	3	5.00	78.40	4.30	12.20
lnFIR	4	4.50	84.50	2.80	8.20
lnFIR	5	5.60	86.20	2.50	5.80
lnFIR	6	6.70	86.80	2.30	4.20
lnFIR	7	7.50	87.10	2.20	3.20
lnFIR	8	8.50	86.80	2.30	2.50
lnFIR	9	9.30	86.30	2.40	2.00
lnFIR	10	10.10	85.90	2.50	1.60

金融发展的方差分解结果显示，经济增长对金融业发展的作用呈现出一种波动中上升的变化态势，但是其对金融发展的贡献较小；固定资产投资对金融业发展的作用在初期已经很大，随后继续增加，到第十期已经起到85.9的贡献率，说明固定资产投资对金融发展有很大的促进作用；政府财政支出和金融发展本身对金融发展的促进作用均呈现先增加后减小的变动状态，且促进作用较小。整体来看，京津冀金融发展主要受到固定资产投资的影响，其次是经济增长，政府财政支出和金融发展自身的作用较小。

表9-11为河北省11城市lnGDP和lnFIR的方差分解结果。从经济增长方差分解来看，经济增长受自身的影响呈现递减趋势，由初期的100下降到第十期的66.2，仍然占据较高的比例；其次是政府的财政支出的影响从初期的0增加到第十期的25.5；再次是金融发展的影响；最后是固定资产投资。从金融发展的方差分解来看，经济增长因素的作用在不断增加，到第十期高达63；政府财政支出影响呈现出波动变化，最终变为25.9；金融发展的影响呈现递减的变动，由初期的46.4变为第十期的9.2；固定资产投资的作用呈现递减，其影响程度较小。

表9-11 　　　　　　　　　　　　　**河北 PVAR 方差分解结果**

变量	S	lnGDP	lnINV	lnGOV	lnFIR
lnGDP	1	100.00	0.00	0.00	0.00
lnGDP	2	71.50	9.00	17.30	2.20
lnGDP	3	63.90	7.00	23.90	5.10
lnGDP	4	63.60	3.80	26.40	6.20
lnGDP	5	64.50	2.10	26.60	6.80
lnGDP	6	64.60	1.40	27.00	7.00

变量	S	lnGDP	lnINV	lnGOV	lnFIR
lnGDP	7	65.00	1.10	26.90	7.00
lnGDP	8	65.40	1.10	26.60	7.00
lnGDP	9	65.80	1.20	26.00	7.00
lnGDP	10	66.20	1.30	25.50	7.00
lnFIR	1	11.00	13.50	29.10	46.40
lnFIR	2	28.00	9.80	25.70	36.60
lnFIR	3	38.50	6.00	28.30	27.10
lnFIR	4	45.70	3.60	30.00	20.80
lnFIR	5	51.00	2.80	29.80	16.30
lnFIR	6	54.60	2.50	29.30	13.60
lnFIR	7	57.40	2.20	28.60	11.80
lnFIR	8	59.80	2.00	27.60	10.60
lnFIR	9	61.60	1.90	26.70	9.80
lnFIR	10	63.00	1.80	25.90	9.20

表 9-12 为北京 lnGDP 和 lnFIR 的方差分解结果。根据北京的经济增长方差分解结果，经济增长受自身因素的影响下降较为明显，由初期的 100 下降到第十期的 3.62；金融发展的影响呈现出先增加后减小的变化，影响较小；固定资产投资的作用不断增加，且增加效果显著，到第十期达到 94.12；政府财政支出呈现波动状态，且影响较小。从金融发展的方差分解结果看，金融发展受经济增长的影响呈现先增加后减小的变化，影响较小；金融发展自身的影响呈现下降的变化，到第十期变为 34.23，影响较大；固定资产投资的影响不断增加，到第十期达到 42.53，影响高于金融发展自身因素；政府财政支出的影响也呈现递减的变动，第十期降为 16.88，仍有一定的影响。

表 9-12   北京 VAR 方差分解结果

变量	Period	S. E.	lnGDP	lnFIR	lnINV	lnGOV
lnGDP	1	0.012	100	0	0	0
lnGDP	2	0.016	86.844	6.941	5.890	0.325
lnGDP	3	0.028	36.739	11.568	51.567	0.127
lnGDP	4	0.041	17.097	8.394	74.303	0.206
lnGDP	5	0.055	9.936	5.815	84.113	0.136
lnGDP	6	0.066	6.784	4.139	88.972	0.105
lnGDP	7	0.075	5.264	3.236	91.419	0.082
lnGDP	8	0.083	4.429	2.687	92.804	0.079

续表

变量	Period	S. E.	lnGDP	lnFIR	lnINV	lnGOV
lnGDP	9	0.089	3.944	2.338	93.619	0.100
lnGDP	10	0.094	3.620	2.101	94.124	0.155
lnFIR	1	0.236	0.058	59.984	16.379	23.579
lnFIR	2	0.275	5.877	52.497	15.833	25.794
lnFIR	3	0.290	8.075	52.656	15.013	24.255
lnFIR	4	0.314	9.203	44.773	25.397	20.627
lnFIR	5	0.330	8.468	41.759	28.216	21.556
lnFIR	6	0.348	7.611	38.483	34.247	19.659
lnFIR	7	0.361	7.103	37.478	36.713	18.705
lnFIR	8	0.371	6.721	35.875	39.726	17.679
lnFIR	9	0.377	6.524	34.963	41.289	17.224
lnFIR	10	0.384	6.380	34.227	42.526	16.882

表 9 - 13 为天津 lnGDP 和 lnFIR 的方差分解结果。从经济增长的方差分解结果来看，经济增长自身因素呈现递减的变化，第十期方差贡献为 54.81；金融发展同固定资产投资的影响较低；政府的财政支出呈现出递增的变化，到第十期达到 32.38，影响较为显著。从金融发展的方差分解结果来看，金融发展受经济增长的影响呈现递增的变化，第十期达到 41.78；金融发展自身的影响呈现下降的变化，从 61.96 下降到第十期的 49.70，影响仍然显著；固定资产投资和政府的财政支出的影响较小。

表 9 - 13   天津 VAR 方差分解结果

变量	S	S. E.	lnGDP	lnFIR	lnINV	lnGOV
lnGDP	1	0.029	100	0	0	0
lnGDP	2	0.052	85.681	6.878	0.727	6.714
lnGDP	3	0.070	77.401	8.049	1.716	12.835
lnGDP	4	0.085	72.011	7.210	2.876	17.902
lnGDP	5	0.096	67.873	6.003	4.119	22.005
lnGDP	6	0.106	64.408	4.998	5.349	25.245
lnGDP	7	0.114	61.427	4.321	6.495	27.758
lnGDP	8	0.121	58.860	3.925	7.520	29.695
lnGDP	9	0.128	56.668	3.723	8.414	31.195
lnGDP	10	0.134	54.805	3.639	9.182	32.375
lnFIR	1	0.406	38.035	61.965	0	0
lnFIR	2	0.480	39.692	59.685	0.036	0.588

续表

变量	S	S. E.	lnGDP	lnFIR	lnINV	lnGOV
lnFIR	3	0.512	40.822	57.594	0.032	1.552
lnFIR	4	0.528	41.536	55.773	0.075	2.616
lnFIR	5	0.538	41.924	54.244	0.199	3.633
lnFIR	6	0.544	42.080	52.988	0.389	4.543
lnFIR	7	0.550	42.089	51.956	0.617	5.338
lnFIR	8	0.554	42.016	51.094	0.860	6.030
lnFIR	9	0.559	41.905	50.354	1.103	6.638
lnFIR	10	0.563	41.780	49.701	1.336	7.182

为了更好地分析京津冀各区域金融发展与经济增长的互动关系，本书以京津冀及北京、天津和河北各区域的金融发展与经济增长进行了面板格兰杰因果检验，检验结果如表9-14所示。

表9-14　　　　　京津冀及京津冀三大区域间格兰杰因果关系检验

地区	零假设	检验统计量	P 值
京津冀	FIR 不是 GDP 的格兰杰原因	13.644	0.003
	GDP 不是 FIR 的格兰杰原因	184.580	0.000
北京	FIR 不是 GDP 的格兰杰原因	1.330	0.311
	GDP 不是 FIR 的格兰杰原因	2.626	0.083
天津	FIR 不是 GDP 的格兰杰原因	1.148	0.359
	GDP 不是 FIR 的格兰杰原因	56.747	0.000
河北	FIR 不是 GDP 的格兰杰原因	58.094	0.000
	GDP 不是 FIR 的格兰杰原因	29.103	0.000

根据表9-14，京津冀金融业发展是经济增长的格兰杰原因，而经济增长也是金融业发展的格兰杰原因；河北金融业发展是经济增长的格兰杰原因，而经济增长也是金融业发展的格兰杰原因；北京金融业发展不是经济增长的格兰杰原因，而经济增长是金融发展的格兰杰原因；天津金融业发展不是经济增长的格兰杰原因，而经济增长是金融发展的格兰杰原因。

9.4　长三角区域金融发展对经济影响的差异性分析

长三角城市群的经济发展在我国一直处在领先的地位，而金融业的发展水平也较高，尤其是长三角地区的上海市，是我国的金融中心。作为发展前列的区域经济，经济发展与金融发展有许多地方值得京津冀区域经济借鉴。学习长三角区域经济发展的先进经验，对更好地促进京津冀经济金融发展有着重要作用，同时也可以加快实现京津冀区域经济一体化。鉴于此，本书以长三角区域经济为研究对象，分析长三角区域金融业发展的经济效益差异，并将京津冀同长三角做对比，从而发现京津冀区域金融业发展中存在的不足。对于数据选取，我们选择长三角江浙沪 1989～2014 年的面板数据，具体指标与前面分析京津冀一致，选择国内生产总值作为衡量经济发展的指标，金融相关比率作为衡量金融业发展的指标，控制变量依旧选择固定资产投资和政府的财政支出。首先建立长三角 PVAR 模型，模型估计结果如表 9－15 所示。

表 9－15　　　　　　　　　　长三角 PVAR 模型估计结果

变量	lnGDP	lnFIR	lnINV	lnGOV
lnGDP（－1）	2.022**	－1.093	2.752	1.338
	(2.90)	(－1.42)	(1.20)	(0.90)
lnFIR（－1）	0.167	0.398	0.728	0.469
	(0.65)	(1.51)	(1.82)	(0.89)
lnINV（－1）	0.0168	0.0812	0.835**	0.109
	(0.19)	(1.23)	(3.12)	(0.49)
lnGOV（－1）	－0.387	0.00776	－0.795	－0.377
	(－0.60)	(0.01)	(－0.48)	(－0.26)
lnGDP（－2）	－0.544	0.583**	－1.188	－0.164
	(－1.83)	(3.25)	(－1.32)	(－0.22)
lnFIR（－2）	0.185	0.166	0.127	0.391
	(0.70)	(0.92)	(0.16)	(0.58)
lnINV（－2）	0.0940	－0.0504	0.240	0.177
	(0.83)	(－0.45)	(0.62)	(0.75)
lnGOV（－2）	－0.167	0.311	－0.573	－0.0483
	(－0.63)	(0.91)	(－0.66)	(－0.09)

注：** 表示在 5% 水平下显著。

表 9－15 为长三角地区 PVAR 模型估计结果。结果显示滞后一期的经济增长对金融发展的系数为负，且没有通过显著性检验，表明滞后一期经济增长对金融发展具有负向作用，滞后二期经济增长对金融发展的系数为证，且通过了显著性检验，表明滞后二期经济增长对金融发展具有显著的促进作用。金融发展对经济增长的系数为负，但不显著，滞后二期的金融发展同样对经济增长系数为负，但系数不显著，表明金融发展对经济增长具有促进作用，但效果不显著。

同样，接下来本书考察长三角地区的金融发展与经济增长的脉冲响应函数图，从而分析经济增长与金融发展之间的冲击作用。

图9-9中可以看出金融发展对经济增长的冲击在初期为0，随后开始增加直到第五期达到最大值，最后呈现下降的变化趋势，但是下降趋势缓慢。

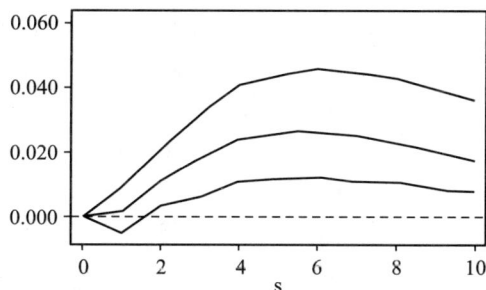

图9-9 长三角GDP对FIR冲击的脉冲响应函数

图9-10中可以看出长三角经济增长对金融发展的冲击在初期为正，随后这种正向促进作用变为负。

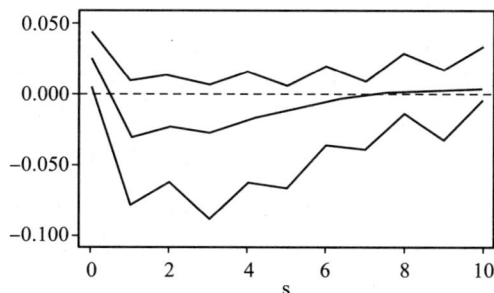

图9-10 长三角FIR对GDP冲击的脉冲响应函数

表9-16   长三角PVAR方差分解结果

变量	s	lnGDP	lnINV	lnGOV	lnFIR
lnGDP	1	100.00	0.00	0.00	0.00
lnGDP	2	96.40	0.10	2.60	0.90
lnGDP	3	90.30	0.10	6.30	3.30
lnGDP	4	84.60	0.40	9.70	5.20
lnGDP	5	80.00	0.80	12.60	6.60
lnGDP	6	76.20	1.30	15.10	7.40
lnGDP	7	73.20	1.60	17.20	7.90

续表

变量	s	lnGDP	lnINV	lnGOV	lnFIR
lnGDP	8	70.80	1.90	19.10	8.20
lnGDP	9	68.90	2.10	20.70	8.30
lnGDP	10	67.30	2.20	22.20	8.30
lnFIR	1	2.50	0.00	22.20	75.20
lnFIR	2	35.90	2.00	14.20	47.80
lnFIR	3	31.70	4.00	28.00	36.40
lnFIR	4	40.70	3.40	29.70	26.20
lnFIR	5	43.20	3.20	33.80	19.80
lnFIR	6	46.90	2.60	35.10	15.40
lnFIR	7	49.10	2.10	36.10	12.60
lnFIR	8	51.20	1.60	36.40	10.70
lnFIR	9	52.80	1.30	36.50	9.50
lnFIR	10	54.10	1.00	36.30	8.60

表 9 - 16 为长三角 PVAR 模型的方差分解结果。根据表中得出经济增长对其自身的贡献呈现出不断减小的变化态势，由第一期的 1 减小到第十期的 67.3；固定资产投资对经济增长的作用初期为零，后期略有增加但贡献水平始终较低；政府财政支出由初期的零不断增加，到第十期增加到 22.2，贡献率较为显著；金融发展对经济增长的贡献呈现增加的变动趋势，到第十期贡献率达到 8.3。对于金融业的发展，经济增长的贡献率基本呈现出一种不断增加的变化趋势，到第十期增加到 54.1；固定资产投资对金融发展的影响呈现先增加后减小的变化趋势，但影响效果较小；政府财政支出基本呈现出不断增加的变化趋势，到第十期贡献率为 36.3；金融发展对自身的影响在初期最大，但随后不断减小，到第十期下降为 8.6。总的来看，长三角地区的经济增长在预测初期主要受到经济增长自身的影响，随后经济增长的影响逐渐减弱，政府的财政支出作用不断增加，但经济增长的影响程度仍然较大；长三角地区的金融发展在预测初期主要受金融发展自身的影响，随后经济增长和政府的财政支出作用不断增强，金融发展自身的影响程度减小。

根据表 9 - 17 可知，长三角地区金融发展与经济增长之间存在着双向因果关系，经济增长是金融发展的格兰杰原因，同时金融发展也是经济增长的格兰杰原因。

表 9 - 17　　　　　　　　　　长三角区域格兰杰因果关系检验

地区	零假设	检验统计量	P 值
长三角	FIR 不是 GDP 的格兰杰原因	7.2378	0.027
	GDP 不是 FIR 的格兰杰原因	6.0661	0.048

9.5　本 章 小 结

金融是现代经济的核心，对金融发展与经济增长关系的研究仍是学者关心的重要主题。[①] 考虑到京津冀统计数据的缺失，如果简单的利用传统的 VAR 模型对研究问题进行估计，可能会由于实证数据时间长度上的限制而不能够很好的对经济问题进行估计，而 Panel – VAR 模型恰恰解决了前面遇到的问题。Panel – VAR 模型允许数据存在个体效应和可能的异方差问题，放宽数据平稳性的假设和数据长度的限制；同时能够很好地获得数据中的共性，从而对数据的模拟估计更加的准确。

鉴于此，本书构建 Panel – VAR 模型，利用 1989 ~ 2014 年京津冀 13 个城市和长三角城市的面板数据分别构建 Panel – VAR 模型，通过脉冲响应函数、方差分解和格兰杰因果检验分析京津冀金融发展与经济增长差异性，并将京津冀同长三角城市群做对比，得出如下结论：

（1）京津冀与长三角地区之间金融发展与经济增长之间存在着双向因果关系；

（2）京津冀与长三角地区经济增长对金融发展冲击在初期都为 0，随后呈现不断增加的变化趋势。但是京津冀地区的该冲击作用很快趋于消失，而长三角地区的冲击作用持续时间明显长于京津冀地区，这可能与经济冀地区的金融发展水平有关；

（3）京津冀和长三角地区的金融发展对经济增长冲击作用在初期均大于 0，然后呈现递减的变化趋势，但长三角金融发展对经济增长冲击很快降于 0 以下。这主要是因为长三角金融发展更多的是依靠金融发展自身的影响（这一点从长三角的方差分解结果可以明显看出）。

（4）京津冀地区的经济增长主要是由于投资带动，其他因素对经济增长的作用较弱，而长三角地区的经济增长更多地依靠经济增长自身来促进，政府的财政支出作用也在逐渐凸显；同样，京津冀地区的金融发展也更多地受到固定资产投资的影响，金融发展自身的作用较弱，而长三角地区在预测初期更多的是依靠金融发展自身来促进，随后经济增长和政府的财政支出作用越来越突出，但金融发展自身的贡献仍然要高于京津冀地区。总体而言，长三角金融发展与经济增长更容易消化外来不确定性冲击，而京津冀金融发展与经济增长受到不确定性的影响更强。因为当某一外来因素对经济产生冲击时，长三角可以通过多个指标来分散风险；相反，河北省的金融发展和经济增长主要依靠固定资产投资来带动，当投

---

① 刘仁伍. 区域金融结构和金融发展理论与实证研究 ［M］. 北京：经济管理出版社，2000.

资受到冲击时将会对区域京津的发展造成极大的破坏。

因此，一方面京津冀地区应该提升自身的金融发展水平，更多地依靠金融发展自身来促进区域经济的金融发展。长三角城市大部分位于沿海地区，金融开放程度较高，并且上海作为中国的金融中心，金融业发展更是遥遥领先，同时上海对周边城市很好的发挥着中心的作用，金融辐射效果较好；相反，京津冀绝大部分城市处于内陆，金融开放程度低、金融市场结构发展不完善，且北京作为京津冀地区金融实力的强者，却没有很好地发挥着金融辐射的作用。因此京津冀地区需要不断对现存金融体制进行必要的改革，使金融体制符合区域金融发展，最终实现金融发展促进经济增长的作用。一是不断改革和完善金融组织机构，提高金融行业的综合竞争力以及金融行业的效率；二是加大京津冀地区金融行业的对外开放程度，不断引进先进的技术和管理经验；三是鼓励金融创新，为金融创新创造良好的环境。另一方面，京津冀地区应该调整经济增长方式，提升自身经济综合实力。转变经济增长方式，在保持投资促进经济增长的前提下，可以适当调整，更好的发挥经济增长自身在促进经济增长上的作用。同时形成多途径促进经济发展与金融发展的路径，摆脱单一模式的弊端，从而有效地抵抗经济系统遭遇到的不确定性。

同时，为了更加深入的分析京津冀内部金融发展与经济增长之间的关系，本书对比了京津冀整体和京津冀三省市金融发展与经济增长的差异，主要得出以下几点结论：

（1）从经济增长的方差分解结果来看，在预测初期，京津冀经济增长主要受其自身的影响，而随着预测期的增加，经济增长主要受到固定资产投入的影响，金融发展对经济增长的影响较弱；河北11城市预测初期主要受到经济增长自身的影响，随后政府的财政支出的作用不断增加，但经济增长的影响程度仍然较大；北京在预测初期主要受到经济增长自身的影响，随后固定资产投资的作用显著增强；天津在预测初期主要受到经济增长自身的影响，随后政府的财政支出影响不断增强，但经济增长的影响程度仍然较大。

（2）从金融发展的方差分解结果来看，在预测初期，京津冀金融发展主要受固定资产投资的影响，自身因素的影响效果也较显著，而随着预测期的增加，固定资产投入的影响不断增加，金融发展的影响在逐渐较弱；河北11城市预测初期主要受到金融发展自身的影响，政府的财政支出作用也较为明显，随后经济增长的作用不断增加，政府的财政支出仍起到一定的作用；北京在预测初期主要受到金融发展自身的影响，随后金融发展的作用逐渐减弱，逐渐被固定资产投资所取代，但金融发展自身的作用仍然较大；天津在预测初期主要受到金融发展自身的影响，随后经济增长的作用不断增强，但经济增长的影响程度仍然低于金融发展自身。

（3）通过方差分解发现，北京和天津的金融发展对经济增长的贡献较弱，而金融发展更多的是作用于金融自身的发展。通过格兰杰因果检验发现北京的经济增长是金融发展的格兰杰原因，而金融发展不是经济增长的格兰杰原因。这两点也恰恰解释了京津两城市金融发展冲击对经济增长的脉冲响应图效果不显著，且后期反映出现负的情况。

（4）京津冀金融发展与经济增长之间存在着双向的格兰杰因果关系，河北11 城市同样存在类似双向的格兰杰因果关系。这表明京津冀和河北的金融发展与经济增长之间存在着显著的相互促进的关系。

第10章

京津冀区域金融协同发展的障碍
因素及优化路径与建议

上文的实证研究表明，京津冀区域金融资源分布呈现出不均衡的特征，但是总体来说，京津冀区域金融发展呈现出收敛特性，这说明在现阶段京津冀区域金融资源的自由流动受到了一定程度的阻碍。本章主要是找出目前影响京津冀区域协同发展的障碍因素，进而提出在京津冀协同发展的过程中的路径和模式构想，最后提出积极推动京津冀协同发展的政策建议。

10.1　京津冀区域金融协同发展的障碍因素

自由流动的金融资源是提升经济效率和金融资源配置效率的根本要求，京津冀区域人员之间的互动，企业之间的往来要求金融作为自由流动的要素来发挥相应的作用，只有通过充分实现区域流动功能才有利于减少企业的交易成本和融资成本，使得金融的中介功能得以全面发挥。但是前文研究表明，京津冀区域金融发展存在明显的非均衡现象，这说明金融资源在京津冀区域内并非自由流动，而是受到相关障碍因素的影响。从马克思主义辩证法得知：只有在相应的特定历史条件下才会带来事物的发展，现阶段京津冀区域金融资源的配置局面也是中国在特定的经济体制和政治体制背景下的产物。本书主要从外生因素和内生因素两个方面探讨阻碍京津冀区域金融协同发展的因素及其作用机制。

10.1.1　外生因素

本节所要讨论的外生因素，主要是指中央和地方政府等行政部门人为主观上造成的制度以及行政上的壁垒。因此这一节主要是从京津冀区域金融政策的制定者和参与者的角度来分析阻碍京津冀区域协同发展的外生原因。主要有两个方面的原因:一方面原因是因为地方政府控制金融资源形成的金融分割;另一方面是因为现有的金融监管体系阻碍金融资源的流动。

10.1.1.1 地方政府金融资源的控制造成金融分割

京津冀协同发展在推进的过程中遇到地方政府保护主义和本位主义的阻碍。地方保护主义主要是指,各地方政府通过行政管理手段,为了本地的利益,从而对本地资源向外地市场流出或外地资源流入当地市场的行为进行限制。本位主义,定义为地方政府为了追求本行政区的经济利益最大化,实现地方经济发展目标和地方政府的政绩目标,所以从本地区的利益角度出发制定对应的经济政策或措施。本节主要是从地方政府竞争的原因、地方政府竞争的影响和地方政府的博弈三方面来阐述地方政府金融资源控制造成的金融分割。

1. 地方政府竞争的原因

在特殊的体制背景和历史条件下,中国各级政府表现出十分突出的经济功能。尤其是 1994 年以来我国对各级政府实行分税制度,一方面,由于中央政府对地方政府的干预减少,导致在经济方面各级地方政府显著提升了自主权力,进而各级政府对于 GDP 的增长欲望也显著变大,结果是各级政府的首要发展目标是提升各区域 GDP 增长。而且地方政府作为本地区国有资产的拥有者,对管理区域内国有资产承担责任,这在某些方面也促使地方政府在经济运行中表现出强烈干预。另一方面,实行分税制制度,国家初步形成了以"一级政权、一级税基、一级财权、一级事权、一级预算"为标准的分级财政体制。但目前在财权、事权上没有进行清楚的划分,所以导致现阶段各级政府承担的职责没有形成体系,特别是在政府间职责确定非常不明确。事实上地方政府基本上掌握对地方经济的调控权和投资、税收、财政、信贷等货币调整工具,地方政府的主导作用在经济发展中没有显著的改变。在目前实行的分税制度下,地方税、企业所得税都是遵循企业隶属关系来征收,利益的驱动导致地方政府对企业进行干预和控制,这对企业资产重组和跨地区经营以及生产要素的合理流动均起到消极作用。

金融发展是经济发展过程中的必经环节,相应的地方政府对地方经济的控制就表现在对金融发展的控制上,具体表现在:首先掌控银行资金以及对金融机构的竞争形成大大小小的"诸侯经济",事实上发展这些小的经济体会产生带来强烈的地方保护主义倾向,地方政府用自己的特殊身份介入市场竞争,在使用资金流向方面侧重本地企业的发展,排斥外来的企业,限制金融资源在本地流失,同时还为外部的生产要素进入本地市场设置层层障碍。其次地方政府对金融资源的控制还体现在对外资的争夺层面,不同的地方政府把吸引外来投资作为自己的目标,积极制定有利于外商投资优惠政策,这种情况导致京津冀区域内部发展为各级政府的蓄意竞争，造成金融资源很难合理流动和分配。

对京津冀区域而言，三地存在的行政区划自然会带来政府管控经济发展的现象，会在很大程度上妨碍京津冀区域金融协同发展的过程，降低京津冀区域金融资源配置的效率，成为京津冀区域金融协同发展的绊脚石，结合前文研究，发现目前三地存在的行政阻碍是日积月累的，是根深蒂固的，不可能一步到位，而且这种急于求成的办法会带来京津冀区域经济发展很大程度上的不适应，同时在改变的过程中花费的成本也是无限的，所以京津冀区域协同发展进程的推进是一项需要长期坚持的事情，不能急功近利，不要奢求一蹴而就，应该做到从制度上消灭这种政绩和经济联系在一起的体制机制，充分在主导经济的若干因素在发挥市场的积极作用，从而加快金融资源在京津冀区域的自由流动。

2. 地方政府竞争的影响

对京津冀区域经济协同发展而言，地方政府竞争在其中的作用是具有两面性的，既表现出积极作用也表现出消极作用。其中，关于对有关地方政府竞争的积极作用进行集中阐述：（1）京津冀地方政府竞争对加快京津冀区域经济转型有着积极的影响。在区域经济协同发展的大背景下，当改革自上而下全面展开时，地方政府在处置资源配置权和占有剩余索取权的进程中占据着行动主体的角色，进而导致需求诱致性制度改变，这对于推进京津冀地区市场化改革产生实质性作用。京津冀区域协同发展十分鲜明地提出"一核、双城、三轴、四区、多节点"，将京津冀三地比作一盘大棋局，随着《京津冀发展协同规划纲要》印发实施，散落在华北平原的"棋子"，正在形成一个变幻莫测的棋局。所以在京津冀区域一省两市的制度变迁过程中，应该充分重视地方政府的积极引导作用。（2）地方政府存在的竞争机制可以准确把握工作中存在的"委托－代理问题"。地方政府行政竞争机制以公共权力主体之间的竞争为桥梁，从而达到防止代理机会主义和促成减少公共代理成本的目的。事实研究发现，适当的行政竞争机制是减少公共部门代理人机会主义的最好方法。所以在《规划纲要》明确定位三地区：河北省是"产业转型升级试验区、全国现代商贸物流重要基地、京津冀生态环境支撑区、新型城镇化与城乡统筹示范区"；北京市是"全国政治中心、国际交往中心、文化中心、科技创新中心"；天津市是"北方国际航运核心区、全国先进制造研发基地、改革开放先行区金融创新运营示范区、"，突出体现功能互补、错位发展、相辅相成。①

地方政府竞争的消极影响主要是呈现在对区域经济和金融协同均衡发展的抑制，其具体特征是：（1）地方政府行为强烈的渗透在企业的竞争中，促使地方保护主义萌芽。由于现阶段各级地方政府的主要功能体现在发展地方经济，而对各

---

① 参考中共中央政治局 2015 年 4 月 30 日召开会议，审议通过《京津冀协同发展规划纲要》。

级地方政府政绩进行衡量的指标是一个地方地区经济的发展速度和地方财政收入的增加，所以，大多数情况下地方政府发展地方经济多是各自优先发展本地区内的经济，以自身的利益为研究的出发点，使行政级别不同的企业在发展过程中受到区域政府的强烈干预，导致地方经济发展不公平，并且使得不同的企业难以在企业竞争中发展规模经济。（2）受到地方政府竞争的影响，地区生产要素跨行政区实现自由流动存在很大障碍。地方政府在制定政策时多从自身的利益出发，保护本地区市场发展，妨碍外地市场发展，使市场中的生产要素流动存在障碍。尤其是近些年来，虽然京津冀区域工业消费品和农产品市场及第三产业发展较快，但是存在着地区劳动力、市场资金和人才自由流动障碍，使得资源流动存在困难。（3）地方政府的消极使得竞争的"行政区经济"表现为稳定结构形态。因为目前从本质上打破京、津、冀三地原有的自成体系发展格局是十分艰难的，经济发展带来的重复布局、重复建设的现象在短期内难以消除，这导致"行政区经济"目前表现为相对稳定的形式。

　　3. 地方政府的博弈——无约束下的非合作博弈均衡

　　通过上面研究可以得知，京、津、冀三个地区对金融协同发展的态度是不同的，所以在研究中试用两主体"获利矩阵"来阐述各级政府是否要建立统一的协同策略来推动京津冀区域协同发展。如果京津冀区域金融协同发展的倡议得到广泛的支持，河北省、天津市和北京市三地同时解除商业银行壁垒，进一步减少资本流出障碍，那么协同发展对三地都存在益处，这时为合作博弈，反之，定义为非合作博弈均衡。本书的主体是参与京津冀区域协同发展的经济主体，既可以为三地的地方政府，又可以为三地的金融机构。

　　（1）在参与主体不合作的情境下。在两主体的博弈矩阵中，预先设定一种"痛苦指数"代表每一参与主体的收益状况。在获利矩阵中，"痛苦指数"表现为减少趋势则对于任何一个参与主体来说越具有优势。

　　在图 10 - 1 的获利矩阵示意图中，被逗号所隔开的前后两个数字，分别为经济主体 B（以下简称 B）和经济主体 A（以下简称 A）的痛苦指数。在博弈矩阵的研究中，采用获利矩阵进行分析：京津冀三地在协同发展协调机制中各自收获的利益情况。假设每个参与主体都思考出路想办法使得自己的痛苦指数降低，同时条件假定为：各个参与主体独立选择政策而不采取任何协调方式。在相应的情形下，参与人 A 做出选择决策 1 或决策 2 的决定时，A 难以猜测出 B 会进行何种决策；同样参与人 B 做出选择决策 3 或决策 4 的决定时，B 难以猜测出 A 会进行何种选择。通过对上面的分析得获利矩阵的纳什均衡策略是（决策 1，决策 3），但是由于这双方都从自身的利益角度出发，没有形成协调的政策，所以结果导致A、B 两个主体都在劣势地位。

		参与人 B	
		决策 3	决策 4
参与人 A	决策 1	12, 12	15, 6
	决策 2	7, 15	8, 8

图 10-1　参与主体的获利矩阵

（2）在参与主体协调的情境下。假设在区域经济的发展过程中构建一个协调双方利益关系的机制，这一机制使得经济主体 A 选择决策 2、经济主体 B 选择决策 4，这时候双方的痛苦指数都是 8，即在这种情况下协调机制的溢出效应是 8。但是在大多数情况下，在博弈中参与协调的一方经济主体或双方经济主体可能因为某种顾忌而造成违约，进而造成协调机制的没有起到相应的作用。所以，在设计机制时应该建立严格的惩罚和监督措施，当经济主体试图违背协调制度时进行严厉处罚。图 10-2 是区域经济发展过程中不包含惩罚措施的协调支付矩阵。可以明显地看出，如果经济主体 A 参与了协调机制且优先执行协调战略，经济主体 B 拒绝参加协调机制且优先执行不协调策略（考虑到经济主体 B 在拒绝参加协调机制时痛苦指数为 7），这样做的直接后果是给 A 带来程度为 15 的痛苦指数，考虑到这种情况那么经济主体 A 拒绝参加协调机制且优先执行不协调策略，最后直接的后果是博弈又重新回到最开始没有协调机制时的状态（12，12）。

		参与人 B	
		决策 3	决策 4
参与人 A	决策 1	12, 12	15, 6
	决策 2	7, 15	8, 8

图 10-2　不包含惩罚机制的协调机制

通过对不包含惩罚机制的协调机制进行研究，发现经济主体各自从自身的利益出发，没有两者达到利益最大化，如果在协调机制的基础上加上惩罚措施，可以发现协调机制对两者的经济发展起着重要的作用。如图 10-3 所示，如果任一经济主体破坏了协调机制，那么每个违背协调机制的经济主体都会遭到单位为 2 的额外痛苦指数惩罚，在这种惩罚措施的推动下获利矩阵的纳什均衡为（协调，协调），表明存在惩罚机制条件下双方将遵守协调机制实现两者利益最大化。

		区域 B	
		不协调	协调
区域 A	不协调	12，12	15，6 + 2
	协调	7 + 2，15	8，8

图 10 - 3　包含惩罚机制的协调机制

通过对上面三个博弈论中获利矩阵进行阐述，发现京津冀区域金融协同发展需要河北省、天津市和北京市三地政府的协调合作，同时应该在一定程度上对参与协调发展的各方形成合理的约束机制进一步将目前的合作机制制度化。首先在京津冀区域金融协调发展过程中，京津冀三地方政府之间应共同努力，紧密配合来构建科学合理的发展蓝图，从战略布局角度为京津冀区域深化金融合作提供有力保证。其次是应该组建一个京津冀区域金融协同发展的代表性协调机构，其发挥的主要职责是统一协调办理三地在金融合作方面的相关事宜，增加地方政府层面上的相互合作和信息互通，共同订立统一的金融协调合作政策和措施，减少由于三地之间金融业发展同质化带来的三个地区间利益冲突。而且依据利益兼顾、机会均等、适当补偿和公平竞争的原则，完善协调和处理地区间可能出现的利益冲突，妥善开展发展京津冀区域金融合作的系统，进一步加强三地创新合作方式、创新合作内容来扩大三地的合作效果，从而带来京津冀区域经济互利共赢、协调发展，实现金融资源高效配置、有效共享，进一步通过京津冀区域内金融业发展来带动三地经济的延伸。

10.1.1.2　现有金融监管体制对资金流动造成阻碍

1. 商业银行大区行政管理制度对资金跨区域流动形成阻碍

中国人民银行为了实现平衡各行政区域内的经济总量，依据行政区划建设推行大区管理制度，事实上这一措施并没有将金融跨区域的联系配置作为立足点，这使得区域金融政策难以协调。例如在京津冀区域的两家分行，北京市分行由北京市管辖；天津市分行由天津市管辖。事实上北京市与天津市经济发展存在密切的关系，当某一公司同时在北京市、天津市两地均设立分公司，由于行政区域的限制两地的数据系统并不兼容，这两地区公司的资信状况由两个城市的银行分行分别进行统计，这种情况带来的直接后果就是同一家总公司的两家分公司，两个银行对公司存在不一样的信用评级，从而在很大程度上影响银行在公司发展过程中资金信贷业务。

从现在金融监管体系现状来看，其构成主要是人民银行、保监会、银监会和证监会，俗称"一行三会"。在监管体系中保监会、银监会和证监会实行派出机制，但是由于监管人员数量、监管技术、信息沟通、受管辖权限等客观条件的阻碍从而不得不对金融活动中的资金跨地区流动进行苛刻监管。同时京津冀区域人民银行机构分别由人民银行北京分行、人民银行天津分行和人民银行河北分行对各个银行实行监督管理，所以人民银行在研究地区的金融法律法规政策以及各地区商业银行关于制定和实行政策措施方面经常会考虑到外部环境的变化而区别对待，在一定程度上带来各个地区金融部门在发展区域间金融结算业务时造成办理交易业务时间过长，严重时带来金融业务很难顺利进行。

2. 商业银行垂直管理制度对区域资金流动造成阻碍

现阶段京津冀区域商业银行的管理体制影响了区域金融协同发展。按照银行体制划分，商业银行分为全国性商业银行和区域性商业银行，但是其都实行总行和分行的管理制度。而全国性商业银行分行位置可能遍布全国各地，而各分行的管理制度是各自独立的，这种情况下就使得各个银行之间的跨地区和跨行合作无法实现。而区域性商业银行由于受限于自己管理体制对于跨区域的资金调动更是无法进行。在这种情况下以行政区域划分的金融服务，根本无法从根本上满足金融资源进行大范围配置的需要。所以可以看出总分行制的实行中，银行的分支机构不能成为独立存在的法人实体，其行为完全受控于总行发挥授权经营的作用，这种情况下带来京津冀地区总分行的管理体制逐步演变为分支机构各自管理，难以实现各项跨地区业务办理，跨行合作和跨地区合作存在难以逾越的鸿沟。

现有的银行管理体制表现为垂直结构，实行总行管理到分行管理进一步到支行管理的行政体制，纷纷建立例如资产负债比这样一些衡量经营业绩的指标，而且要求在当地获取的银行资金只可以在当地消化吸收，所以银行资金难以达到最佳优化配置，在银行监督管理方面也是按照行政区划分，实行自上而下的管理体制，层层以流动性覆盖率、净稳定资金比等这些难以从实际情况反映地区之间经济发展现状的传统指标体系来对金融资产是否安全进行判定，事实上这是管理层一直以来的"重防轻改"的想法表现，普遍来说在发达国家是通过构建区域化实现对金融资源的监管。

3. 滞后的信用体系建设对信贷资金流动造成阻碍

阿克洛夫（1970）在其著作《柠檬市场》中指出信息不对称会带来高交易成本，在现实生活中企业生产主体与企业总部的分割也是阻碍京津冀区域经济协同发展的一方面原因，一家企业在不同地区的分部都会对资金产生需要进而带来各种票据融资和贷款的需求，这些资金需求的解决如果可以集中在一家金融机构办理，那么它可以给企业剩下很多的成本。事实上，由于现阶段信息的不共享导致不同地区、甚至是同一地区的不同家银行互相信息无法实现连接，进一步使得企业在办理相关业务时无法及时完成企业贷款信息，给企业；带来不必要的成本。因此，正是由于信息不对称的存在使得企业在对各个环节的金融服务的相关业务进行办理时需要不断重复进行贷款申请、资信调查、审查、担保等手续，这些相关业务手续不仅对企业而言是相对高昂的交易成本，而且对整个银行体系来说也是大量的资源浪费。

结合上述研究可以发现现阶段社会信用体系建设的核心问题其实是减少数据和信息的不对称。例如，北京工商局曾经做了一个实验，采集北京市 20 多个部门的每年的信用信息，但是随着时代的变迁可以发现过去政府的监管模式和信用公开的形式与现在互联网时代和大数据时代的方式是不同的，在过去的时候政府部门进行数据公开都是被动进行的，当你想要去查询一家企业的信息时候，需要本人亲自到工商局，同时携带着有效证件到前台去查询。与之前不同现阶段工商部门已经建立了全国数字化信息公告平台，主动公开企业的各项数据，如果我们想查询任何一家企业的经营信息，直接登录工商局的公示信息平台就可以查询到在全国所有市场上面这家公司主体的基本信息。这一点是目前现阶段与之前政府在信用管理和信用建设过程方面存在着显著不同的地方，即从之前的被动的支持信用体系建设转换为主动作为建设信息化公布平台。通过北京市信用体系的变迁，可以发现每个区域的政府对信用体系的建设和管理，其改变的核心过程是在监管和执法过程中让信息公开化透明化。

目前京、津、冀三地应该全面开放数据资源，通过社会专业机构数据融合实现共享信息，使信用信息得到更大范围的应用，即完成联合惩治制度。在社会发展过程中，一旦实现信用信息公开共享，那么公众就能参与进来，发挥监督作用。事实上，信用机制建设不是京津冀区域政府自己的事情，而是整个京津冀区域的事情，如果公众能够参与到信用机制建设中来，信用信息应用可以扩大其范围。因此未来信用体系的建设格局应该是政府支持、市场主导和公众参与的全面信用体系。从目前京津冀区域发展现状来说，京津冀信息平台是处在一个初级阶段，因为现阶段所有的信用信息主要依靠政府主动提供的信用信息，如果想要在信息平台上提供一些受到行政处罚黑名单企业和所谓查无下落的企业，那么这些需要更多相关部门的参与，并且在公众广泛参与监督过程中，使政府更愿意把这些潜在的信息资源共享出来，使得这个平台得到越来越广泛的应用。

10.1.2　内生因素

学术界在研究对京津冀区域金融协同发展因素产生阻碍的因素时大多数情况下都是基于制度的角度，普遍结论是政府和银行制定的一些恰当政策延缓了现阶段金融协同发展的进程，但是从某种程度来说将一个重要的理论基础忽视了，即世上存在的任一事物都有着其自身发展规律，不是一蹴而就的，在社会主义市场经济迅速发展的前提下，可以发现实现不断追逐的利益是引导个体不断发展的前提。赢得利润是大多数企业进行生产经营的目标，现阶段京津冀区域金融协同发展之所以难以进行的根本原因，是在实施京津冀区域金融协同发展过程中没有关注到协同发展经济主体——各家商业银行的利益。在现阶段阻碍因素例如行政壁垒、条块分割都是一些表面上的，并不是造成协同发展困难的最主要原因。在区域成长的过程中经济的发展决定金融的发展，京津冀区域金融协同发展程度也决定于其成长的环境—京津冀区域经济协同发展，就像只有在肥沃土壤中植物才可以健康成长，京津冀区域金融协同发展必然离不开京津冀区域经济协同发展这个大环境。① 因此这一节主要从商业银行的利益机制缺失和京津冀区域产业结构重复现象来探究京津冀区域经济协同发展内生因素。

10.1.2.1 商业银行的利益机制缺失

事实上金融资源的流动并不是漫无目的的，其是在利益机制基础上的导向流动，当把京津冀区域金融协同发展的过程比作一项经济活动来观察时，在这一局面下金融资源的流动事实就可以理解为在经济协同发展的背景下商业银行作为行为主体的参与者对利益进行不断追逐。所以总结上述研究可以发现，地区金融协同发展是否可以顺利展开其商业银行的态度起着重要的作用，影响商业银行态度的若干因素中最关键的为商业银行是否可以在协同发展过程中获取利益。本节从商业银行对参与京津冀协同发展的谨慎态度和商业银行参与金融一体化的成本收益分析两方面来考虑商业银行的利益机制缺失造成的影响。

1. 商业银行对参与京津冀协同发展的谨慎态度

从目前京津冀协同发展现状来看，各家商业银行的合作目前都只是停留在口头上，没有达成书面的条款合约，而真正进行实际行动的更是少之又少，这主要是因为商业银行在进行跨区域合作更多的时候并不是从促进京津冀区域金融协同发展来对经济快速发展有益出发，而是重视利益机制的驱动，所以现阶段在京津冀区域金融协同发展中银行表现出不积极的一面，甚至不愿意推广一些政策，严重阻碍京津冀区域金融协同发展的推进，使得京津冀区域金融协同发展本身就没了内生动力，更不用说还会有促进京津冀区域金融协同发展金融创新出现。因此京津冀区域金融协同发展迟迟难以推进的重要因素是因为没有明确引导的利益机制，难以吸引银行等金融机构合作，因此京津冀区域在设计跨地区金融合作方案的时候，应该把银行这些相关的金融机构的利益排在第一位，因为区域内资金的流动通常流向有利益的地方，只有利益的牵引，才会使金融资源的自由流动产生内在的运动动力，进而有助于京津冀区域金融协同发展的实现。

2. 在参与金融协同发展中商业银行的成本收益分析

根据新古典经济学理论，银行业表现出一般企业生存发展的普遍特点，是一个产业部门。作为普通企业（厂商）的银行，其最终目标是利润最大化，所以，

---

① 赵晓霞：金融集聚视角下的中国大城市经济增长方式探究 [J]. 管理世界，2014（5）：174 – 175.

银行能否积极推进和参与金融协同发展，都在这一目标之下。在分析银行参与协同发展的条件和成因时我们用一般用于厂商的成本收益研究方法来分析。[①] 接下来以商业银行的跨地经营作为协同发展的表现。

（1）本地经营的银行最佳规模。假设银行的生产函数是：

$$Y_i = Y(K, L)$$

其中，K 为资本，L 为劳动，Y 为产出，包括银行提供服务的收费和银行投资的收益。

银行的经营成本包含两个方面，一方面是资本投入，定义为非人力资本投资，包括土地。假定单位资本品的价格是 P（单位资本的成本），每个员工的工资为 W（劳动的边际成本）；另一方面是劳动投入，定义为员工的工资。在研究中假定在资本市场和劳动力市场中均存在完全竞争，也可以称之为银行作为价格的接受者。那么银行体系中经营成本函数为：

$$C_i = C(W, P, K) = WL + PK + E_i$$

式中令 $DC = WL + PK$ 为银行的直接成本，其中 E_i 为其他成本，如招待费、市场营销费用等，定义为间接成本，即可以得出银行的成本由间接成本和直接成本两方面组成。在这样的基础上就可以得到银行的利润函数：

$$Ri = Y_i - C_i = Y(K, L) - C(W, P, l, K)$$

在这个本地市场上，银行的理性选择是主要是关于资本投入和劳动力投入的数量，获取利润最大化，所以银行经营的问题简化为：

$$Max. \ Ri = Y_i - C_i$$

$$s. t. \ （1）\ Y_i = Y(K, L)$$

$$（2）\ C_i = C(W, P, K) = WL + PK + E_i$$

根据拉格朗日乘数法则，我们可以求得当满足：

$$\frac{\partial Y}{\partial K} = P$$

$$\frac{\partial Y}{\partial L} = W$$

时，银行可获得最大利润。

（2）银行跨地经营的模型。如果银行到外地去经营，在京津冀区域范围内配置资源，那么我们可以假定，银行的资本分为两部分，K_0 为外地资本投入，K_i 为本地资本投入，L_0 为外地劳动力投入数量，L_i 为省内劳动力投入数量，则跨区域经营的银行的生产函数为：

$$Y_0 = Y_0(K_i, K_0, L_i, L_0)$$

---

① 韩哲. 中国区域金融业发展非均衡性研究［D］. 吉林大学，2014.

跨省经营的成本分两部分，一方面为人力资本，即劳动投入，跨省经营一部分雇佣当地的劳动力，另一部分是原来省内劳动力；另一方面为是非人力资本，即资本投入，一是省内资本，二是外省资本，事先假定两个地区劳动力和资本的价格不同，例如，北京市的金融人才的工资和办公楼的租金明显高于天津市和河北省，所以在运营中银行需要支付一定的间接成本表示为 E_0 和交易成本表示为 T。所以，银行跨省经营的成本函数为：

$$C_0(P_iK_i, \ W_iL, \ P_0K_0, \ W_0L_0) + E_0 + T$$

银行的利润函数为：

$$R_0 = Y_0 - C_0$$

银行是否选择跨省经营的问题就简化为利润最大化的问题，

根据拉格朗日乘数法则，我们可以求得当满足：

$$\frac{\partial Y_0}{\partial K_i} = P_i$$

$$\frac{\partial Y_0}{\partial K_0} = P_0$$

$$\frac{\partial Y_0}{\partial L_i} = W_i$$

$$\frac{\partial Y_0}{\partial L_0} = W_0$$

时，银行跨省（市）经营可以取得最大利润。

（3）银行跨地经营的条件。事先假定银行是理性存在的，并以利润最大化作为其经营目标，得到如下结论：

①如果 $\max R_0 < \max R_i$，即银行采取跨区经营的预期利润小于在本地经营的预期利润，那么银行不采取跨区经营方针。

②如果 $\max R_0 > \max R_i$，即银行采取跨区经营的预期利润大于在本地经营的预期利润，那么银行应采取跨区经营方针。

③如果 $\max R_0 = \max R_i$，即银行采取跨区经营的预期利润等于本地经营的预期利润，那么银行是否采取跨区经营方针是无差异的。银行是否采取跨区经营，取决于银行的其他经营目标。

结合前面的研究成果，在本地经营银行的利润定义为：

$$R_I = Y_I - DC_I - E_I$$

式中：R_I 为本地银行机构的利润，DC_I 为本地经营银行的直接成本，Y_I 为本地银行机构的收益，E_I 为本地经营银行的间接成本。

跨区经营银行的利润可以表示为：

$$R_0 = Y_0 - DC_0 - E_0 - TC$$

式中，R_0 表示跨省银行的利润，Y_0 为跨省银行的收益，DC_0 为跨省银行的直接成本，E_0 为跨省银行的间接成本，TC 为跨省银行的市场进入成本。

银行跨地经营的条件是：$R_0 > R_I$

则利用上两公式相减得：

$$Y_0 - Y_I > DC_0 + E_0 + TC - DC_I$$

如果银行的跨地经营收益的差额大于成本增加的差额，那么银行可以实行跨地经营。

我们令 $DR_I = Y_I - DC_I$，$DR_0 = Y_0 - DC_0$，其中，DR_I 和 DR_0 分别表示本地经营和跨地经营银行的直接利润。那么银行跨地经营的条件还可以表示为：

$$DR_{I0} - DR_I > E_0 + TC - E_I$$

那么银行的跨地经营直接利润大于跨地经营银行的间接成本与原银行间接成本的差额与市场进入成本之和。

特别地，我们假定，银行跨地经营对间接成本不产生影响，或者我们假定银行的间接成本非常小，可以忽略不计，则有：

$$DR_{I0} - DR_I > TC$$

银行跨地经营的条件是银行的跨地经营直接利润必须大于跨地经营银行的市场进入成本，即银行跨地经营应该将直接收益和进入成本两个方面纳入到考虑方面。

通过对上文进行分析，在京津冀协同发展的进程中要注意到商业银行这个参与主体的具体行为，伴随着深化改革商业银行，其自主经营、自负盈亏的企业化特点将越来越鲜明地表现出来，在分析商业银行在跨区域提供金融服务行为方面采用成本收益的研究方法是有益的选择。考虑到跨地经营所产生的各种直接费用和间接费用，如办公楼的租借、人员的配备，对当地企业的不了解，信息不对称等各种因素，特别是本地政府不鼓励本地银行迁移外地或向外地贷款，所以商业银行对协同化发展经营并不是很积极。但是和国有商业银行缓慢的动作相比，城市商业银行对突破各金融机构自身的局限和行政区划的限制，建立高效的金融整合、流动平台，释放合作效应比较期待。

10.1.2.2　京津冀区域产业结构重复现象突出

现阶段京津冀区域经济协同发展还处在经济发展的初级阶段，虽然目前三地商品市场和生产资料市场达到相互融通的程度，但是距离成为产业链的高度还存在着一定的空间。目前的产业合作还仅仅初步表现为生产要素等商品市场的层次上，简单的开拓市场成为了企业之间相互合作的动机，只有少数是真正的运用外地廉价的金融资源和优质的金融服务。而且考虑到京、津、冀三个地区地理位置中拥有相同的金融外部资源，相似的自然环境，因此京、津、冀三地随着经济发展发生产业同构是难以避免的现象，通常来说，发生产业同构现象会带来各地区在使用资金方面出现恶性竞争行为，即使理论上来说地区内部发展结构的不同是各个地区进行区域经济合作的前提，适度的产业同构是京津冀地区跨区域合作的助推力，但是如果不加以引导这种同构现象，最终会发展成为恶性竞争，带来这个京津冀区域经济发展停滞不前，影响到资源的合理配置。历史经验告诉我们调整升级产业结构可以有效带动区域内对资金需求、资金供给，同时带来低融资成本、金融避险等金融服务需求的提升，事实说明具体的改革措施有力带动京津冀区域金融的发展和京津冀区域金融结构的优化。所以为了减少三地区产业同构在《京津冀协同发展规划纲要》明确定位三地区：河北省定位为"京津冀生态环境支撑区、新型城镇化与城乡统筹示范区、产业转型升级试验区、全国现代商贸物流重要基地"；天津市定位为"北方国际航运核心区、全国先进制造研发基地、改革开放先行区、金融创新运营示范区"；北京市定位为"全国文化中心、政治中心、科技创新中心、国际交往中心"。京津冀三地实现整体定位避免了京津冀区域产业结构重复现象，突出了三地区"一盘棋"的思想，实现了错位发展、功能互补、相辅相成。

为了充分减少京津冀区域产业结构重复现象对区域金融业发展造成的阻碍，各地区应该着手促进优化经济结构，进一步实现产业结构的升级与调整，在此基础上完成经济增长方式的转变。通常来说可以从以下几方面着手：第一点，结合京津冀三地区域市场有效选择、优势要素禀赋、资本与高科技、需求结构变动、新兴产业等因素，在此基础上对主导产业进行培养和发展；第二点，在京津冀三地以主导产业为基石，建立适宜的产业集群规划，以政务服务、良好的交流渠道、基础设施为渠道，创造优质的企业经营环境和投资环境，从而扩大外部经济、降低交易成本，最终合理发展成上、中、下游产业齐力发展的产业集聚区链；第三点，积极引进的外国的先进技术并在此基础上进行吸收、消化、再创新，从而带动区域内技术进步快速发展，同时提升京津冀三地自主创新的水平，充分发挥产业聚集群的核心优势，发展区域特有的核心技术、核心产品、核心品牌和核心产业。所以在京津冀区域要实现金融协同发展应该从经济合作为起点，在京津冀三地这个大区域中心建立完善的产业结构，进而深入发展不同层次的产业合作，使各个地区金融业的合作发展为经济增长的需求。

10.2 京津冀区域金融协同发展的路径与模式

10.2.1 京津冀区域金融协同发展的必要性

打破目前京津冀经济发展独立化的格局，扩大发展规模，形成京津冀区域金融协同发展新局面。由区域金融理论可知，金融协同发展是指在一定的区域内，金融活动范围不受行政主体的限制，并通过彼此的相互影响、相互渗透而成为一个联动整体，最终促进整个区域内金融事业的发展。反映出金融产业需要与其他相关产业进行互动与促进，突破空间维度和时间维度上的限制，满足彼此共同发展需求，还体现了地域内由于各个行政主体发展规模差异导致的金融资源拥有量不同，要求区域内必要资源自由流动及提高金融资源帕累托最优配置效率的需求。这也使区域金融协同发展成为实现区域内经济协同发展的首要前提条件与重要保障。

京津冀区域地缘相连，地域一体，历史渊源深厚，文化一脉相承，完全能够相互融合，这些优势都为京津冀区域金融一体化奠定了坚实基础，此外推进金融协同发展的必要性主要体现在以下方面：一方面，完整的金融资源要素是推动区域金融产业发展的有利因素，能够有效降低金融产业运行的内在风险和消除泡沫，避免对预期金融效率造成不利影响。因此京津冀区域内各行政主体应在满足现行体制框架内对各层次金融资源合理分布和均衡配置，利用金融资源区位流动完成对金融产业结构的调整。并有理由相信，当金融资源来往互通付出的调整成本（比如交易成本和摩擦成本）建立在金融协同发展框架下时，才有机会达到最小化。另一方面，实现京津冀区域金融协同发展，对提升地区金融产业竞争核心能力具有突出贡献。首先区域金融一体化能够扩大金融整体交易流量，提高地区金融产业交易频率，实现金融产业内部规模收益递增。另外，区域金融一体化消除了地缘限制，有效增加金融信息交流、产品技术扩散，提高业务创新，降低信息成本、沟通成本和创新与治理成本，实现金融产业外部规模收益递增。从以上观点能够得出，要想达成京津冀区域金融协同发展，所有行政主体都需要努力同具有相邻地理位置且社会文化接近区域构建牢固的金融合作网络，提升金融产业一体化的关联程度，只有做到这些才可以促进京津冀区域金融产业协调运行，实现三地金融产业协同发展，共同提升区域金融产业核心竞争力。①

10.2.2　京津冀区域金融协同发展的可选路径

前面对实现京津冀区域金融协同发展的必要性进行了论述，那么接下来就要探寻推动区域金融一体化行之有效的路径，本书将运用区域视角深入研究金融资源优化的问题，选出推动实现区域金融协同发展的合理路径。

就目前京津冀区域发展现状而言，三地间依然存在着金融资源配置不均衡，金融资源的区位流动有障碍等问题，这些限制严重地制约了区域金融协同发展的

---

① 陆军，徐杰. 金融集聚与区域经济增长的实证分析——以京津冀地区为例 [J]. 学术交流，2014（2）：107 – 113.

趋势，打破以上壁垒，有效发挥金融辐射与集聚效应，实现区域联动发展，成为摆在各级行政主体解决区域金融协同发展所面临的首要任务。面对诸多挑战要求我们不仅要找到消除区域间现存的各种障碍的方法，还应将继续探索，找到符合京津冀发展诉求、现实的区域金融协同发展的合理路径。[①] 综合本书上述研究并结合京津冀发展现状，提出以下三种京津冀区域金融协同发展的可供参考路径：

方案一：京津双核驱动模式。就目前发展状况而言，北京市金融资源优势明显，具有较强的区域辐射作用，而天津市正以破竹之势迅速崛起，具有发展程度较高的金融产业，配套设施完善，还有一定的政策倾斜优势，同时资金资源比较充足，有望建设成为国际性金融中心。开启京、津区域辐射双核驱动模式，就要结合两城市产业链条的各自特色，明确分工定位各自金融功能，使京、津在发展自身的同时向周边输送外溢的金融资源，最终形成京津冀区域双核驱动，共同发展的模式。[②] 就目前现状而言，京津两地仍存在较大的地区壁垒，竞争性明显，两市之间在推动全区域发展同时还应兼顾双方合作，互利共赢。京津地区双核驱动模式过程如图 10 - 4 所示。

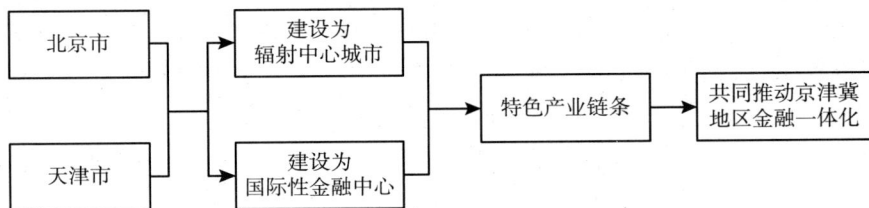

图 10 - 4　京津双核驱动模式

方案二：上、中、下三级发展模式。目前，京津冀三地在发展速度、经济规模等方面都各不相同，因此根据各自特点及其规模将三地分为上、中、下三级，具有现实意义。北京市作为首都凭借其充分优势发展为辐射京津冀全区域的中心城市，作为区域经济协同发展的主动力源，处于三级中上游节点地位；天津市依靠地缘优势及政策导向，凭借发展对外贸易和国家级开发区优势取得迅猛发展，选其作为辐射京津冀发展的过渡层次城市，处于三级发展模式的中游节点地位；以石家庄市、唐山市两个河北省经济发展较快的城市为首，同周边地级市共同处于京津冀协同发展的下游节点地位，作为新兴城市，随着经济快速发展，金融需求群体日益增大，借此优势，充分吸收京、津两地的金融资源促进自身发展。三级城市间紧密协调、相互合作，北京应在协同发展的模式下发挥总部经济特长、

---

① 张云. "京津冀协同发展：机遇与路径学术研讨会" 综述 [J]. 经济与管理，2014 (2)：95 - 97 + 2.

② 马俊炯. 京津冀协同发展产业合作路径研究 [J]. 调研世界，2015 (2)：3 - 9.

充分利用自身优势，带动天津金融产业发展与职能升级，促使其建设发展为区域性金融中心。京津两地联合发挥其金融集聚地和金融辐射地的作用，加强联动配合、利用广泛的金融流通渠道，增大对河北等周边城市区域的辐射力，共同服务于整个京津冀区域经济发展。上、中、下三级发展模式过程如图 10－5 所示。

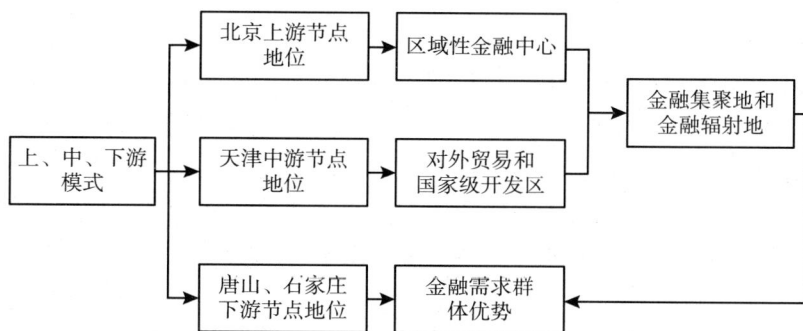

图 10－5　上中下游三级发展模式

方案三：第三方机构发展模式。京津冀由于多年的发展不平衡，该区域内已形成目前的经济发展复杂性、多样性格局，存在诸多壁垒，且短时间内难以打破，因此统筹规划、协调发展是摆在京津冀区域金融一体化面前的亟须解决的问题。打破不均等政策导向，创立一个半官方化的专业京津冀区域金融合作机构，负责规划制定全区域经济协调合作发展蓝图，专门处理区域金融合作创新与发展事务，有望成为协调区域发展路径的重要方法之一。该模式效仿了创立欧洲中央银行时的思路，成立独立于各区域的专业机构，能够确保管辖下的其他主体平行站位、自主发展、平等发展。合作机构应从以下几方面进行运作：第一，搭建金融机构跨区域对话平台，定期举行大规模论坛，加强区域内金融机构交流、合作；第二，以推进京津冀区域金融协同发展为宗旨，创立并维护定点帮扶机制，为金融欠发达地区提供必要帮助；第三，开放绿色通道促进人才流动，以人力资源优势推动区域金融协调发展；第四，成立促进发展基金会，成员单位承担与自身实力相符的责任，并以区域为单位申请政策、资金支持。这种第三方机构发展模式的作用机理如图 10－6 所示。

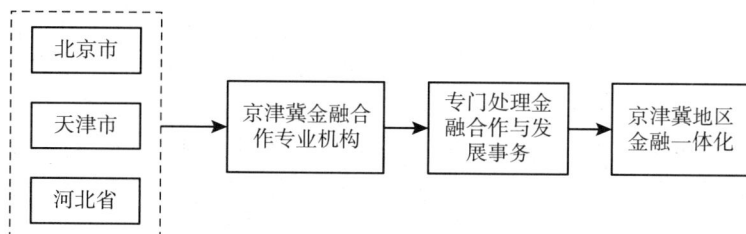

图 10－6　第三方机构发展模式

10.2.3 京津冀区域金融协同发展模式的构想

综上三种京津冀区域金融协同发展路径，并结合各地区的实际宏观经济环境和当地发展特色，本书对以上三种模式的选择可行性分析如下：选择第一种发展模式能够充分发挥北京天津两地自身优势，借力京津"双引擎"推动，形成具有一定差异化的双核心，但其中存在的问题是：天津市能否完美扮演好区域中心城市的角色，发展自己同时，为河北地区发展起到中心辐射推动作用还有待观察，两地间的金融合作框架合理构建也必然成为新的难题。第二种发展模式无疑将增加北京城市的负担，并且上中下游模式衔接更加注重效率问题，单核心的推动作用，又使得天津市已形成规模的金融行业影响能力减弱，满足不了京津冀区域金融协同发展的整体要求。第三种发展模式是独立于行政区间的第三方机构的建立，完善金融合作长效机制，协调各地区关系，平衡发展利益，打破三地间不平等的区域关系，有望成为解决区域金融协同发展的一把"利剑"，较为适合京津冀区域金融协同发展，但是第三方机构的建立及机制的形成、实施需要花费时间去科学研究。努力破除金融资源流动障碍，最终实现金融协同发展长期目标，故本节从京津冀区域金融协同发展的近期模式和远期模式出发，考虑今后京津冀地区的未来发展。

10.2.3.1 京津冀区域金融协同发展的近期模式——消除摩擦，缩小差异

根据金融地域系统理论，帕累托改进提高了金融效率并促使金融核心成为发起者进而产生辐射效应，促进周边金融产业发展，带动金融腹地接受辐射效益，最终达到金融产业在全区域内发展水平趋同。京津冀区域金融协同发展，当务之急是要改变三地金融产业发展良莠不齐的状态，使区域内形成一个相似的金融产业发展水平，消除由此带来的摩擦，保障金融资源的无障碍运动。[①] 本节将借鉴金融地域系统理论，首先按京津冀区域的各个城市金融产业的发展水平将其定位成不同级别的金融类型。

1. 金融核心——北京

在京津冀区域经济协同发展中，北京市作为我国的首都，凭借其政治中心和经济中心的特殊优势，金融业发展水平在全国范围内首屈一指。这首先是得力于北京的悠久的金融历史和文化。北京作为全国的政治核心，正处在现代工业城市化快速发展的新阶段，无论是 GDP 的增长速度还是产业结构优化，优势都十分明显，同时北京相对于其他城市，其经济主体具有强烈的资金需求且由于较为领

---

① 刘雪芹，张贵. 京津冀产业协同创新路径与策略 [J]. 中国流通经济，2015 (9)：59-65.

先的区域经济，带动较高的规模收益，对金融资源的吸引力较强，这一切为金融业的发展创造了良好的条件，促进了金融产业在北京的发展。数据显示，2014年，北京市实现金融业国内生产总值 3 310.80 亿元，北京国内生产总值为 21 330.83 亿元，金融业国内生产总值占全市总产值的 15.52%；从产业结构看，北京以第三产业为主，比重达到 77.9%，并呈明显的高端化趋势；从城镇化率看，北京市城镇化率为 86.4%，综合判断，北京已进入后工业化阶段，由此产生的经济职能也造就北京的国际金融中心地位。[①]

就银行业而言，从表 10 - 1 可以看出，截至 2014 年年底，京津冀区域大型商业银行金融机构个数 6 200 个，从业人员 15.8 万人，资产总额 10.4 万亿元，其中北京的银行业资产总额占京津冀区域银行资产总额比重为 67.15%；通过与历史数据比较，在金融机构中银行业的资产规模增速最快，增长幅度最明显，年底资产总额同比增长 19.5%，利润增幅上升显著，同比增长 15.4%，随着银行业监管力度的不断增强以及对金融行业的不断改革，银行业市场的活力会越来越强。可以看出北京银行业在京津冀区域银行业的发展过程中起着重要的核心作用。

表 10 - 1　　　　　　　　**2014 年京津冀大型商业银行机构数据**

城市	机构数（个）	从业人数（人）	资产总额（亿元）
北京	1 782.00	53 007.00	70 010.00
天津	1 173.00	27 271.00	11 397.50
河北	3 245.00	77 832.00	22 845.20

资料来源：《万得资讯》数据库。

就证券业而言，从表 10 - 2 可以看出，北京是京津冀区域中第一大证券市场，也是全国活跃及流动性最高的证券市场之一，截至 2014 年年底，京津冀区域上市公司总数达 327 家，北京市占京津冀区域比例为 72%，可以看出北京市证券业在京津冀区域证券业发展中的带动作用。

表 10 - 2　　　　　　　　**2014 年京津冀区域证券业分布**

分类	北京	天津	河北
总部设在辖内的证券公司数（家）	19.00	1.00	1.00
总部设在辖内的基金公司数（家）	23.00	1.00	0.00
总部设在辖内的期货公司数（家）	20.00	6.00	1.00

① 2014 年数据来自北京市 2014 年统计公报。

续表

分类	北京	天津	河北
年末国内上市公司数（家）	235.00	42.00	50.00
当年国内股票（H股）筹资（亿元）		0.00	13.50
当年国内股票（A股）筹资（亿元）	1 324.00	182.00	117.30
当年国内债券筹资（亿元）	23 121.00	1 503.10	703.40
当年国内债券筹资：短期融资券筹资额（亿元）	17 295.00	387.70	286.30

资料来源：《万得资讯》数据库整理得到。

就保险业而言，从表 10 - 3 可以看出，2014 年，北京保险行业继续保持平稳增长，全行业累计实现原保险保费收入 1 207.2 亿元，同比增长 21.4%；累计赔付支出 407.2 亿元，同比增长 28%，北京市保险业保持稳步发展，行业整体实力持续增强，对京津冀地区资金流动具有引导作用，促进京津冀地区经济的发展，有利于金融资源集聚。

表 10 - 3　　　　　　　　　　2014 年京津冀都市圈保险业地区分布　　　　　　　单位：家

分类	北京	天津	河北
总部设在辖区内的保险公司数	61.00	6.00	1.00
其中：财产险经营主体	29.00	2.00	1.00
寿险经营主体	13.00	4.00	0.00
保险公司分支机构数	89.00	57.00	60.00
其中：财产险公司	36.00	25.00	26.00
财产险公司：外资	13.00	3.00	1.00
寿险公司	49.00	32.00	34.00
寿险公司：外资	22.00	9.00	6.00

资料来源：《万得资讯》数据库整理得到。

毋庸置疑，北京的金融业发展，无论是从基础设施建设水平还是市场发展规模水平上看，都已占据京津冀全区域金融业的主导地位，完善的金融职能当之无愧地成为京津冀区域的金融核心。

2. 金融增长极——天津、石家庄

从最近几年来看，随着天津市对金融业发展投入的力度不断加大，取得了显著成效。首先，天津市金融业 GDP 从 2004 年的 136.97 亿元增加到 2014 年的 1 389.53 亿元，增长率达到 9.14 倍；其次，2014 年天津市的 GDP 为 15 722.47 亿元，金融业 GDP 占全市 GDP 的 8.84%；与此同时，金融机构无论是从规模上还是数量上都得到了快速发展，金融体系的组成不断完善，包含了各类金融机构如：银行、证券、保险、融资租赁、信托、保理和货币经纪等。2014年，天津市银行业金融机构资产总额不断增长，证券业的上市公司融资情况稳定，保险公司总资产稳步提升。金融行业服务水平逐步提高，金融机构业务空间不断拓展，已经形成功能齐全、成分工合理的多元化组织体系，在发展自身的同时，能够发挥其对周边区域金融业发展的积极带动作用，促进了相邻区域金融业的发展。另外，天津在金融市场和金融改革等方面也走在了全国的前列，国务院批准在天津滨海新区成立金融市场改革先行先试实验区，加快金融创新步伐，在股权投资基金、货币经纪、消费金融和汽车金融等金融创新方面也取得显著成效。目前，天津拥有自身独特的现代金融服务体系和金融改革创新基地的发展优势，为其建设成为国际化金融中心奠定了基础。

石家庄作为河北省的省会，是河北省的政治、经济、文化和教育中心，是冀中南与京津连接的重要支撑点，还是连接沿海地区和西部腹地的重要交通枢纽，拥有优越的地理位置。同时石家庄在全国经济发展格局中发挥着"承东启西、贯通南北"的重要咽喉作用，是中国北方经济发展的重点区域，具有得天独厚的经济发展优势。石家庄有"火车拉来的"城市之称，多条铁路干线交会于此，是全国的铁路运输重要枢纽，地区资源丰富、资金雄厚、吸引外资能力强、经济发展空间大，应当努力打造成为京津冀经济增长第三极，为河北省整体崛起起到排头兵的作用，推进京津冀区域经济协同发展。统计数据显示，2014 年石家庄 GDP为 5 100.2 亿元，按可比价格计算，比上年增长 7.9%，其中第三产业增加值完成 2 172.6 亿元，增长 9.9%；2014 年全年全部财政收入 681.3 亿元，比上年可比增长 10%。其中，公共财政预算收入 343.5 亿元，增长 13%。2016 年石家庄市提出《关于进一步加快金融改革发展的意见》，明确将金融业发展成为全市现代服务业支柱产业，到 2017 年，全市金融机构本外币存款余额达到 1.1万亿元，贷款余额达到 7 000 亿元。全市在境内外多层次资本市场上市公司数量达到 150 家。实现年保费收入 250 亿元，保险深度超过 4%，保险密度超过2 500 元。

虽然从以上的分析中能够得出，天津市、石家庄市的金融产业发展水平较高，处于京津冀地区的前列，但是其金融市场仍存在许多的问题亟待解决，例如：金融业相关法律法规方面未能对金融衍生产品交易加以规范，缺乏明确的法律机制；各区域的交易规则存在差异，一定程度上阻碍了金融资源的自由流通；另外机构建设不够完善，缺乏权威可信度高的金融评级机构，缺乏专门金融机构的破产法律。总体来说相比于北京市，天津市、石家庄市的金融职能、金融业发展规模等还不完全具备成为金融集聚核心区域的实力，金融产业发展还处于成长期，但已具备一定的区域金融辐射提升能力，可以发挥现阶段京津冀区域经济增长极的作用。

3. 金融支点——唐山等河北省内其他地级市

在京津冀协同发展的进程中，逐步形成以唐山、张家口、保定、秦皇岛、廊坊、沧州、承德、邯郸、邢台、衡水作为辐射扇面的一个综合实力较强的密集型城市群落，为京津冀地区在区域经济发展中发挥服务、带动、承接的集聚功能，依据各自城市经济发展的特点，协同合作，促进成为我国北方集经济、政治、文化及交流的外向型多功能城市集聚区，有效推动京津冀经济一体化进程，实现全区域的大发展、共繁荣。

2014 年是河北省机遇与挑战共存。由经济总量来看，2014 年河北省金融业 GDP 为 1 280.50 亿元，占比本省 GDP 为 4.35%。其中银行类金融机构发展态势良好，行业类增量指标：人民币存款余额及增量、贷款余额及增量均跻身全国前十位。同时本省行业格局进一步优化，市场结构逐渐完善，形成了大型银行、股份制商业银行和城市商业银行、农村合作金融和邮政储蓄银行"三驾马车"齐头并进的良好态势。这一年河北省的证券业却充满了挑战，对于证券行业来说，提高本机构的核心竞争力是摆在证券公司、期货公司等金融中介机构面前要亟待解决的关键性问题；河北省的保险业在这一年里年保费收入继续保持稳定增长，整体实力得到进一步提升，保险市场参与金融主体不断增多。在全省各金融主体的共同努力下，调整金融市场结构，银行业、证券业和保险业协同发展，产业布局得到优化，行业呈现出安全高效运行的良好趋势。结合上述发展现状，河北应鲜明定位，为疏解首都非核心功能及承接京津地区产业转移做好准备，激活城市创新能力，完善产业转移、金融服务和后台支持基地的建设，做大做强金融机构总部后台服务中心和灾备中心。毗邻京、津辐射城市还应抢抓先机，大力优化提升金融业服务质量，努力创新金融业服务模式，增加金融专业化产品的种类有以满足产业转移需求。为满足协同发展中的金融服务需求，可以通过并购贷款服务、项目融资、商圈担保、扩大抵质押品范围等多种方式来提高金融业的服务。

相对于北京市、天津市、石家庄市金融的发展，河北省内的其他城市在金融产业发展相对落后，而这其中又以唐山的金融产业成长速度最快为代表，但是在过去的经济发展过程中，唐山经济发展主要的支柱产业是钢铁产业，因此其金融职能有限，而除石家庄和唐山之外的其他的 9 个地级市的金融产业发展还处于初级阶段。因此，本书以唐山为首的 10 个地级市定义为金融支点，服务重点核心城市的同时，努力实现自身的跨越式发展。

综上所述，京津冀区域城市金融级别类型可以概括为"一核两极多支点"，北京市作为区域金融的核心，利用其金融行业发展上的各方面优势对周边的天津市和石家庄市两个金融增长极金融行业的发展起着辐射扩散作用，进而对包括唐山在内的其他的各个金融支点的辐射扩散。通过这样"一核两极多支点"的途径，使相互间金融合作多样化，扩大金融合作范围，逐渐消除影响京津冀地区的金融发展不均衡的障碍，推动京津冀区域金融协同发展。为保证北京市的金融资源通畅持续的向周边区域有效辐射，需要协作城市做好承接准备，在这一过程中，作为增长极点的津、石两市要积极主动地改善其内外部金融条件，创造一个良好的金融运行环境。同时，由于人口、环境、市场的规模限制，津、石两市吸收核心转移而来的金融资源能力必定有限，北京市这一金融核心的辐射扩散作用不能高效地带动两地区的金融业的发展，这样导致许多资源流入到作为金融支点的城市，除此之外，而金融增长极其自身也具有对外辐射金融资源的功能，这两条途径就构成了金融支点的辐射来源。不过金融业在支点城市间的发展水平的不均匀，对于金融产业发展程度低又处于金融地域辐射的外围区域的城市，势必受到接受辐射的强度不足的限制，难以只靠金融协同发展带动其金融产业的发展，其在参与金融协同发展中处于弱势地位的这一状态很难改变。① 因此，京津冀区域金融协同发展是个长期建设过程，由于受到各个方面条件的限制，京津冀区域协同发展短时期内不能完全实现，缩小相互间金融业你的发展差距只能依靠金融资源的跨地域运动。

10.2.3.2　京津冀区域金融协同发展的远期模式——构建三地区域共同的金融大市场

在京津冀协同发展和京津双城联动发展国家战略背景下，当前三地区域金融发展处于"各自为政"状态，区域经济协同发展难以取得突破性进展。推进京津冀协同发展、打造首都经济圈，天津需承接北京功能性转移，以及京冀资源要素对接对流，产业发展互补互促，必须首先实现区域金融的协同发展，打破"一亩三分地"思维定式，加大京津冀产业对接转型就必须与金融相互融合，尤其是区域新金融业态的联动协同发展、新金融业态与多种产业融合发展，构建出覆盖京津冀三地域的跨区域融合的金融大市场，才是引领未来京津冀区域协同发展的重点突破口和直接发力点。②

1. 组建京津冀三地共同的综合改革试验区

京津冀地区由于金融发展模式和金融产业结构存在差异，给三地的金融协同发展造成了诸多的障碍，而随着三地金融协同发展进程的不断加快，跨地区的金融交流日趋频繁，该区域内的金融事务的逐渐增加将会对金融环境产生复杂影响。鉴于目前京津冀区域的实际情况，京津冀区域金融协同发展需要科学的顶层设计，建议积极探索金融协同发展的机制与平台载体，必要时考虑建设京津冀金融协同发展综合改革试验区。由三地政府、各区域的金融管理部门与业内专家联

① 刘铁. 京津冀经济圈协同发展模式研究 [J]. 商业时代, 2010（17）：134 – 135.
② 周立群. 京津冀协同发展开启经济一体化新路径 [J]. 中共天津市委党校学报, 2014（4）：100 – 104.

合成立综合协调机构，负责京津冀区域金融协同发展，对全局统筹规划合理设计，协调区域金融资源，使资源在区域内实现优化配置与合理流动。引导建立协调政府、金融机构、企业间合理运行的有效机制，共同推进区域金融协同发展。[①]一方面加强政府、金融机构、企业间的交流，定期召开区域经济金融分析会，完善区域信息流通渠道建设，共同讨论分析和决策区域经济金融协同发展的大计，探寻促进区域金融经济协调发展的良策；另一方面，加快完善区域多层次的金融市场体系，在引进银行、证券、租赁、信托、保险等传统金融机构的同时，鼓励引入小贷公司、担保公司、消费金融、财富管理中心、互联网金融机构等企业，完善全国性多层次资本市场体系的搭建，推进非上市公众公司股权交易市场和投资基金市场发展，搭建不同规模、风险偏好的融资渠道对接平台，探索统一的抵押质押制度，必要时可以在政策性信贷资金、地方政府债券和产业发展基金等方面给予特殊金融政策，提高京津冀乃至全国金融业的运营效率。

2. 组建金融信息共享的合作平台和区域清算系统

在京津冀区域金融协调发展框架下，建立金融信息共享与披露制度，便于权威协调机构和相关参与金融机构及时了解市场供需关系，把握区域经济金融整体运行状况，促进实现区域金融协同发展，也有助于区域内各类金融机构增强风险意识，防范金融风险，提高区域决策能力。一方面，建议建立数据信息中心。利用数据统计系统加强对经济数据统计信息、金融统计监管系统信息、银行信贷登记咨询系统信息的有效管理，并由协调机构负责信息的收集统计和对外公开。另一方面，针对区域特点构建三地清算系统，实现支付结算、异地存储、信用担保、融资租赁等业务同城化，在支持客户跨区域汇划资金的同时完善对跨区域资金流动的联动监管，夯实金融服务的基础。[②]

3. 建立区域金融发展规划和产业基金引导体系

伴随网络科技的发展，突破土地等要素资源制约，互联网金融、大数据分析服务等新技术应运而生，京津地区金融机构在完成本地业务量持续增长的同时进一步向外拓展业务的需求不断增加。在京津冀发展纲要的基础上，进一步细化区域金融发展战略规划，明确各类板块金融机构发展创新导向，减少机构无序和同质竞争，强化区域系统风险防范。对于目前金融市场无法有效供给的公益性、基础性战略投融资项目，可以由京津冀三方政府出资组建共同发展基金，以一定的财政投入为基础，采取"分红政策优惠＋配套项目优先竞标"等方式，吸引并撬动社会资金投入，有效将京、津地区优势金融资源"走出去"与河北省积极吸引金融资源"引进来"的供需关系相结合，有效解决制约京津冀区域经济协同发展

---

① 马俊炯. 京津冀协同发展产业合作路径研究 [J]. 调研世界，2015（2）：3-9.
② 连玉明. 试论京津冀协同发展的顶层设计 [J]. 中国特色社会主义研究，2014（4）：107-112.

中的薄弱地区和薄弱环节，提高京津冀地区资源整体的利用水平，进一步推动京津冀区域金融协同发展。

10.3　京津冀区域金融协同发展的建议

从以上研究可以看出，现阶段区域间还存在着阻碍协同发展的各种因素，一定程度上阻碍了金融资源的合理配置及自由流动，破除发展障碍、打通发展渠道势在必行。与此同时，为保证京津冀区域金融协同发展，地区政府应简政放权、减少不必要的行政干预，放宽对金融资源流动的限制，缩减对金融的市场控制，转变政府职能，为金融的发展提供必要服务。但是事实上实现向"服务型"政府的转变，应当在各项体制制度建立健全的基础上逐步推进，不能急于求成，以免造成不必要的混乱。改变形成已久的政府主导型金融发展模式向政府推动、市场主动模式转变，是一项需要长期坚持的改革路线，需要从国家宏观调控政策引导到各级地方政府积极落实的全面努力。[①] 因此本书从改变现行的金融监管模式着手，建立健全创新型跨区域合作机制、均衡地区经济发展，缩小各区域的发展差异，努力创造良好的环境基础，加强基础设施建设，完善金融生态环境和加强技术创新与产品开发，积极探索合作渠道等方面进行探讨，以期为有关部门提供借鉴作用。

10.3.1　改变现行监管模式，健全区域金融合作机制

京津冀区域金融协同发展要求商业银行、券商、保险等金融机构能够提供满足市场需求的金融服务产品，如信贷、理财、跨区域的资金结算等金融服务项目，但是目前由于我国的金融政策，行政监管的限制，金融机构并无法全方位地展开以上服务项目，因此目前应该打破原有的监管模式，顺应时代及发展的需要，在京津冀区域内，建立健全合作机制。取消原有的这种严格按照行政区划分的行政监管范围的模式，协调区域发展关系，降低信息传播流动的成本。学者丁萌（2007）提出建立区域金融共生单元谈判模型的概念，即谈到以下观点：金融共生能量在各个共生单元间进行合理分配以及存在，充分的信息交流是保持金融稳定的重要环节。所以在设计规划区域金融合作机制时，为有效提高协同合作效率，应着重考虑以下两方面的重要内容：第一，构建公平的利益协调原则，以

---

① 陈柳钦，曾庆久．我国金融发展与经济增长关系的实证分析 [J]．经济理论与经济管理，2003（10）：13－18．

满足所有金融合作者都能分配获得应有的正常利益；第二，构建有效的信息共享平台，为区域金融合作的有序推进提供必要的制度保障，并最终实现金融资源在整个区域内高效的利用。① 本书认为要想成功构建以上两点举措，在基于利益分配、共享信息为基础的机制外，还应该加强京津冀区域内人才流动机制，使人才资源得到充分发挥，完整构建区域合作体系（具体过程如图 10 - 7 所示）。

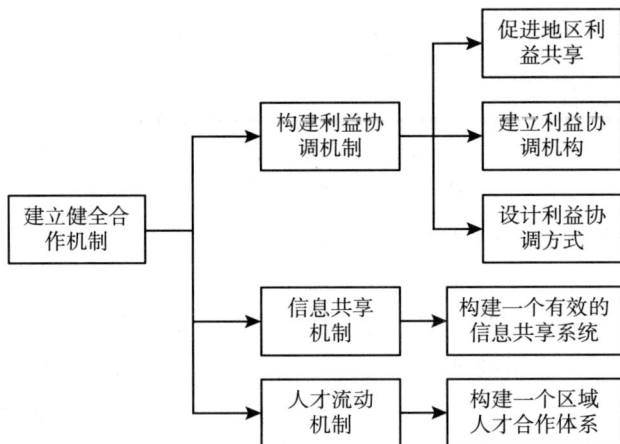

图 10 - 7　京津冀区域区域合作系统

（1）利益协调机制。在京津冀区域内构建一个功能相对完善，金融资源流动畅顺的利益协调机制主要应包括：第一，促进各区域间的利益共享。现阶段结合本地区所具备的各自的优势，借助金融产业呈现的多样性与复杂性发展趋势，同时依托数量庞大的受众消费群体，以本地区的发展特点为突破，充分发挥产业优势，充分把握协调各区域间利益关系，坚持执行共享原则。第二，建立利益协调机构。成立一个独立于全区域之上的组织机构来负责协调各区域各方之间的利益，避免产生不必要的纠纷，消除相互间合作的壁垒，实现利益均等划分。第三，设计利益协调方式。在以遵循市场规律为条件的前提下制定金融市场领域的规则，协调政府与市场的职能关系，以市场为主，但在市场调节失灵时，充分发挥政府宏观调控作用，高效引导金融资源合理配置，在提供利益补偿、创造良好生态体制等方面充分发挥其优势所在。

（2）信息共享机制。构建一个有效的信息共享服务平台，发布金融领域信息资源，实现全区域资源共享，实现信息的快速流动和高效传播，在减少由于信息

---

① 仇娟东，何风隽，艾永梅. 金融抑制、金融约束、金融自由化与金融深化的互动关系探讨 [J]. 金融研究，2011（6）：55 - 63.

不对称而导致的各类金融风险的同时，健康引导区域内金融机构积极寻求内、外部投资机会。信息共享机制将提升京津冀区域金融合作进程，消除信息发布区域不对等的时效性，促进区域内金融机构间流动壁垒的破除，有利于金融服务一体化合作步伐的加快。该机制可由政府联合区域内银行、证券、保险等同业协会，共同研发同业交流系统，形成信息多元共享机制，搭建京津冀区域优质客户名录管理平台，共享优质客户资料，加强信息交流，实现包括行业背景、组织结构、信用情况等信息资源的共享及流通，减少信息不对称情况，降低信息获取成本，同时支持和开展异地金融机构营销业务。在客户营销层面，各城市金融机构及其分支应进行合作和联动，包括建立资信互认制度、实现跨区域客户统一营销和中小企业异地担保制度等。

（3）人才流动机制。人力资源是企业发展、社会创新的不竭动力，人才建设将成为主导金融业发展的重要因素，从这个意义上讲，以人才驱动发展，以人才创造价值就成为发展中倡导的重要理念。但目前的情况表现为，京津冀地区人力资源分布极不平衡，大量人才涌入北京地区，资源严重过剩，津冀两地随着金融业快速发展，专业人才需求量日益增大，供不应求。面对人才分布与发展诉求间的矛盾，建立合理有效的区域内人力资源流动机制，加快人力资源流动效率，统筹规划京津冀区域金融人才政策，切实形成金融人才市场评价机制，最终实现人力资源按市场需求配置为主、劳务主管部门调控为辅的科学流动体系。具体方案可从以下放面进行参考，主管部门协会定期举办学术交流会议，促进区域间金融机构各分支、网点间的人才交流、培训；不发达地区可通过提高优惠待遇加大引进高端人才，提高政策支持力度，切实给予户籍、福利等优惠，提升地区最低工资额，吸引优秀金融人才流入。

2013 年年末京、津两地金融主管部门签署了《京津金融合作协议》，旨在落实京津两地政府间合作框架协议，加快推动京津两地金融协同发展。以此协议为契机，为整个京津冀区域金融业协同发展起到示范作用，并对后期合作奠定良好基础，但合作协议的具体运行落实情况仍需观察，加快决策由"会议桌"到"办公桌"的转变，为京津冀区域金融协同发展做出更多努力。

10.3.2　缩小地区经济差距，均衡区域金融合作基础

要推进京津冀区域金融协同发展的不断深入，要紧紧围绕以市场经济为主导，政府只作为外生动力加强推动的原则来推进京津冀区域经济协同发展。金融发展的基础正是区域经济，同时，区域经济也为合理利用金融资源提供了保障。金融产业的发展进程往往具有以下过程，当某种产业高度聚集在某一个地区时，则会吸引到相当数量的专门供给专业化相关服务和特定产品的一些厂家进入，这

一行为的直接后果是慢慢这一地区发展为产品生产中心；同时随着时间推进，该地区的生产规模日益增大，大量高效率的企业继续进入，随着产业化进程的加快，生产规模的扩大，资金量的投入增加，则会吸引金融组织为其提供必要的服务，从而使得金融产业集聚程度更加明显。随着经济全球化进程的不断发展，信息科技的飞速发展，给产业价值链上中下游的布局带来了明显改变，市场经济中微观企业的经营模式经常是将低级生产活动（如加工等）投放在低梯度地区（资源匮乏地区），而将产业链上的高级生产活动（如管理等）安排在高梯度地区（资源充足地区）。显然，如此的经济布局不仅无法带动区域经济协同发展，还会不断加重金融资源配置的不均衡状况。所以，在京、津两地的经济发展过程中应做到积极引导发达地区广泛发挥辐射带动效应，带动河北省内经济欠发达地区建立现代化的产业体系，合理布局产业结构，均衡发展地方经济，实现区域共赢。最近几年，北京市为缓解人口压力、调整产业结构逐渐把一批劳动密集型、资源消耗型的大中企业搬到河北省中北京周边城市，这一措施从某种水平来说带来了腹地城市的发展，但随之而来的社会、环境问题依然是摆在京津冀协同发展上的问题。① 目前，京津冀区域内的各个城市间存在较大的经济实力差距（如图10-8所示），实现区域经济的均衡、协同发展需要付出更多努力。

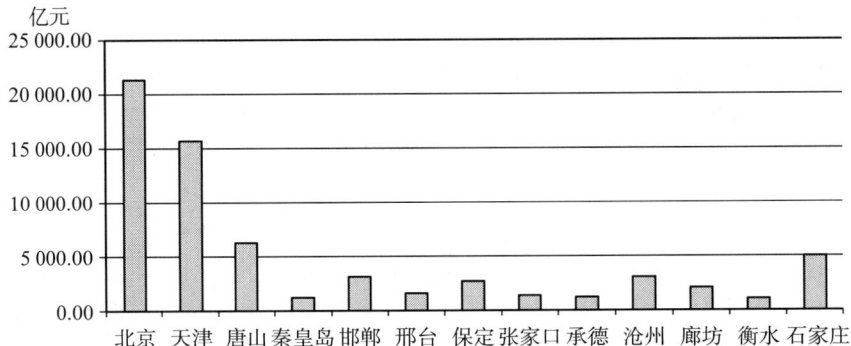

图 10 - 8　京津冀区域 2014 年城市 GDP 比较

因此京津冀区域各级政府主管部门要齐心合作，为提高区域经济协同发展努力寻找合作方式的突破口，从京津冀区域的整体利益角度统筹规划，结合各地的实际情况合理布局产业结构，提出平稳发展经济可行性和必要性的建设意见，加强合作交流平台建设，站在合作共赢的基础上探讨京津冀区域金融合作的新方法、新举措，努力为京津冀区域经济金融的顺利发展创造一个优良的投资环境基础，为京津冀经济金融的顺利融合搭建一座桥梁，为京津冀区域经济的长久发展

① 薄文广. 促进京津冀协同发展的四"点"建议 [J]. 中国国情国力，2015（1）：32-34.

做出各方应有的贡献。

10.3.3　完善金融基础设施，优化区域金融生态环境

推进区域金融基础设施建设，完善金融生态环境，维持金融系统健康有序运行，硬件设施建设固然重要，软件设施更是不可缺少，这里的软件设施指的是金融区域合作制度。将京津冀区域金融协同发展纳入"京津冀一体化"的国家战略统筹规划之下，在规划引导区域金融协同发展的同时，不断完善创新金融合作制度，消除地域差异化思想，坚持京津冀区域金融一体化引导思路，加快落后地域的金融基础制度建设，提升其金融职能，实现全区域金融业的全面发展。依托金融基础设施一体化的合作机制，充分发挥该机制的先导作用，建立起能有效覆盖京津冀全区域的合作框架体系，并不断完善维持该体系有效运行的硬件设施。实现京津冀区域一体化的硬件基础设施建设主要包括交通、通信、物流等。首先是建设便捷的交通体系，京津冀区域内的交通系统作为我国最重要的交通枢纽之一，为经济建设发展起到了巨大的推动的作用，多元化的交通载体，密集的交通网络，为京津冀协同发展奠定了坚实基础。伴随着不断加快的经济全球化趋势，各区域内及区域间存在着日益增长的相互贸易交流，为促进实体经济的发展提出了更高效、更多元的交互渠道，同时对现存的交通网络体系带来了更高的要求。现阶段，京津冀区域内各城市间在物流运输和国际贸易等层面上基本上保持相互独立，对整个区域内的交通运输造成了不同程度的阻塞。这种在区域交通方面上表现出来的不通畅从某种程度上来说对金融资源实现全方位的自由流动也带来了一定的影响，从而使各个城市间表现为越来越大的金融产业差距。随着京津冀一体化进程的加快，政策建设取得初步成效，京冀两地双方共同签署了《北京市—河北省 2013～2015 年合作框架协议》和其他 11 个辅助性专项协议，合作的步伐进一步加快。为着力建设首都经济圈，京津冀间将增开多条客运专线；打造两地"一小时经济圈"，共同投资建设北京新机场及周边城市新机场，以及建设两地间的城际铁路等都为区域经济增长起到了保驾护航的作用。随着《京津冀协同发展交通一体化规划》的出台，"一环"、"二航"、"五港"和"六放射"的交通发展规划将成为京津冀协同发展的骨骼系统，使京津冀的交通联系更加密切，跨地区的公共交通、高速公路、高速铁路网络的完善畅通都极大地缩短了两地间交通耗时，增强两地间的贸易、金融往来。与此同时，京津冀三地应联手大力加强物流与贸易合作建设，实现商品产、销无缝对接，进一步鼓励和支持生产公司和物流企业发展为物流联盟，并搭建互联网销售平台，完善商品市场层次，进行跨地区、跨行业发展，通信方面取消漫游资费，加大三地通信基础设施建设。

现时代，金融服务和互联网技术的结合日益紧密，信息资源共享将成为推动

京津冀地区金融协调发展顺利运行的重要前提条件，因此满足上述基础设施建设的同时，搭建经济金融信息共享平台已成为决定京津冀地区金融协同发展中又一项重要的基础工程。金融业与信息产业的结合逐渐成为金融机构创造价值新的增长点，我们应该抓住这个有利契机，建立多层次的金融市场体系，着重解决京津冀地区金融协调发展过程中机构设施建设，完成京津冀区域经济金融信息网络建设，高效共享信息资源，提高了资金的使用率，以此提高金融机构的互通互利的合作的效率，为京津冀地区的经济金融协同发展提供完善的金融生态环境。①

10.3.4 加强金融产品研发，创新区域金融合作渠道

通过前面的分析我们知道，在市场机制作用下限制京津冀区域合作的主要壁垒有以下两方面：一是金融产品类别过于单一；二是银行、证券等金融机构合作时无法形成明确的利益导向性。这些都为京津冀地区各金融机构间的合作造成了阻碍。因此要跨越这些障碍，就要加强金融产品的创新，改善融资平台少、结构单一的现状。目前，随着我国金融业的快速发展，京津冀地区的金融市场虽然在业务量上取得快速增长，银行、证券等金融机构积极打出各类型的产品组合拳抢夺市场，但问题依然存在，不同地域间的金融业务非但不能实现优势互补，反而各自为战，最终导致以京、津为中心区域的金融产品资源过剩；而周边城市的金融市场出现供不应求的局面。

京津冀城市间应以"京津冀一体化"为契机，加强联合创新区域间金融产品，在金融机构方面采用银团贷款、共同授信等业务方式加强合作，坚持以横向多维协作和纵向层次联动为原则，增加对优势朝阳产业、高科技企业及城市间关联企业的信贷资源投入力度。在互通互惠基础上，强化机构间业务往来，学习借鉴优秀的新产品设计、新业务拓展推广、创新营销方式等经验，满足广大客户的需求；共享优势互联网资源，联合软件系统的开发维护，充分利用"互联网＋"技术推动网络平台建设、网络金融产品营销。区域金融企业协同合作，加强专业人才建设，关键把握研究小、微金融机构难以处理的在产品创新方面的难题，整合优势资源，缩短新产品研发周期，减少重复开发的成本。而且还应当增加构造区域间的金融产品流通市场的投入，推动金融创新产品价格市场化，区域间交易自由化。在"京津冀"一体化的背景下，跨区域性互动日益频繁，个人金融业务市场潜力巨大，金融机构应本着全区域平等的原则，共同策划营销活动，统筹规划本地区内个人消费者的行为，不仅对重要客户跨区同等待遇，还应该对全部客户跨区域无差别待遇。尽快完善相关产品网络平台建设，推进券商、网上银行等

---

① 李西江. 对加强区域金融合作支持京津冀协同发展的建议 [J]. 华北金融，2014 (6)：44-46.

金融机构间的跨地、跨部门通存通兑业务，打通京津冀区域金融资源的流通渠道，为本地区金融业的发展打下坚实基础。

在加强技术创新与产品开发，积极探索合作渠道的同时，防控金融风险将对金融业的健康有序发展发挥至关重要的积极作用。我们还应该意识到防范潜在的金融风险，对金融产品的创新发展具有重要意义，因此我们应该加快建立一个能够实现对京津冀全区域覆盖的金融风险防范体系，这其中应包括构建评估金融风险稳定性的评价系统的和选取相关的金融风险稳定性指标。有理由相信，通过建立该风险防御系统，京津冀全区域的金融发展将会在一个稳定健康、安全有序的环境下顺利进行，为京津冀全区域的金融技术创新和新产品开发的顺利推进发挥重要作用。

附 表

附表一

京津冀 13 城市地区生产总值

单位：亿元

年份	北京	天津	石家庄	唐山	秦皇岛	邯郸	邢台	保定	张家口	承德	沧州	廊坊	衡水
1989	455.96	283.34	140.23	114.5	41.9	48.2	18.4	30.9	26.2	12.8	17.4	51.5	38.9
1990	500.82	310.95	150.26	121.82	48.49	105.47	69.6	112.42	55.02	40.06	67.94	63.79	44.78
1991	598.89	337.35	174.81	139.25	54.13	54.41	16.54	37.23	30.92	16.24	19.41	63.92	50.72
1992	709.1	411.04	220.31	189.19	68.92	69.96	23.97	94.73	39.87	30.12	61.77	81.86	58.3
1993	886.21	538.94	295.98	273.38	97.7	171.26	102.03	192.73	84.59	62.11	122.25	99.54	76.44
1994	1 145.31	732.89	417.42	386.49	139.3	222.71	151.91	279.67	125.53	83.3	169.75	150.82	119.22
1995	1 507.69	931.97	540.31	498.6	172.24	289.86	200.52	375.39	159.47	97.75	250.97	201.69	163.54
1996	1 789.2	1 121.93	656.41	607.28	201.04	380.73	256.12	460.45	193.71	122.34	316.19	245.62	207.23
1997	2 075.63	1 264.63	781.4	710.88	230.71	441.12	290.89	545.09	217.26	141.85	369.46	282.07	242.45
1998	2 375.97	1 374.6	845.86	781.16	249.5	479.24	320.13	593.96	228.32	160.28	402.99	310.23	266.25
1999	2 677.59	1 500.95	908.37	832.56	263	497	339.33	636.57	229.51	158.53	422.53	332.47	279.21
2000	3 161	1 701.88	1 003.11	915.05	263.13	542.35	366.28	592.22	227.89	161.16	451.34	328.91	277.22
2001	3 710.52	1 919.09	1 085.43	1 006.46	284.84	584.28	395.68	636.05	244.88	179.27	487.2	368.7	309.79
2002	4 330.4	2 150.76	1 153.61	1 102.29	314.15	637.23	420.28	690.65	267.69	195.72	516.33	410.2	348.92
2003	5 023.77	2 578.03	1 318.55	1 295.32	361.66	735.91	486.61	778.69	306.31	228.5	608.86	471.35	396.77
2004	6 060.28	3 110.97	1 541.69	1 630.04	430.28	896.3	594.86	922.95	368.65	292.83	730.56	545.1	454.66
2005	6 886.31	3 697.62	1 670.8	2 007.31	453.18	1 098.51	671.04	1 040.57	425.81	353.2	1 055.51	609.57	510.94
2006	7 870.28	4 359.15	1 902.52	2 335.53	534.36	1 354.8	776.94	1 153.92	501.44	427.5	1 208.93	715.98	524.21
2007	9 846.81	5 252.76	2 268.84	2 779.42	647.71	1 608.13	890.75	1 336.73	592.23	569.81	1 386.72	883.93	536.09
2008	11 115	6 719.01	2 723.55	3 537.47	760.63	1 906.36	970.01	1 525.82	746.52	743.68	1 620.16	1 061.49	603.81
2009	12 153.03	7 521.85	3 001.28	3 812.72	804.54	2 015.28	1 056.29	1 730	800.34	760.11	1 801.23	1 147.48	652.11
2010	14 113.58	9 224.46	3 401.02	4 469.16	930.5	2 361.56	1 212.09	2 050.3	966.42	888.96	2 203.12	1 351.1	781.82
2011	16 251.93	11 307.28	4 082.68	5 442.45	1 070.08	2 789.03	1 428.92	2 449.9	1 118.61	1 104.2	2 585.2	1 611.42	929.07
2012	17 879.4	12 893.88	4 500.21	5 861.64	1 139.37	3 024.29	1 532.06	2 720.9	1 233.55	1 181.92	2 812.42	1 794.33	1 011.03
2013	19 500.6	14 370.2	4 863.66	6 121.21	1 168.75	3 061.5	1 604.58	2 904.31	1 317	1 272.09	3 012.99	1 943.13	1 070.23
2014	21 330.8	15 722.47	5 100.2	6 225.3	1 200.02	3 080	1 668.1	3 107.61	1 358.51	1 342.55	3 133.38	2 056	1 139

附表二 　　　　　　　　　　　京津冀 13 城市政府财政支出

单位：亿元

年份	北京	天津	石家庄	唐山	秦皇岛	邯郸	邢台	保定	张家口	承德	沧州	廊坊	衡水
1989	59.50	39.26	4.69	6.57	2.81	2.33	1.07	2.01	2.11	1.11	3.01	1.52	0.36
1990	66.52	40.20	4.97	7.40	2.98	2.63	1.17	2.34	2.47	1.19	3.49	1.79	0.41
1991	67.98	45.47	8.39	9.54	3.50	5.70	3.38	6.37	4.79	2.91	5.14	3.09	2.24
1992	72.80	46.52	11.80	11.69	4.01	8.76	5.59	10.39	7.12	4.63	6.79	4.40	4.08
1993	82.81	51.27	16.79	20.22	7.81	13.22	7.96	12.20	10.37	6.71	7.94	6.00	5.35
1994	98.53	72.32	18.57	16.29	9.53	11.01	9.47	14.78	9.70	6.27	9.48	6.75	6.48
1995	154.40	93.33	23.51	21.63	11.19	13.14	11.44	18.36	11.54	7.53	11.75	8.50	8.12
1996	187.45	113.21	28.88	24.83	12.69	17.67	14.23	22.84	13.50	9.26	14.20	9.57	10.38
1997	236.39	122.78	32.77	27.81	14.91	19.98	15.39	26.22	14.80	9.93	16.41	11.52	11.38
1998	280.68	137.93	39.90	32.05	17.05	22.65	17.39	29.84	16.87	10.94	19.00	13.71	13.03
1999	355.19	157.41	45.04	35.22	16.92	25.81	19.15	32.78	18.23	12.71	21.68	16.14	14.45
2000	443.00	187.05	50.25	40.52	18.38	28.82	21.95	39.35	22.07	15.37	24.75	18.44	15.17
2001	559.11	234.67	59.72	52.19	22.71	35.96	26.75	44.18	27.85	22.38	30.80	22.93	18.64
2002	628.35	265.21	68.87	59.60	25.67	43.31	30.35	53.67	39.46	27.82	38.04	28.16	20.75
2003	734.80	312.08	80.23	73.01	30.43	48.35	35.71	59.56	37.68	29.34	43.59	32.71	23.46
2004	898.28	375.02	92.97	97.57	34.30	63.70	41.16	69.14	52.70	37.84	50.20	39.64	29.06
2005	1 058.31	442.12	108.16	127.79	44.08	83.84	51.88	86.11	58.70	48.52	62.97	47.98	39.30
2006	1 296.84	543.12	128.25	151.54	55.42	109.56	68.05	103.66	68.61	62.18	80.60	60.75	44.06
2007	1 649.50	674.33	163.17	192.94	72.34	130.31	83.33	130.94	92.25	76.05	100.58	84.17	55.58
2008	1 959.29	867.72	193.79	257.04	94.19	154.99	109.72	166.28	111.09	106.83	124.99	106.55	66.78
2009	2 319.37	1 124.28	240.92	285.77	103.72	197.72	132.63	200.36	155.23	129.73	157.54	132.15	90.41
2010	2 717.32	1 376.84	305.16	332.43	135.74	263.86	172.34	268.90	181.73	155.92	213.13	179.64	112.10
2011	3 245.23	1 796.33	403.54	441.68	168.62	328.63	214.61	332.67	231.52	192.36	264.35	227.95	137.42
2012	3 685.31	2 143.21	464.09	490.31	199.97	379.58	250.25	383.57	266.56	235.80	311.57	268.04	160.81
2013	4 173.66	2 549.21	522.94	497.18	200.32	367.13	259.19	460.43	294.82	261.75	352.41	292.43	185.56
2014	4 510.50	2 884.70	563.40	524.66	211.35	397.50	294.30	425.30	331.90	254.32	393.60	300.80	234.37

附表三　　京津冀 13 城市固定资产投资

单位：亿元

年份	北京	天津	石家庄	唐山	秦皇岛	邯郸	邢台	保定	张家口	承德	沧州	廊坊	衡水
1989	131.34	83.88	25.18	29.26	5.01	4.93	3.38	7.00	7.33	3.44	6.55	7.69	7.84
1990	137.15	87.59	26.29	30.56	5.23	5.15	3.53	7.31	7.65	3.59	6.84	8.03	8.19
1991	201.75	128.85	38.67	44.95	7.69	7.58	5.19	10.75	11.26	5.29	10.06	11.82	12.05
1992	266.00	169.88	50.99	59.26	10.15	9.99	6.85	14.18	14.84	6.97	13.27	15.58	15.88
1993	410.40	226.56	73.42	58.51	44.92	26.08	17.37	27.90	19.34	12.03	37.14	27.36	16.28
1994	648.80	315.97	117.15	44.62	33.28	64.45	32.72	41.31	23.86	7.94	37.76	38.63	20.20
1995	864.85	396.55	106.96	75.58	11.41	119.96	63.37	71.79	10.98	12.85	33.73	54.94	26.88
1996	889.66	438.51	92.09	92.44	72.62	71.97	97.50	54.79	31.94	33.23	73.51	37.30	43.21
1997	989.71	500.67	130.65	192.59	86.01	164.88	113.81	169.97	63.27	53.00	97.81	102.71	82.25
1998	1 124.62	571.05	148.19	220.34	65.47	205.64	131.60	204.41	72.13	56.83	78.17	76.69	41.97
1999	1 171.16	576.45	131.92	210.14	56.38	223.92	55.98	115.40	72.88	32.92	133.15	83.05	45.60
2000	1 280.46	610.94	230.36	121.15	45.59	210.11	56.23	108.19	58.64	33.84	74.12	93.13	53.77
2001	1 513.32	705.00	258.17	122.14	66.70	129.35	58.12	134.58	63.13	44.37	72.90	99.36	101.06
2002	1 796.14	807.51	412.27	232.54	96.93	134.37	155.67	268.20	85.12	84.09	144.30	120.75	148.35
2003	2 169.26	1 039.39	415.55	314.86	115.17	256.89	217.62	359.12	96.22	111.96	178.45	224.31	194.67
2004	2 528.21	1 245.66	585.41	461.06	141.84	346.37	262.17	472.09	129.19	151.15	245.32	266.54	239.07
2005	2 827.23	1 495.14	929.03	635.70	164.93	490.97	349.07	560.33	167.75	189.25	354.52	341.61	318.46
2006	3 296.38	1 820.52	1 099.45	765.48	211.85	599.52	407.82	578.45	223.84	230.51	458.20	460.08	267.98
2007	3 907.20	2 353.15	1 390.12	1 036.79	252.40	805.93	520.44	650.71	290.06	300.28	618.69	685.91	197.28
2008	3 814.70	3 389.80	1 731.03	1 362.19	303.58	1 048.78	603.46	800.02	412.50	390.37	792.43	926.70	239.97
2009	4 616.90	4 738.20	2 436.36	2 179.98	421.04	1 466.90	840.47	1 130.43	657.48	567.20	1 102.82	1 279.69	361.21
2010	5 403.00	6 278.10	2 958.00	2 665.77	505.74	1 835.13	1 020.44	1 472.09	903.67	751.29	1 448.09	909.03	476.41
2011	5 578.93	7 067.67	3 026.98	2 545.06	598.46	1 888.81	978.94	1 558.11	967.09	797.80	1 530.39	1 056.32	567.24
2012	6 112.37	7 934.78	3 728.65	3 017.17	739.30	2 383.60	1 186.50	1 987.70	1 184.44	995.70	1 506.50	1 282.10	639.90
2013	6 847.06	9 130.25	4 186.25	3 575.87	754.79	2 758.90	1 647.10	1 905.50	1 271.93	1 202.10	1 801.50	1 541.30	787.30
2014	6 924.20	10 518.20	4 186.25	3 575.87	770.29	2 661.23	1 417.76	1 905.48	1 271.93	1 202.10	2 292.14	1 541.31	787.26

附表四

京津冀 13 城市年末存款余额

单位：亿元

年份	北京	天津	石家庄	唐山	秦皇岛	邯郸	邢台	保定	张家口	承德	沧州	廊坊	衡水
1989	717.61	203.44	39.63	47.72	19.74	21.14	15.58	26.70	32.89	13.63	9.31	28.12	3.04
1990	893.89	263.21	54.26	67.74	28.33	29.30	11.30	18.49	12.10	7.32	13.82	28.12	3.99
1991	1 244.07	336.56	49.33	31.01	19.06	24.44	9.87	22.59	11.14	7.64	7.97	9.31	6.91
1992	1 528.26	467.81	59.13	37.45	21.49	32.88	15.45	18.42	15.86	13.84	10.09	15.53	6.74
1993	1 873.05	586.12	75.70	47.82	31.21	31.56	19.22	27.35	21.85	11.33	10.69	12.91	11.14
1994	2 677.34	800.56	146.15	96.76	63.02	73.32	32.13	45.48	75.85	33.22	33.41	22.63	20.18
1995	3 527.19	1 079.97	188.32	118.75	71.86	126.39	40.10	52.17	81.88	33.94	51.45	21.09	34.88
1996	4 378.87	1 399.06	407.30	205.32	160.35	187.49	60.40	104.59	78.25	49.44	60.48	70.64	45.25
1997	5 228.00	1 634.95	486.13	239.47	206.52	113.79	78.52	125.35	95.45	63.00	70.24	80.15	59.27
1998	6 666.84	1 860.84	614.84	283.64	219.79	127.47	92.39	146.11	104.96	63.58	99.73	96.97	70.16
1999	8 267.16	2 060.02	2 276.53	342.10	235.89	140.46	108.74	185.42	121.08	64.51	113.79	113.32	82.19
2000	9 759.80	2 281.55	849.38	376.72	251.09	282.55	120.34	202.27	135.93	75.39	125.87	121.80	73.19
2001	12 223.36	2 562.55	990.87	481.74	271.13	314.44	135.02	225.53	151.61	88.12	128.10	141.80	91.80
2002	15 392.67	3 018.26	1 131.18	586.76	291.16	346.32	149.70	248.79	167.29	100.85	132.46	161.81	110.42
2003	18 298.40	4 040.50	1 932.33	1 076.41	469.15	706.39	529.22	935.62	375.63	258.23	693.96	511.99	405.16
2004	21 625.90	4 750.30	2 208.92	1 309.75	544.00	846.21	621.76	1 055.05	448.94	315.74	773.02	583.00	455.61
2005	26 785.90	5 714.90	2 574.15	1 579.29	625.01	1 016.21	698.29	1 215.58	528.41	376.60	895.04	689.29	516.74
2006	31 352.80	6 564.50	1 968.42	1 887.68	709.89	1 169.55	797.11	1 434.85	610.67	452.63	1 008.67	825.44	586.09
2007	35 379.90	7 930.30	3 331.32	2 246.41	832.13	1 245.26	900.73	1 614.24	713.46	559.91	1 101.62	1 020.33	643.07
2008	41 994.30	9 606.40	4 111.56	2 896.86	1 013.83	1 474.75	1 111.33	1 965.23	863.12	686.60	1 393.39	1 267.73	784.42
2009	54 275.50	13 548.60	5 163.06	3 657.85	1 288.23	1 848.69	1 384.17	2 434.15	1 133.07	896.99	1 765.49	1 605.09	983.97
2010	64 453.90	16 142.70	6 115.80	4 188.25	1 504.06	2 131.50	1 579.03	2 856.44	1 300.29	1 087.58	2 026.59	1 981.92	1 154.39
2011	72 655.40	17 197.50	6 715.34	4 748.32	1 663.84	2 491.00	1 824.67	3 248.89	1 459.21	1 193.39	2 300.09	2 267.16	1 328.89
2012	81 389.60	19 675.70	7 640.75	5 437.46	1 878.54	2 924.49	2 053.80	3 759.89	1 673.87	1 359.12	2 689.90	2 676.39	1 571.05
2013	87 990.60	22 684.60	8 607.78	6 123.62	2 092.13	3 431.49	2 397.23	4 410.17	1 913.59	1 601.26	3 105.48	3 251.90	1 857.93
2014	95 370.53	24 122.75	9 124.60	6 766.85	2 278.27	3 747.60	2 669.30	5 008.60	2 113.79	1 755.50	3 438.90	3 933.50	2 106.68

附表五

京津冀 13 城市年末贷款余额

单位：亿元

年份	北京	天津	石家庄	唐山	秦皇岛	邯郸	邢台	保定	张家口	承德	沧州	廊坊	衡水
1989	487.06	341.60	59.80	61.95	33.24	31.06	18.07	29.67	26.30	14.73	12.75	26.90	4.97
1990	573.07	415.91	69.15	77.81	39.13	38.16	19.14	30.43	38.93	17.19	15.53	26.90	5.94
1991	735.83	487.43	69.12	55.22	37.14	38.77	21.35	28.75	41.84	17.05	12.23	10.66	9.76
1992	894.66	624.82	82.01	65.41	44.39	46.83	26.38	33.30	45.82	20.50	14.61	19.40	10.03
1993	1 128.11	768.57	103.09	78.86	53.49	59.09	30.51	37.23	37.13	25.70	16.88	16.30	15.12
1994	1 428.95	927.05	316.00	170.42	103.80	130.14	99.18	80.34	77.45	34.05	70.46	6.39	40.45
1995	1 779.05	1 113.95	446.06	219.71	136.76	182.85	86.85	105.78	102.98	51.62	99.65	75.94	79.79
1996	2 082.83	1 357.38	278.28	178.26	130.56	159.83	59.86	91.74	94.97	78.17	60.11	36.44	42.68
1997	2 720.68	1 502.91	320.75	245.87	160.87	97.78	80.81	112.60	118.65	79.00	69.08	46.65	54.04
1998	3 326.57	1 629.12	405.30	258.77	171.15	120.56	93.70	130.65	132.50	75.02	98.91	61.85	62.79
1999	4 007.76	1 825.26	1 819.24	269.20	175.43	134.49	99.74	163.11	150.82	101.74	110.55	70.16	64.88
2000	6 008.20	1 863.60	693.96	258.06	164.90	227.83	100.69	164.10	119.24	71.66	107.27	80.80	63.03
2001	7 202.90	2 159.86	579.97	328.56	180.15	231.44	103.30	163.00	117.81	68.08	146.12	93.43	73.23
2002	9 230.78	2 519.04	465.87	399.06	195.39	235.05	105.91	162.56	116.38	64.51	185.22	106.07	83.43
2003	11 143.30	3 450.30	1 377.46	717.65	320.20	546.66	352.08	528.74	289.99	204.77	425.07	327.60	259.66
2004	12 600.20	3 838.60	1 474.82	801.52	350.71	594.10	386.39	559.92	307.21	230.74	456.11	360.14	280.28
2005	13 834.50	4 452.60	1 561.01	834.94	367.35	647.56	373.09	529.44	323.22	229.65	449.26	390.38	281.52
2006	15 695.50	5 182.80	1 731.52	1 038.45	438.79	753.95	423.00	614.38	399.05	283.90	451.07	478.43	305.88
2007	17 841.50	6 241.10	1 839.37	1 256.92	511.96	800.22	457.01	689.43	474.07	355.83	471.06	610.68	329.99
2008	19 933.40	7 383.30	2 079.93	1 554.09	546.78	852.10	472.46	709.80	546.23	430.73	505.92	732.98	309.63
2009	25 421.80	10 645.30	2 886.57	2 197.35	730.42	1 133.57	663.29	966.55	782.67	598.60	711.39	1 047.93	369.62
2010	29 563.80	13 111.60	3 272.10	2 716.11	896.02	1 318.74	814.13	1 158.32	918.31	766.25	894.57	1 322.08	457.60
2011	33 367.00	15 242.20	3 659.79	3 088.49	1 039.41	1 535.08	946.89	1 352.33	1 063.01	853.48	1 088.42	1 535.69	574.02
2012	36 441.30	17 392.10	3 995.07	3 527.21	1 180.28	1 841.16	1 164.04	1 585.01	1 192.90	971.24	1 264.75	1 811.59	706.11
2013	40 506.70	19 453.30	4 512.02	3 963.74	1 307.12	2 094.98	1 377.57	1 879.73	1 337.61	1 108.79	1 565.93	2 208.48	890.71
2014	45 458.71	21 508.92	5 098.90	6 766.85	1 515.22	2 364.80	1 548.10	2 250.90	1 493.20	1 297.00	1 843.08	2 619.00	1 073.57

附表六

京津冀 13 城市外商直接投资额

单位：亿元

年份	北京	天津	石家庄	唐山	秦皇岛	邯郸	邢台	保定	张家口	沧州	廊坊	衡水	承德
2005	352 638	332 885	26 353	46 096	23 613	12 920	14 172	10 539	2 397	14 416	19 370	10 379	11 001
2006	455 191	413 077	49 379	50 670	26 634	17 354	16 361	17 754	3 514	13 616	31 501	8 511	1 144
2007	506 572	527 776	32 716	64 230	34 011	16 617	15 064	17 427	4 738	15 626	34 742	5 340	1 110
2008	608 172	741 978	44 028	83 619	40 130	25 367	19 520	53 420	6 363	16 067	42 236	5 544	5 574
2009	612 094	901 985	54 350	79 275	45 713	33 236	20 424	42 478	8 053	16 484	46 229	6 885	6 697
2010	636 358	1 084 872	24 415	87 409	49 706	49 191	25 485	47 450	10 045	23 257	49 070	10 052	6 994
2011	705 447	1 305 602	36 726	108 123	59 900	63 692	36 185	43 375	13 681	28 934	57 521	14 723	5 235
2012	804 160	1 501 633	84 811	121 384	62 795	78 288	35 582	54 749	24 621	35 435	52 809	17 992	12 020
2013	852 418	1 682 897	95 519	134 481	73 825	84 704	41 355	63 293	27 429	40 714	59 759	20 166	3 475
2014	904 000	1 886 700	102 000	136 500	81 200	92 500	46 500	57 000	32 518	34 156	65 817	21 506	14 375

附表七

京津冀 13 城市第二产业产值

单位：亿元

年份	北京	天津	石家庄	唐山	秦皇岛	邯郸	邢台	保定	张家口	承德	沧州	廊坊	衡水
2005	2 026.51	2 051.17	865.66	1 161.75	190.35	582.09	390.07	523.20	185.93	183.54	603.79	336.05	275.29
2006	2 191.43	2 488.29	979.97	1 370.59	208.47	708.28	458.32	587.44	214.80	224.53	684.16	407.62	283.79
2007	2 509.40	2 892.53	1 164.41	1 596.07	265.70	845.53	503.10	683.19	254.31	311.77	759.52	500.79	276.53
2008	2 626.41	3 709.78	1 424.56	2 113.29	327.96	1 096.90	564.37	763.59	316.73	430.20	866.94	595.58	310.02
2009	2 855.55	3 987.84	1 487.91	2 202.13	311.71	1 085.94	596.81	871.32	334.79	392.29	868.97	613.03	331.25
2010	3 388.38	4 840.23	1 653.76	2 598.40	367.79	1 280.30	674.06	1 057.87	415.18	453.70	1 115.22	723.81	396.00
2011	3 752.48	5 928.32	2 031.90	3 269.93	419.48	1 527.43	793.38	1 338.49	494.38	605.43	1 358.70	875.50	488.33
2012	4 059.27	6 663.82	2 240.66	3 473.79	447.68	1 620.84	829.61	1 495.91	529.04	625.40	1 479.08	968.62	522.91
2013	4 292.60	7 276.68	2 351.37	3 593.05	444.75	1 571.63	840.55	1 578.85	554.58	649.78	1 574.79	1 022.01	558.48
2014	4 545.50	7 731.40	2 439.30	3 595.75	447.68	1 543.50	836.50	1 492.70	568.39	672.40	1 626.52	995.30	577.30

参 考 文 献

［1］ Fare R. Grosskopf S. , Norris M. , Zhang Z. Y. . Productivity growth, technical progress and efficiency changes in industrialized countries ［J］. American Economic Review, 1994, 84 (1): 66 – 83.

［2］ Akihiro H. Shoko H. . Measuring the Change in R&D Efficiency of the Japanese Pharmaceutical Industry ［J］. Research Policy, 2008 (37): 1829 – 1836.

［3］ Auer R. Chaney T. , Saure P. . Quality Pricing-To-Market ［R］. Federal Reserve Bank of Dallas, Working Paper, 2012, (125).

［4］ Davis E. P. (1990). International financial centers-An industrial analysis London Bank of England Discussion Paper, No. 51.

［5］ Dornbush R. Exchange Rates and Prices ［J］. The American Economic Review, 1987, 77 (1): 93 – 106.

［6］ Fabio Canova, Matteo Ciccarelli. Forecasting and Turning Point Predictions in A Bayesian Panel VAR Model ［J］. ournal of Econometrics, 2004, 120 (2): 327 – 359.

［7］ Feinberg R . M. . The Effects of Foreign Exchange Movements on U. S. Domestic Prices ［J］. Review of Economics and Sta-tistics, 1989, (71): 505 – 511.

［8］ Francisco A. Eduardo C. , Arturo G. Financial Development and TFP Growth: Cross-Country and Industry Level Evidence ［J］. Inter-American Development Bank, 2009.

［9］ Gaulier G. Lahreche-Revil A. , Mejean I. Exchange-ratePass-through at the Product Level ［J］. Canadian Journal of Economics, 2008, 41 (2): 425 – 449.

［10］ H. Lzl, Werner. Convergence of financial systems: towards an evolutionary perspective ［J］. ournal of Institutional Economics, 2006, 2 (1): 67 – 90.

［11］ Hellmann T. , Murdock K. , Stiglitz E. Financial Restraint: Towarda New-Paradigm ［J］. The Role of Government in East Asian Economic Development. 1998, 163 – 208.

［12］ Inessa Love, Lea Zicchino. Financial development and dynamic investment behavior: Evidence from panel VAR ［J］. The Quarterly Review of Economics and Finance, 2006, 46: 190 - 210.

[13] Kasa K. Adjustment Costs and Pricing-to-Market: Theory and Evidence [J]. Journal of International Economics, 1992, (1): 1 - 27

[14] Kindle Berger C. P. The Formation of Financial Centers: A Study of Comparative Economies history, Princeton: Princeton University Press, 1974: 58 - 70.

[15] Klenow P. , Malin B. Microeconomic Evidence on Price-Setting [R]. Handbook of Monetary Economics: Elsevier, 2011. 231 - 284.

[16] Malcolm Abbott. The Productivity and Efficiency of the Australian Electricity Supply Industry [J]. Energy Economies, 2006 (28): 44 - 54.

[17] Martin R. Marshall R. Money and the space economy. London: John wiley&sons, 1999: 1 - 337.

[18] Pandil, N. R. Gary A. S. Cook and G. M. Peter Swann (2001): The Dynamic of Industrial Clustering in British Financial Services, The Service Industrial Journal, Vol. 21, No. 4, pp. 33 - 61.

[19] Park D. A. Banks and the World's Major Banking Centers. Welters-chaftliches Archived, 1986, 122: 48 - 64.

[20] Raymond W. Goldsmith. Financial Structure and Economic Development [J]. New Haven: Yale University Press. 1969, 155 - 213.

[21] RioJa F. , Valev N. Finance and the sources of grow that various stages of economic development [J]. Economic Inquiry, 2004, 42 (1): 127 - 140.

[22] Risto Laulajainen R. Financial geography-a banker's view. London: Routledge, 2003. 412 - 423.

[23] Shan W. China's low-profit growth model [J]. Far Eastern Economic review, 2006, 169 (9): 23 - 28.

[24] Taylor P. Financial Services Clustering and its Signifieanee for London. http: //www. lboro. ae. uk. 2003 - 02 - 15.

[25] Victor Murinde, Judaagung, Andy Mullineux. Patterns of corporate financing and financial system convergence in Europe [J]. Review of International Economics, 2004, 12 (4): 693 - 705.

[26] Yang J. W. Is Exchange Rate Pass-through Symmetric Evidence from US Imports [J]. Applied Economics, 2007, (39): 169 - 178.

[27] Yoshida Y. New Evidence for Exchange Rate Pass-through: Disaggregated Trade Data from Local Ports [J]. International Review of Economics and Finance, 2010, (19): 3 - 12.

[28] 白钦先. 论以金融资源学说为基础的金融可持续发展理论与战略 [J].

广东商学院学报，2003（5）：5-10.

[29] 杜欣. 中国金融非均衡发展研究 [D]. 辽宁大学，2007.

[30] 李健，卫平. 金融发展与全要素生产率增长——基于中国省际面板数据的实证分析 [J]. 经济理论与经济管理，2015，08：47-64.

[31] 吕勇斌，张琳，王正. 中国农村金融发展的区域差异性分析 [J]. 统计与决策，2012，19：111-115.

[32] 王认真，陈祖华，白义香. 中国金融资源空间非均衡配置的经济影响 [J]. 广东金融学院学报，2012，05：16-26.

[33] 赵晓斌，王坦，张晋熹. 信息流和"不对称信息"是金融与服务中心发展的决定因素：中国案例 [J]. 经济地理，2002，4：408-414.

[34] 戴伟，张雪芳. 我国金融业效率测度及其影响因子的实证研究 [J]. 华东经济管理，2015，09：97-101.

[35] 黄永兴，徐鹏，孙彦丽. 金融集聚影响因素及其溢出效应：基于长三角的实证分析 [J]. 投资研究 2011（8）：111-119.

[36] 刘玲，陶士贵. 中国区域金融差异对经济发展的影响——基于空间经济学 F2 模型的实证分析 [J]. 财经理论与实践，2012（4）：7-11.

[37] 沈军，白钦先. 金融结构、金融功能与金融效率——一个基于系统科学的新视角 [J]. 财贸经济，2006，01：23-28+96.

[38] 云鹤，胡剑锋，吕品. 金融效率与经济增长 [J]. 经济学（季刊），2012，02：595-612.

[39] 陈铭仁. 金融机构集聚论—金融中心形成的新视角 [M]. 北京：中国金融出版社，2010.

[40] 韩威. 基于 DEA-Tobit 模型的科技金融结合效率实证分析——以河南省为例 [J]. 金融发展研究，2015，09：36-40.

[41] 梁颖. 金融产业集聚评述 [J]. 经济学动态，2006，8：96-100.

[42] 戚焦耳，郭贯成，陈永生. 农地流转对农业生产效率的影响研究——基于 DEA-Tobit 模型的分析 [J]. 资源科学，2015，09：1816-1824.

[43] 徐晓光，冼俊城，郑尊信. 中国城市金融效率提升路径探析 [J]. 数量经济技术经济研究，2014，10：53-68+83.

[44] 陈俊，胡宗义. 金融集聚的区域差异及影响因素的空间计量分析 [J]. 财经理论与实践，2013（11）：21-24.

[45] 成春林，华桂宏. 金融集聚影响因素的县域分析—基于 2002~2011 年江苏 64 个县市的实证研究 [J]. 《江苏社会科学》，2013（6）：238-243.

[46] 丁艺，李树垂，李林. 中国金融集聚程度评价分析 [J]. 软科学，2009，06：9-13.

[47] 郭淡泊，雷家骕，张俊芳，彭勃. 国家创新体系效率及影响因素研究——基于 DEA - Tobit 两步法的分析 [J]. 清华大学学报（哲学社会科学版），2012，02：142 - 150 + 160.

[48] 黄桂良. 广东区域金融发展差异的度量与分析 [J]. 南方金融，2009，12：87 - 90.

[49] 李宾，唐松，祝佳. 基于集聚视角下的物流产业培训研究 [J]. 湖湘论坛，2011，（2）：107 - 109.

[50] 李正辉，蒋赞. 基于省域面板数据模型的金融集聚影响因素研究 [J]. 财经理论与实践，2012，（7）：12 - 16.

[51] 刘华军，鲍振. 中国金融发展的空间非均衡与极化研究 [J]. 当代财经，2012，09：45 - 53.

[52] 陆磊. 非均衡博弈、央行的微观独立性与最优金融稳定政策 [J]. 经济研究，2005，08：32 - 43.

[53] 潘江丽. 论金融中心形成的微观基础——金融机构的空间集聚 [J]. 上海财经大学学报，2003，01：50 - 57.

[54] 茹乐峰，苗长虹，王海江. 我国中心城市金融集聚水平与空间格局研究 [J]. 经济地理，2014，02：58 - 66.

[55] 王春桥，夏祥谦. 金融发展与全要素生产率：技术进步还是效率改善——基于随机前沿模型的实证研究 [J]. 上海金融，2015，04：35 - 39.

[56] 徐沈. 中国金融集聚水平的现状与影响因素探析 [J]. 区域金融研究，2011，12：64 - 68.

[57] 殷兴山，贺铎奋，徐洪水. 长三角金融集聚态势与提升竞争力分析 [J]. 上海金融，2003（8）：18 - 21.

[58] 章祥荪，贵斌威. 中国全要素生产率分析：Malmquist 指数法评述与应用 [J]. 数量经济技术经济研究，2008，06：111 - 122.

[59] 周月书，刘杰. 农村金融市场结构对资金配置效率的影响——基于江苏省县域面板数据的实证分析 [J]. 中国农业会计，2014，10：54 - 59.

[60] 曹啸，吴军. 我国金融发展与经济增长关系的格兰杰检验和特征分析 [J]. 财贸经济，2002，05：40 - 43.

[61] 陈启清，贵斌威. 金融发展与全要素生产率：水平效应与增长效应 [J]. 经济理论与经济管理，2013，07：58 - 69.

[62] 邓薇，吕勇彬，赵琼. 区域金融集聚评价指标体系的构建与实证分析 [J]. 财经纵横. 2015（19）.

[63] 方先明，孙爱军，曹源芳. 基于空间模型的金融支持与经济增长研究 [J]. 金融研究，2010（10）：68 - 82.

[64] 韩占兵. 区域经济发展差异对企业融资结构影响的实证研究——基于上市公司面板模型数据的分析 [J]. 税务与经济, 2011 (1): 40-44.

[65] 兰芳. 金融产业集聚的区域经济增长研究——以武汉城市圈为例 [J]. 当代经济, 2010, 13: 134-136.

[66] 李林、丁艺、刘志华. 金融集聚对区域经济增长溢出作用的空间计量分析 [J]. 金融研究, 2011 (5): 113-123.

[67] 刘秉镰, 李清彬. 中国城市全要素生产率的动态实证分析: 1990~2006——基于 DEA 模型的 Malmquist 指数方法 [J]. 南开经济研究, 2009, 03: 139-152.

[68] 鲁钊阳. 中国区域城乡金融非均衡发展水平的度量及变动趋势——基于区域层面城乡金融发展的视角 [J]. 经济问题探索, 2013, 04: 86-94.

[69] 马正兵. 中国金融发展的生产率增长和要素再配置效应——基于省区市动态面板数据的系统广义矩估计实证研究 [J]. 山西财经大学学报, 2014, 09: 40-50.

[70] 饶余庆. 亚洲货币危机的影响与教训 [J]. 开放导报. 1997, 11: 16-18.

[71] 石沛, 蒲勇健. 金融集聚与产业结构的空间关联机制研究 [J]. 技术经济, 2011, (1): 39-45.

[72] 吴玉鸣. 县域经济增长集聚与差异: 空间计量经济实证分析 [J]. 世界经济文汇, 2007 (2): 118-129.

[73] 严武军. 中国区域金融发展水平差异分析 [J]. 云南财经大学学报 (社会科学版), 2011, 04: 69-72.

[74] 张清正. 异质性视角下中国金融业集聚及影响因素研究 [J]. 经济问题探索, 2015 (6): 162-169.

[75] 赵勇, 雷达. 金融发展与经济增长: 生产率促进抑或资本形成 [J]. 世界经济, 2010, 02: 37-50.

[76] 安烨, 刘力臻, 周蓉蓉. 中国区域金融非均衡发展的动因分析 [J]. 社会科学战线, 2010, 11: 51-57.

[77] 陈柳钦, 曾庆久. 我国金融发展与经济增长关系的实证分析 [J]. 经济理论与经济管理, 2003, 10: 13-18.

[78] 仇娟东, 何风隽, 艾永梅. 金融抑制、金融约束、金融自由化与金融深化的互动关系探讨 [J]. 《金融研究》, 2011 (6): 55-63.

[79] 丁艺. 金融集聚与区域经济增长的理论及实证研究 [D]. 湖南大学, 2010 年.

[80] 韩廷春, 夏金霞. 中国金融发展与经济增长经验分析 [J]. 经济与管

理研究，2005，04：18 - 23.

[81] 黄解宇，杨再斌 . 金融集聚论——金融中心形成的理论与实践解析 [M]. 北京：商务印书馆，2011. 167 - 172.

[82] 李红，孙秋碧 . 我国金融服务业集聚演化研究 [J]. 统计与决策，2013（13），123 - 126.

[83] 连建辉，孙焕民，钟惠波 . 金融企业集群：经济性质、效率边界与竞争优势 [J]. 金融研究，2005（6）：72 - 82.

[84] 刘军，黄解宇，曹利军 . 金融集聚影响实体经济机制研究 [J]. 管理世界，2007（4）：152 - 153.

[85] 陆远权，张德钢 . 我国区域金融效率测度及效率差异研究 [J]. 经济地理，2012，01：96 - 101.

[86] 潘英丽 . 中国国际金融中心的崛起：沪港的目标定位与分工 [J]. 世界经济 . 2003，08：15 - 21.

[87] 茹乐峰，苗长虹，王海江 . 我国中心城市金融集聚水平与空间格局研究 [J]. 经济地理 . 2014（02）.

[88] 王佳 . 区域金融资源配置非均衡性研究 [D]. 安徽大学，2012.

[89] 徐沈 . 中国金融集聚水平的现状与影响因素探析 [J]. 区域金融研究，2011（12）：64 - 68.

[90] 余秀荣 . 国际金融中心历史变迁与功能演进研究 [M]. 中国金融出版社 . 2011.

[91] 赵伟，马瑞永 . 中国区域金融增长的差异——基于泰尔指数的测度 [J]. 经济地理，2006，01：11 - 15.

[92] 陈冰，吉生保 . 中国医药行业上市公司的绩效评价及影响因素——基于面板数据的 DEA - Tobit 实证研究 [J]. 中央财经大学学报，2013，08：62 - 68.

[93] 成春林，华桂宏 . 江苏金融发展差异的动态变化：2001 - 2011——基于泰尔指数的分析 [J]. 华东经济管理，2013，11：22 - 25.

[94] 丁艺，李林，李斌 . 金融集聚与区域经济增长关系研究 [J]. 统计与决策，2009，06：131 - 134.

[95] 官爱兰，周丽萍 . 中国城乡金融非均衡发展的度量与预测 [J]. 南京审计学院学报，2015，02：37 - 45.

[96] 何大安，丁芳伟 . 中国农村金融市场化非均衡推进现象分析 [J]. 中国农村经济，2006，06：32 - 37.

[97] 黎翠梅、曹建珍 . 中国农村金融效率区域差异的动态分析与综合评价 [J]. 农业技术经济，2012，03：4 - 12.

[98] 李秀婷. 我国金融生态系统运行效率研究 [D]. 中国海洋大学, 2014.

[99] 刘红. 金融集聚对区域经济的增长效应和辐射效应研究 [J]. 上海金融, 2008, 21 (6): 14 – 19.

[100] 陆军, 徐杰. 金融集聚与区域经济增长的实证分析——以京津冀地区为例 [J]. 学术交流, 2014, 02: 107 – 113.

[101] 潘辉, 冉光和, 张冰, 李军. 金融集聚与实体经济增长关系的区域差异研究 [J]. 经济问题探索, 2011, 30 (1): 102 – 107.

[102] 任英华, 徐玲, 游万海. 金融集聚影响因素空间计量模型及其应用 [J]. 数量经济技术经济研究, 2010 (5): 104 – 115.

[103] 王步芳. 首都金融产业集群优势与发展研究. [J]. 北京市经济管理干部学院学报. 2006 (04).

[104] 谢家智, 王文涛. 金融发展的经济增长效率: 影响因素与传递机理 [J]. 财贸经济, 2013, 07: 59 – 67.

[105] 姚德龙. 中国省域工业集聚的空间计量经济学分析 [J]. 统计与决策, 2008 (3): 123 – 124.

[106] 张晓燕. 山东金融资源的配置和经济分析 [D]. 山东大学, 2006.

[107] 周凯, 刘帅. 金融资源空间集聚对经济增长的空间效应分析——基于中国省域空间面板数据的实证分析 [J]. 投资研究, 2013 (1): 75 – 88.

[108] 车维汉, 王茜. 1980 ~ 2006 年东亚经济波动的原因——基于面板 VAR 的分析 [J]. 财经研究, 2009, 11: 59 – 70.

[109] 陈文锋, 平瑛. 上海金融产业集聚与经济增长的关系 [J]. 统计与决策, 2008 (20): 93 – 95.

[110] 丁艺, 李靖霞, 李林. 金融集聚与区域经济增长—基于省际数据的实证分析 [J]. 保险研究, 2010, 02: 20 – 30.

[111] 傅勇, 白龙. 中国改革开放以来的全要素生产率变动及其分解 (1978 ~2006 年) ——基于省际面板数据的 Malmquist 指数分析 [J]. 金融研究, 2009, 07: 38 – 51.

[112] 韩哲. 中国区域金融业发展非均衡性研究 [D]. 吉林大学, 2014.

[113] 黎翠梅, 曹建珍. 中国农村金融效率区域差异的动态分析与综合评价 [J]. 农业技术经济, 2012, 03: 4 – 12.

[114] 李树, 鲁钊阳. 中国城乡金融非均衡发展的收敛性分析 [J]. 中国农村经济, 2014, 03: 27 – 35 + 47.

[115] 刘红, 叶耀明. 金融集聚与区域经济增长: 研究综述 [J]. 经济问题探索, 2007, 11: 46 – 52.

[116] 陆静. 金融发展与经济增长关系的理论与实证研究——基于中国省际

面板数据的协整分析［J］．中国管理科学，2012，01：177 – 184．

［117］慕丽杰．中国区域金融非均衡发展研究［D］．辽宁大学，2009．

［118］任晓怡．我国中部地区金融效率测试及效率差异研究［J］．会计与经济研究，2015，01：103 – 112．

［119］孙力军．中国金融发展与经济波动——均衡和非均衡视角的研究［J］．山西财经大学学报，2015，06：12 – 21．

［120］武志．金融发展与经济增长：来自中国的经验分析［J］．金融研究，2010，05：58 – 68．

［121］杨海文，程丽雯，徐晔，齐亚伟．财政分权背景下的金融资源配置效率测度和影响因素分析——基于超效率 DEA – TOBIT 两步法［J］．江西师范大学学报（自然科学版），2014，06：587 – 592．

［122］张世晓．区域金融集聚演化机制实证研究［M］．湖北人民出版社．2011．

［123］郑长德．中国金融发展地区差异的泰尔指数分解及其形成因素分析［J］．财经理论与实践，2008，04：7 – 13．

［124］白钦先．再论以金融资源论为基础的金融可持续发展理论［J］．国际金融研究，2000（2）：7 – 14．

［125］陈琦．金融稳定对金融衍生品的诉求及国际经验分析［J］．新金融，2005（1）：34 – 37．

［126］邓淇中，何俊阳，程云宇．中国金融生态系统运行效率及其影响因素的评价研究［J］．湖南科技大学学报（社会科学版），2015，02：78 – 84．

［127］方福前，张艳丽．中国农业全要素生产率的变化及其影响因素分析——基于 1991 ~ 2008 年 Malmquist 指数方法［J］．经济理论与经济管理，2010，09：5 – 12．

［128］韩伟．中国区域金融发展差异及其俱乐部趋同研究［D］．重庆大学，2013．

［129］吉生保，席艳玲．中国食品饮料行业经营绩效评价及影响因素——基于 SORM – BCC 和 Malmquist 的 DEA – Tobit 模型［J］．上海经济研究，2011，09：71 – 84．

［130］李尽法，吴育华．河南省农业全要素生产率变动实证分析——基于 Malmquist 指数方法［J］．农业技术经济，2008，02：96 – 102．

［131］林江鹏，黄永明．金融产业集聚与区域经济发展［J］．金融理论与实践，2008（6）：49 – 54．

［132］卢颖，白钦先．中国金融资源地区分布差异演变分析［J］．山西财经大学学报，2009，08：92 – 101．

［133］马海良，黄德春，姚惠泽. 中国三大经济区域全要素能源效率研究——基于超效率 DEA 模型和 Malmquist 指数［J］. 中国人口. 资源与环境，2011，11：38 - 43.

［134］冉光和. 金融产业资本论［M］. 科学出版社，2007.

［135］沈军. 综合视角下的宏观金融效率实证研究［J］. 上海金融，2008，11：18 - 21.

［136］王认真. 中国金融资源空间配置非均衡的原因分析［J］. 西南民族大学学报（人文社会科学版），2011，12：127 - 131.

［137］闫彦明. 金融资源集聚与扩散的机理与模式分析——上海建设国际金融中心的路径选择［J］. 上海经济研究，2006，09：38 - 46.

［138］张鹏，梁辉. 城乡金融资源非均衡对我国城乡收入差距影响的实证分析［J］. 大连理工大学学报（社会科学版），2011，02：17 - 21.

［139］赵晓霞. 金融集聚视角下的中国大城市经济增长方式探究［J］. 管理世界，2014，05：174 - 175.